南 京 博 物 院 学 人 丛 书

张 勄 文 集

考古卷・下

南京博物院　编

文物出版社

江苏汉唐时期的
考古与研究

仪征张集团山西汉墓*

概 说

江苏省仪征市在长江下游的北岸，境内南部临江，地势平坦开阔，北部属蜀岗小丘陵地带，低山丘陵蜿蜒起伏。张集乡位于仪征境内蜀岗小丘陵的东端，东北距扬州市区约12公里，西南距仪征市区约20公里，与邗江县杨庙乡毗邻。

蜀岗丘陵以扬州市北的蜀岗得名，它由许多低山丘陵相连而成，自扬州以北逶迤向西南延伸。直至仪征市区以北。这一由东北向西南延伸的丘陵带多有汉墓发现，地势较高者规模亦较大，自北向南有甘泉山、盘古山、庙山、烟袋山、老虎山汉墓等（图一）。

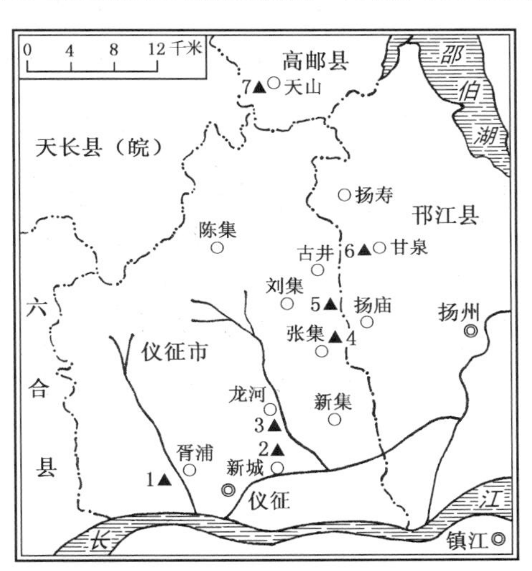

图一 蜀岗丘陵汉墓分布示意图

1. 胥浦汉墓群 2. 老虎山汉墓 3. 烟袋山汉墓 4. 庙山汉墓 5. 盘古山汉墓 6. 甘泉山汉墓 7. 天山汉墓

团山位于庙山西北，南距张集乡2公里。1990年5月，张集茶场的砖瓦厂在团山取土，陆续发现西汉墓四座。张集乡政府对此极为重视，乡公安派出所妥善地保护了现场，并由南京博物院和仪征博物馆筹备办公室及时进行抢救性发掘。

已发掘的四座墓，从团山近顶部向南排列成一行，由北向南依次编号为89YTM1，90YTM2、YTM3、YTM4（以下简称M1～M4）。四座墓皆为竖穴土坑木椁墓（图二）。墓坑呈长方形，没有墓道，现已不见封土。墓坑口大底小，四壁向内倾斜，平整光滑。坑内填五花土，经过夯实，夯层厚20.0厘米左右。近椁顶处及椁四周均填青膏泥。青膏泥油滑细腻，富有黏性，椁顶上厚约40.0～50.0厘米，四周厚约10.0～40.0厘米。椁底平铺在

* 原有图版6版，现略去。

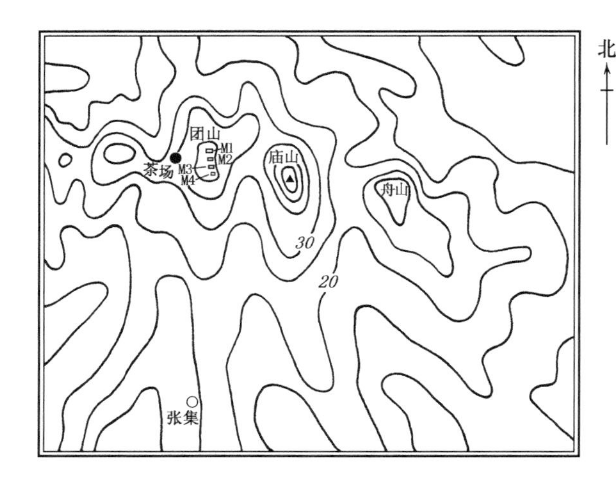

图二 团山汉墓分布示意图

生土之上（图三）。

葬具为木棺和木椁，由于深埋及青膏泥的密封，保存情况较好。棺椁结构主要有平列、套榫和扣槽三种，十分牢固。

随葬器物主要置箱内，亦有少量置棺内。有釉陶器、灰陶器和漆器、铜器、玉器、料器等。釉陶器火候较高，质地坚硬，胎呈灰白色，亦有少量呈暗红色，外施青釉，釉色泛黄者多有脱釉，

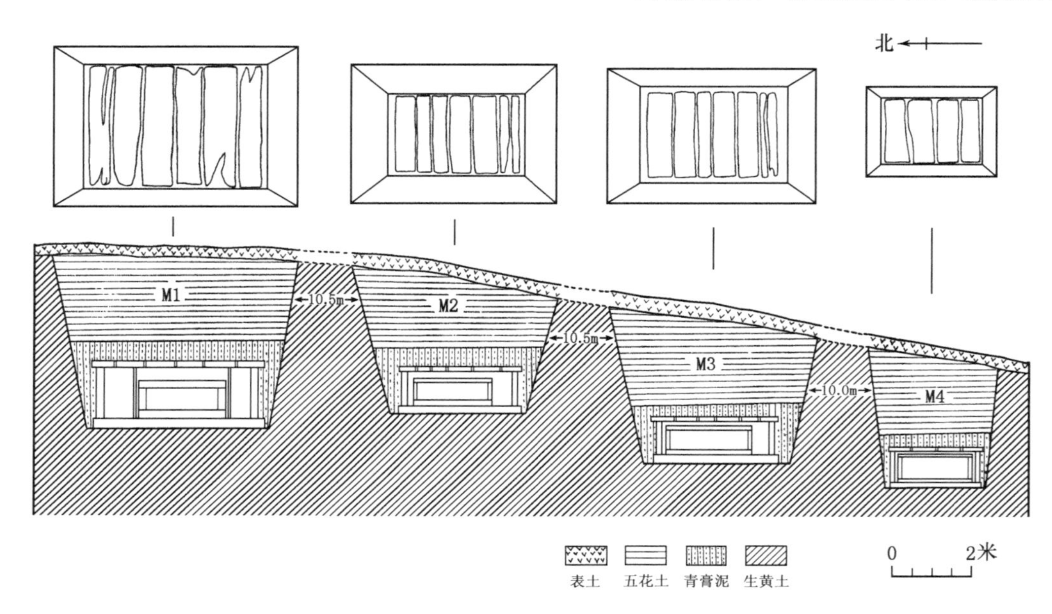

图三 M1～M4 平、剖面图

一般釉不及底，除盆、洗、匜、豆等内外施釉外，鼎、罐、壶、钫等皆不施内釉。漆器除个别为夹纻胎外，多为木胎。木胎的制法主要为剜制、卷制和斫制。器表一般为内髹红漆，外髹黑漆，并用红漆、黑漆、褐漆等绘出花纹或图案。

一号墓（M1）

在团山南侧近顶部。坑口长 6.2、宽 4.2、坑深 4.5 米。木椁长 4.0、宽 3.0、高 1.8 米，用粗大的楠木拼合而成。椁底板四块，纵铺，长 4.3、宽 0.76～0.86、厚 0.24 米。椁墙板四块，两侧板长 4.16、两挡板长 2.66、高 1.36、厚 0.2 米。侧

板的两端内侧各开一浅竖槽，挡板卡在槽内。椁顶横置六块盖板，长约 3.3、宽 0.5～0.8、厚 0.2 米，平铺在墙板之上。椁内用隔板分隔成棺室和四个边箱。隔板厚 8.0 厘米。隔板与隔板以及隔板与椁墙板的交接处有截面为长方形的木桩。木桩固定在椁底板的浅榫眼内和椁墙板的浅竖槽内，隔板则卡在木桩的浅竖槽内。边箱的上部均有薄板，薄板厚 2.0 厘米，一般宽 40.0～50.0 厘米，长度随边箱的宽度而异，头箱、足箱、西边箱均长 50.0 厘米，东边箱长 58.0 厘米，卡在隔板与椁墙板的浅槽内。椁中部为棺室。棺室长 2.42、宽 1.4 米。棺室上部亦有薄板，三块，长均为 1.42、宽 0.3～0.4 米，盖在隔板之上。棺室内置一棺，棺用整段楠木刳空成棺底和棺侧墙。侧墙两端内侧开竖槽，插入两端板，棺的两侧墙板与盖交接处有凹凸槽卡合，使棺盖不能左右移动。棺长 2.36、宽 0.94、高 1.0 米。棺盖之下有一薄天花板。天花板镂孔，镂成极复杂的图案。两端及中部镂成三个璧形，之间用弧线交叉相连，填以繁缛的卷云纹，长 200.0、宽 60.0、厚 2.0 厘米（图四）。木棺

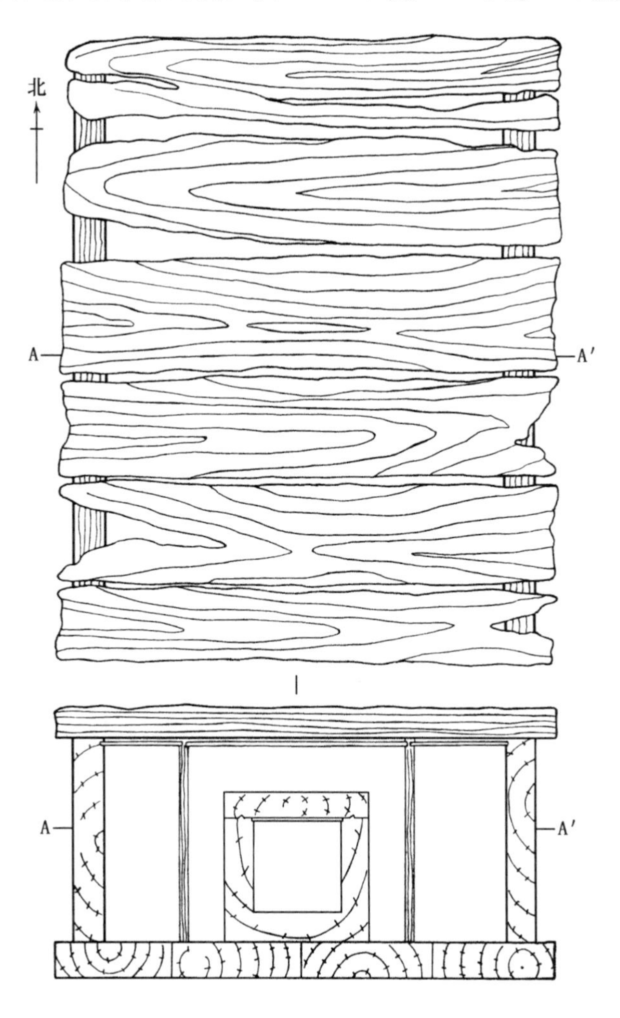

图四（1） M1 外椁盖平面图及棺椁横剖面图（1/50）

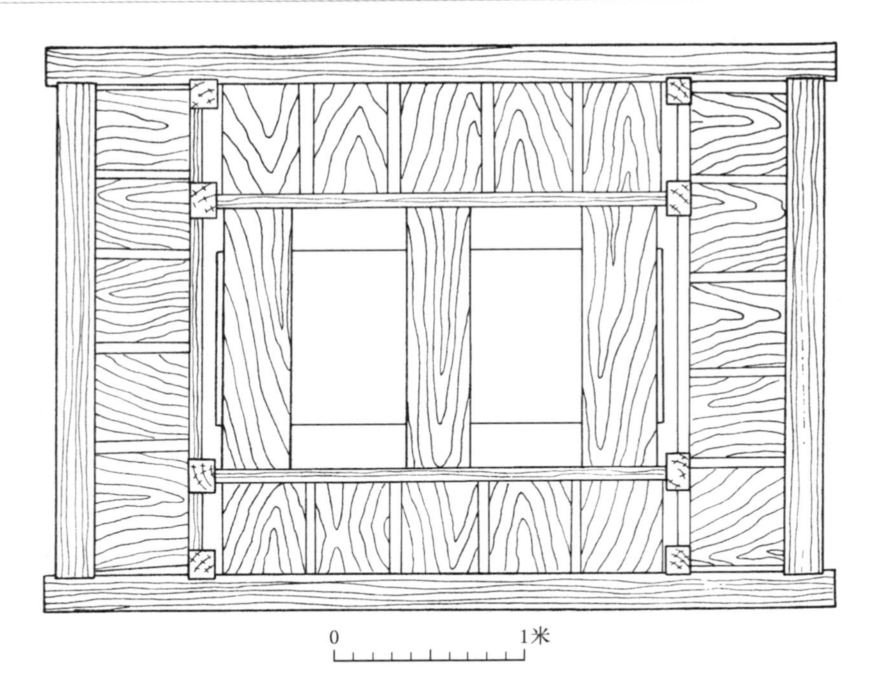

图四（2）　M1 揭去外椁盖后的棺椁平面图

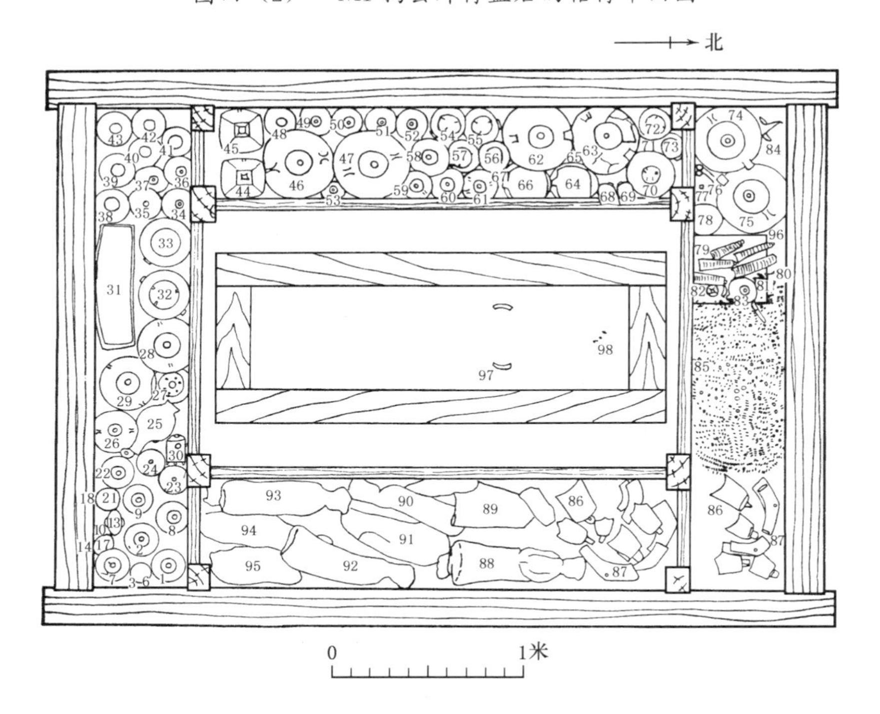

图四（3）　M1 器物出土时的平面图

1、2、7～9、22. 釉陶小罐　3～6、18～21. 漆盘　10～17. 漆耳杯　23、24. 釉陶豆　25、26、58～61. 釉陶壶　27. 釉陶薰　28、29. 釉陶罐　30. 漆卮　31. 漆案　32、33. 釉陶大鼎　34、35. 釉陶细颈壶　36、37. 釉陶折肩罐　38～43. 釉陶盒　44、45. 釉陶钫　46、47. 釉陶大壶　48～53. 釉陶小罐　54～57、72、73. 釉陶鼎　62、63. 釉陶大罐　64、66. 釉陶匜　65. 釉陶盆　67. 釉陶洗　68、69. 釉陶卮　70. 釉陶釜甑　71. 釉陶釜　74、75. 釉陶锺　76. 釉陶勺（3 件）　77. 铜印　78. 漆四子奁　79. 铜铃　80. 铜钲　81. 铜璜形器（8 件）　82. 铜环形器（3 件）　83. 铜鐎盉　84. 釉陶勺（3 件）　85. 泥半两　86. 灰陶编钟（9 件）　87. 灰陶编磬（12 件）　88～95. 木俑　96. 漆六博盘　97. 玉璜（2 件）　98. 料瑱（2 件）

图四（4）　M1木棺盖下的镂刻天花板（1/16）

外髹黑漆，内髹红漆，天花板朝上的一面髹黑漆，朝下的一面以黑漆为地，描以红漆和金、银。

M1的墓向359°。棺内人骨尚未完全朽烂，头向北，头下部有苫枕，虽已朽，仍可见内填整齐的灯芯草。人骨经鉴定为成年女性。

墓中随葬器物极为丰富，有釉陶器、泥质灰陶器、漆器、木俑、铜器、玉器、料器等。

釉陶器

63件　主要器形有鼎、盒、壶、钫、豆、罐、锺、盆、洗、匜、薰、卮、釜、釜甑等。

鼎　8件。其中大鼎2件（M1：32、M1：33），置足箱内。半球形盖，盖上立三钮，钮下部有半圆形穿。器身作子母口，扁球腹，有一道凸棱，圜底。两长方形附耳，耳有长方形穿，穿周饰卷云纹。三矮蹄足。釉色泛黄，大部分脱落。M1：32，口径26.0、通高22.8厘米（图五，2）。小鼎6件（M1：54～M1：57、M1：72、M1：73），置西边箱内，形制与大鼎基本相同，唯形体较小，盖上的三钮较大，附耳作三角形穿，蹄足根部饰卷云纹。小鼎外施青黄色釉，局部脱落。M1：55，口径15.4、通高17.8厘米（图六，6）。

盒　6件（M1：38～M1：43）。置足箱内。覆碗形盖。器身作子母口，扁球腹，平底，矮圈足。盖及口下饰数道弦纹。外施黄色釉，大部分脱落。M1：41，口径16.5、圈足径9.5、通高16.5厘米（图六，7）。

壶　8件。其中大壶2件（M1：46、M1：47），置西边箱内。盖圆弧，上有蘑菇状捉手，盖缘内侧有凹槽，合于壶口之上。壶口微侈，短颈，溜肩，长鼓腹，平底，矮圈足微向外撇，肩部有一对蕉叶纹半环耳，耳两则各贴有大小两个泥条盘起呈圆形的贴饰，并饰有两周戳点纹和一周水波纹，间以弦纹。外施青色釉。M1：46，口径14.8、圈足径20.4、通高48.8厘米（图五，1；图七，3）。小壶6件（M1：

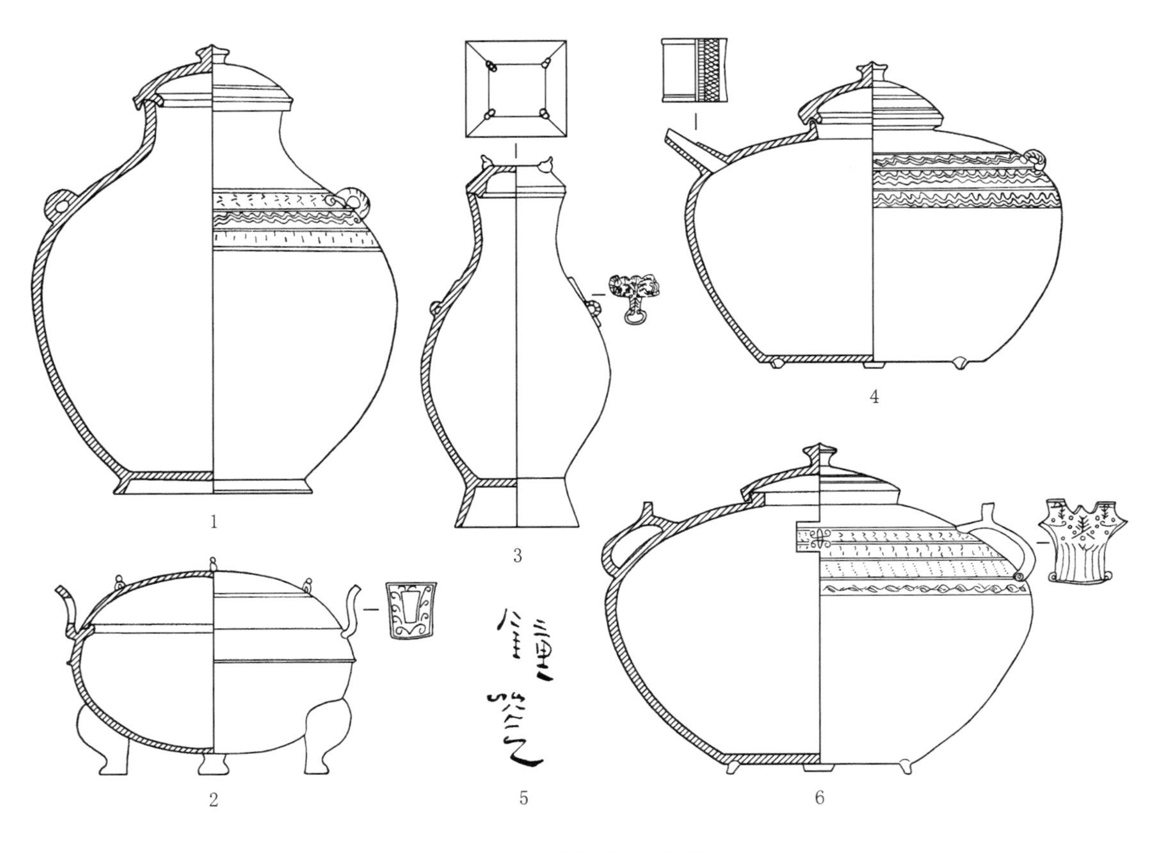

图五　M1 出土陶器

1. 大壶（M1∶46）　2. 鼎（M1∶32）　3. 钫（M1∶44）　4. 锺（M1∶74）　5. 锺盖内文字（M1∶74）
6. 大罐（M1∶62）（2、6 为 1/4，5 为 1/2，余为 1/8）

25、M1∶26、M1∶58～M1∶61），二件置足箱内，四件置西边箱内。形制基本同大壶，唯长颈，腹上部圆鼓，高圈足外撇，肩部饰一周戳点纹和一周水波纹，间以弦纹。外施青釉。M1∶58，口径 12.1、圈足径 13.6、通高 36.4 厘米（图六，8）。

细颈壶　2 件（M1∶34、M1∶35），置足箱内。盖上部圆弧，蘑菇状捉手，上有凸起的圆锥状小丁，盖缘内侧有一周凹槽，合于壶口之上。壶口微敛，口下有一道凹弦纹，细长颈，颈中部有两道凸棱，溜肩，鼓腹，大平底，矮圈足。肩部一周戳点纹和一周水波纹，间以弦纹。外施青绿色釉。M1∶34，口径 6.6、足径 14.3、通高 31.0 厘米（图六，9）。

钫　2 件（M1∶44、M1∶45），置西边箱内。大小相同，肩部贴饰稍异。盖呈盝顶状，上有四钮，盖缘内侧出一道凸棱，卡在钫口内。钫侈口，颈较长，溜肩，腹中部圆鼓，高方圈足外撇。肩部有一对蕉叶纹耳，耳上贴饰铺首，耳下贴饰圆环，一件没有圆环。通体施青灰釉。M1∶44，钫口边长 10.8、足边长 13.1、通高 40.7 厘米（图五，3；图七，5、6）。

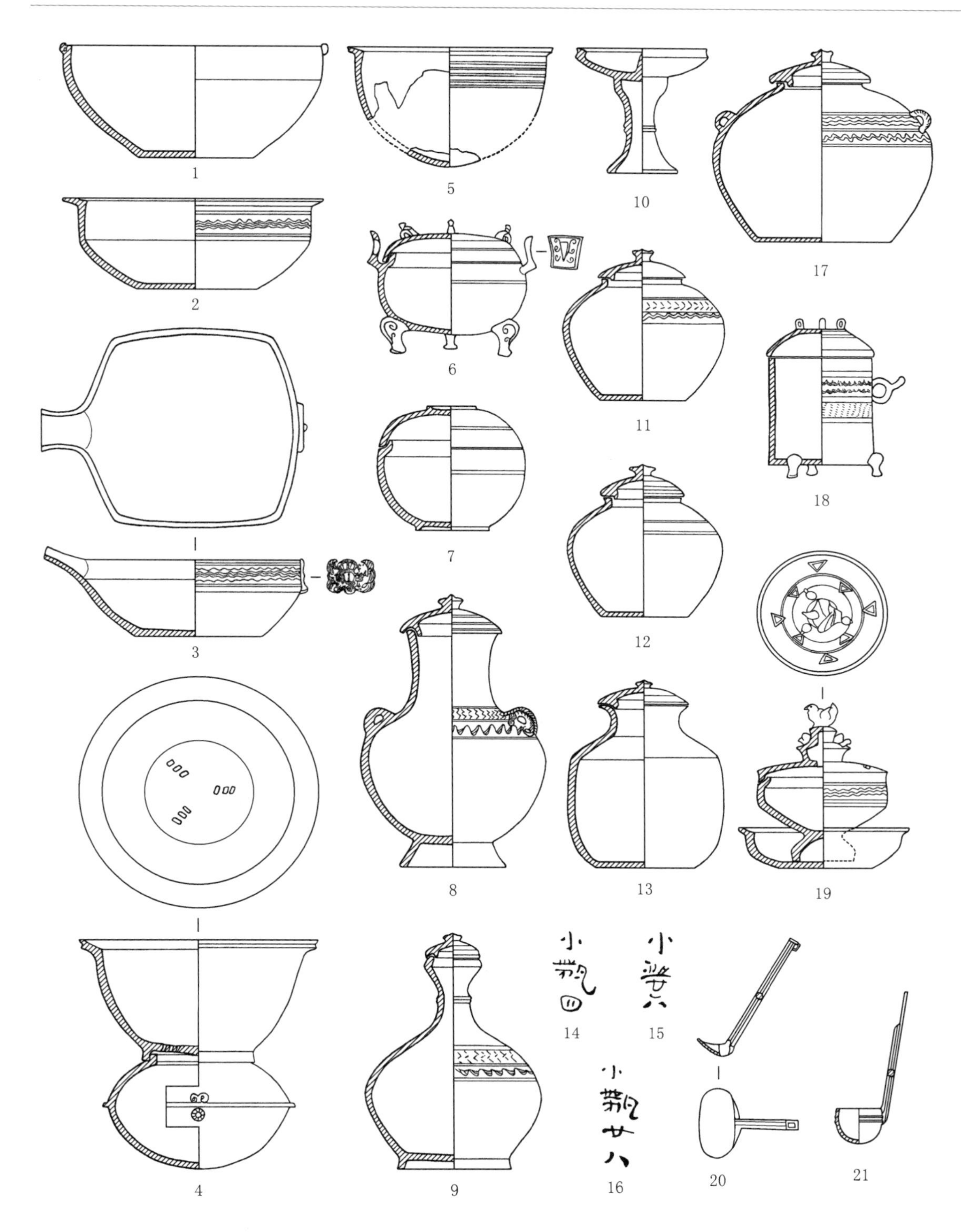

图六　M1出土陶器

1. 盆（M1：65）　2. 洗（M1：67）　3. 匜（M1：64）　4. 釜甑（M1：70）　5. 釜（M1：71）　6. 鼎（M1：55）　7. 盒（M1：41）　8. 小壶（M1：58）　9. 细颈壶（M1：34）　10. 灯（M1：23）　11、12. 小罐（M1：48、M1：22）　13. 折肩罐（M1：36）　14～16. 小罐盖内文字（M1：1、M1：7、M1：22）　17. 中罐（M1：28）　18. 卮（M1：68）　19. 熏（M1：27）　20、21. 勺（M1：84—3、M1：76—1）（14～16为1/2，余为1/8）

罐　16件。其中大罐2件（M1：62、M1：63），置西边箱内。盖上部圆弧，上有蘑菇状捉手，捉手周围戳印两周圆圈纹。罐口微侈，溜肩，鼓腹，平底，下有三扁矮足，肩部饰三周戳点纹和一周水波纹，间以弦纹，两侧各有一蝶形贴饰（图七，4），另两侧各有一宽扁耳，耳面上翘，耳上饰圆圈纹和叶脉纹等。盖及罐均外施青色釉。M1：62，口径14.8、底径20.0、通高35.6厘米（图五，6）。中罐2件（M1：28、M1：29），置足箱内。盖上部圆弧，上有圆捉手，盖缘内侧有一凹槽，合于罐口之上。罐口微侈，圆肩，鼓腹，大平底，肩部有一对蕉叶纹半环耳，耳两侧各有两个圆形贴饰，并饰水波纹两道，间以弦纹。外施黄绿色釉。M1：28，口径11.1、底径17.2、通高25.2厘米（图六，17）。小罐12件。西边箱内置6件（M1：48～M1：53），盖圆弧，上有蘑菇状捉手，捉手顶部有凸起的圆锥状小丁。盖缘内侧出一周凸棱，卡在罐口内。罐口微侈，圆肩，鼓腹，平底，肩部饰一周戳点纹和一周水波纹，间以弦纹。外施青釉。M1：48，口径10.5、底径11.0、通高20.1厘米（图六，11）。足箱内置6件（M1：1、M1：2、M1：7～M1：9、M1：22），形制与西边箱内六件相同。唯肩部仅饰数道弦纹。外施黄色釉，大部分脱落。其中三件盖内有墨书文字："小口四"，"小口廿六"，"小口廿八"。第二字似为"瓶"字（图六，14～16）。《玉篇》："瓶，小甖也"，当为小罐之自名，而"四"、"廿六"等字，皆应为小罐之序号。M1：22，口径10.1、底径11.0、通高20.0厘米（图六，12）。

折肩罐　2件（M1：36、M1：37），置足箱内。盖上部圆弧，上有蘑菇状捉手，捉手顶部出一圆锥状小丁。盖缘内侧有一周凸棱，卡在罐口内。罐侈口，领较高，折肩，深腹微弧，大平底。外施黄色釉，局部脱落。M1：36，口径11.5、底径12.2、通高25.2厘米（图六，13）。

锺　2件（M1：74、M1：75），置头箱内。盖上部圆弧，上有圆捉手，捉手顶部有一圆锥状丁，盖缘内侧有一周凹槽，合于锺口之上。锺侈口，束颈，圆肩，弧腹，平底，下有三扁矮足。肩一侧有一半环形蕉叶纹耳，耳两侧各有两个圆形贴饰（图七，2），肩的另一侧出一流，流呈扁方形，上有刻划网纹，肩及上腹部有三周水波纹，间以弦纹。通体施青绿色釉。M1：74，盖内有墨书"鍾盖"二字，说明此器自名为"鍾"。口径13.6、底径23.2、通高33.1厘米（图五，4、5）。

盆　1件（M1：65），置西边箱内。口微敛，深腹，平底，口外侧有一对横鋬。内外施黄绿色釉。口径32.8、底径13.8、高14.8厘米（图六，1）。

洗　1件（M1：67），置西边箱。斜折沿，腹壁上部较直，下部斜折内收，平底。上腹部饰一周水波纹及数道弦纹。内外施青色釉。口径33.2、底径15.2、高11.9厘米（图六，2）。

匜　2件（M1：64、M1：66），置西边箱内。一件在盆内，一件在洗内。方唇，上腹壁较直，下腹内收，平底，俯视呈弧边正方形。上腹饰水波纹一周，并有数道弦纹。前出一扁宽流，后有一鋬；鋬作兽面纹。内外施青绿色釉。M1：64，通长34.0、宽26.2、底边长16.5、高10.3厘米（图六，3；图七，1）。

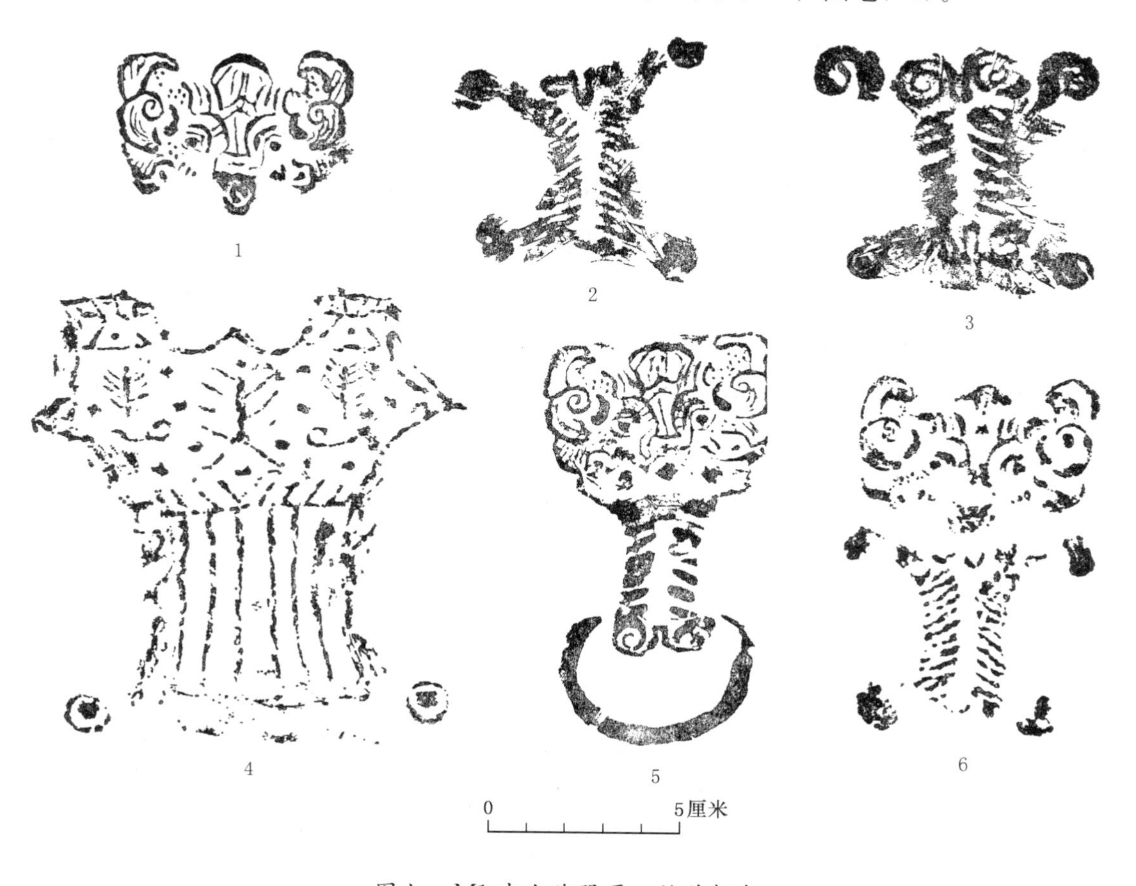

图七　M1出土陶器耳、铺首拓本

1. 匜（M1：64）　2. 锺（M1：74）　3. 大壶（M1：46）
4. 大罐（M1：63）　5. 钫（M1：44）　6. 钫（M1：45）

釜　1件（M1：71），置西边箱内。斜折沿，深腹，圜底，沿下有数道凹弦纹。内外施黄色釉。已残，口径26.1厘米，高度不明（图六，5）。

釜甑　1套（M1：70），置西边箱内。甑套在釜上。甑敞口，斜折沿，深腹，箅与器身连成一体，上有九个箅孔，矮圈足，足卡在釜的口外。釜直口，扁球腹，圜底，腹中部有一道凸棱，凸棱上贴有一对简化的铺首，下贴一对环。甑釜内外均施黄绿色釉。甑口径30.3、通高30.1厘米（图六，4）。

薰　1件（M1：27），置足箱内。薰分为盖、器身和承盘三部分。盖面圆弧，盖钮中部凸起，上立一鸟，振翅欲飞，钮缘立三小鸟。盖面上有两周三角形镂孔，一圈四个。器身作子母口，深腹，下腹斜折，高圈足，腹上部饰一周水波纹和数道弦纹。承盘斜折沿，浅腹，平底。通体施黄色釉，局部脱落。器身口径 10.5、圈足径 6.0、承盘口径 16.2、底径 8.4、通高 16.2 厘米（图六，19）。

灯　2 件（M1：23、M1：24），置足箱内。大小形式同。直口，浅盘，盘内中心有一圆锥形丁，柄上部圆鼓，中部内收，有两道凸棱，下部外撇。通体施黄色釉，大部分脱落。M1：23，盘径 16.4、足径 9.3、高 16.4 厘米（图六，10）。

卮　2 件（M1：68、M1：69），置西边箱内。圆筒形，有盖，盖上立三环钮。直壁，平底，下有三矮蹄足，腹壁中部偏上有一扁环鋬，鋬朝外的一侧外出上翘，腹上部饰水波纹一周，戳点纹一周。间以弦纹。外施黄色釉，大部分脱落。M1：68，口径 9.5、底径 10.2、通高 16.0 厘米（图六，18）。

勺　6 件。置头箱内。其中圆勺 3 件（M1：76－1～M1：76－3），勺身呈圆形，较深，长柄，柄的截面为八角形，上端扁平。M1：76－1，勺径 56.0、柄长 17.4 厘米（图六，21）。椭圆形勺 3 件（M1：84－1～M1：84－3），勺身呈椭圆形，较浅，斜长柄，柄上端后折，截面呈八角形。M1：84－3，勺口长 9.2、宽 4.4、柄长 15.5 厘米（图六，20）。均施青色釉。

泥质灰陶器与泥半两

泥质灰陶器有编钟、编磬。

编钟　9 件（M1：86－1～M1：86－9），置头箱和东边箱内。长方钮，舞面饰盘龙纹，篆四排，饰云雷纹，枚二排至四排不等（图八，1）。编钟尺度见下表：

表一　编钟尺寸一览表　　长度单位：厘米

序号	通高	钮高	舞广	舞修	鼓间	铣间	壁厚
1	14.1	2.6	7.3	7.3	10.1	11.0	0.5
2	12.9	2.4	9.1	9.1	10.8	11.4	0.5
3	12.9	2.4	7.9	8.2	10.4	10.8	0.7
4	12.0	2.0	6.5	6.5	9.2	9.5	0.6
5	11.8	2.3	7.2	7.1	9.5	9.8	0.6
6	10.8	1.7	6.1	6.6	9.1	9.5	0.7
7	10.6	1.6	6.6	6.3	9.5	9.5	0.8
8	10.4	1.6	5.3	5.3	7.6	8.6	0.8
9	9.0	2.0	5.7	5.7	8.3	8.8	0.9

编磬　12 件（M1：87－1～M1：87－12），置头箱和东边箱内。曲尺形，素面，有倨孔（图八，2）。编磬尺寸见下表：

表二　编磬尺寸一览表　　　长度单位：厘米

序号	鼓长	鼓博	股长	股博	倨句	倨孔径	厚
1	12.2	4.4	9.3	5.4	139°	0.8	1.2
2	11.7	4.4	8.2	5.0	141°	0.8	1.5
3	11.6	4.1	8.3	5.0	144°	0.8	1.0
4	11.5	4.1	8.2	5.0	143°	0.8	1.3
5	11.5	4.4	8.1	5.0	140°	0.7	1.2
6	11.5	4.0	7.8	5.0	140°	0.8	0.9
7	11.2	4.7	8.8	5.2	138°	0.8	1.0
8	10.6	4.0	7.9	4.5	140°	0.7	1.0
9	10.6	4.0	7.3	4.9	137°	0.7	1.0
10	9.0	3.2	7.1	4.4	142°	0.8	1.3
11	8.8	3.3	7.1	3.9	140°	0.7	1.7
12	8.3	3.6	7.5	4.4	139°	0.7	1.3

泥半两钱　1万余枚。置头箱内。完好者6千余枚。模制，一面平，一面有“半两”二字。方孔，有内郭和外郭。M1：85，径2.4、孔边长0.7、厚0.5厘米（图八，3）。

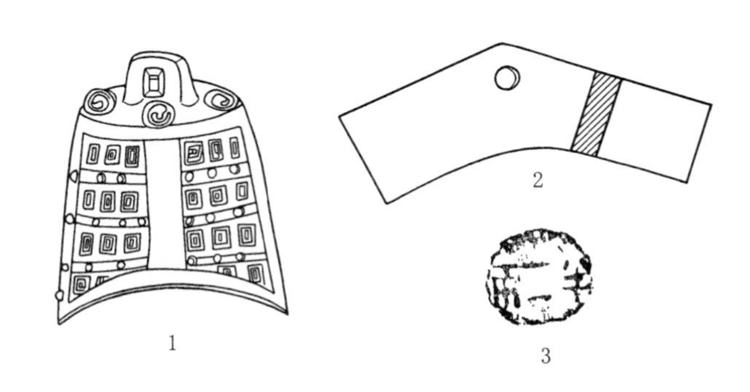

图八　M1出土陶、泥制品

1. 陶编钟（M1：86—2）　2. 陶编磬（M1：87—8）
3. 泥半两钱（M1：85）（3为1/2，余为1/4）

漆器和木俑

漆器有案、六博盘、卮、盘、耳杯、四子奁等，共20件。另有木俑8件。

案　1件（M1：31），置足箱内。木胎，已残，从残片仍可看出案为长方形，斜壁内收，平案盘，下有四蹄足。案外及四足髹黑漆，案内髹红漆，案盘内四周用黑漆髹一宽带，上用红漆褐漆绘云气纹等，中心用黑漆描出一长方形框，内用黑漆、褐漆描绘出几何形纹、云气纹和凤鸟纹，凤鸟纹身上描银。案长约62.0、宽约24.0、高约20.0厘米（图九，2；图一〇）。

六博盘　1件（M1：96），置头箱内。木胎。方形。盘面用双线阴刻成六博纹，盘边缘下部内收，两侧各有一抽屉，内各装木箸6根。木箸为细圆柱状，长16.2、直径0.6厘米。博盘及木箸均髹褐漆。边长41.5、高4.5厘米（图九，4）。

卮　1件（M1：30），置足箱内。夹纻胎。圆筒状，直壁，平底，有盖，盖面

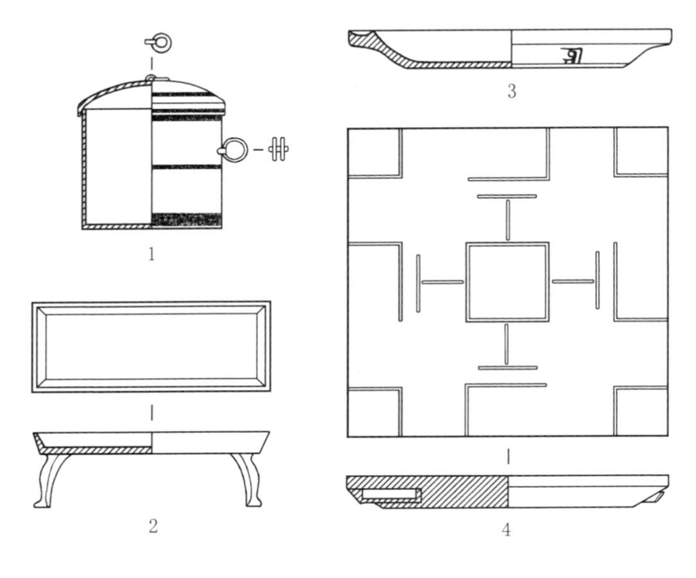

图九 M1出土漆器

1. 卮（M1：30） 2. 案（M1：31） 3. 盘（M1：6）
4. 博（M1：96）（1、3为1/5，2为1/20，4为1/10）

隆起，上有一铜环钮，卮身的一侧有两个并列的铜环钮。卮外髹黑漆，内髹红漆，并用红漆在盖上和卮壁外描出宽窄不同的条带。口径9.2、通高10.3厘米（图九，1）。

盘 8件（M1：3～M1：6、M1：18～M1：21），置足箱内。木胎。宽沿微凹，浅盘，平底，内外皆髹红漆，盘内底部用黑漆、褐漆绘成几何形图案和卷云纹，盘外壁用黑漆描绘四个符号形纹饰。M1：6，口径20.8、底径14.0、高2.4厘米（图九，3；图一一）。

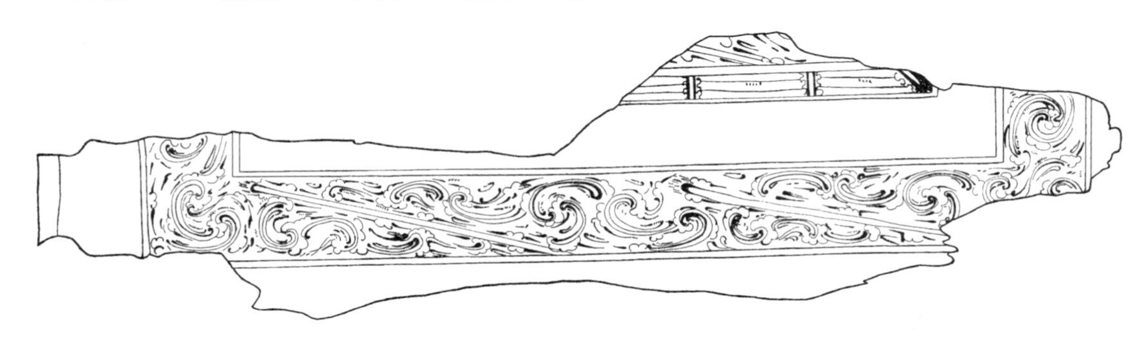

图一〇 漆案（M1：31）内图案（1/5）

耳杯 8件（M1：10～M1：17），置足箱内。木胎，形制相同，而描绘花纹有异。椭圆形，两侧有耳，弧壁，平底。杯底皆有烙印“东阳”二字，先烙后漆。皆外髹黑漆，内髹红漆，耳髹黑漆。四件用红漆在耳侧和耳面描出曲线纹和圆点纹，一耳下刻一“王”字，另一耳下刻“二”或“三”字，杯外皆侧刻“外厨”二字。四件杯内用黑漆点绘，耳面用红漆点出小弧点。四件都在

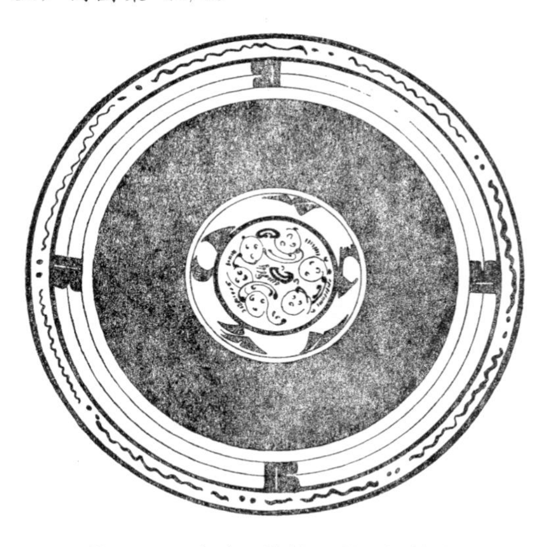

图一一 漆盘（M1：6）（3/10）

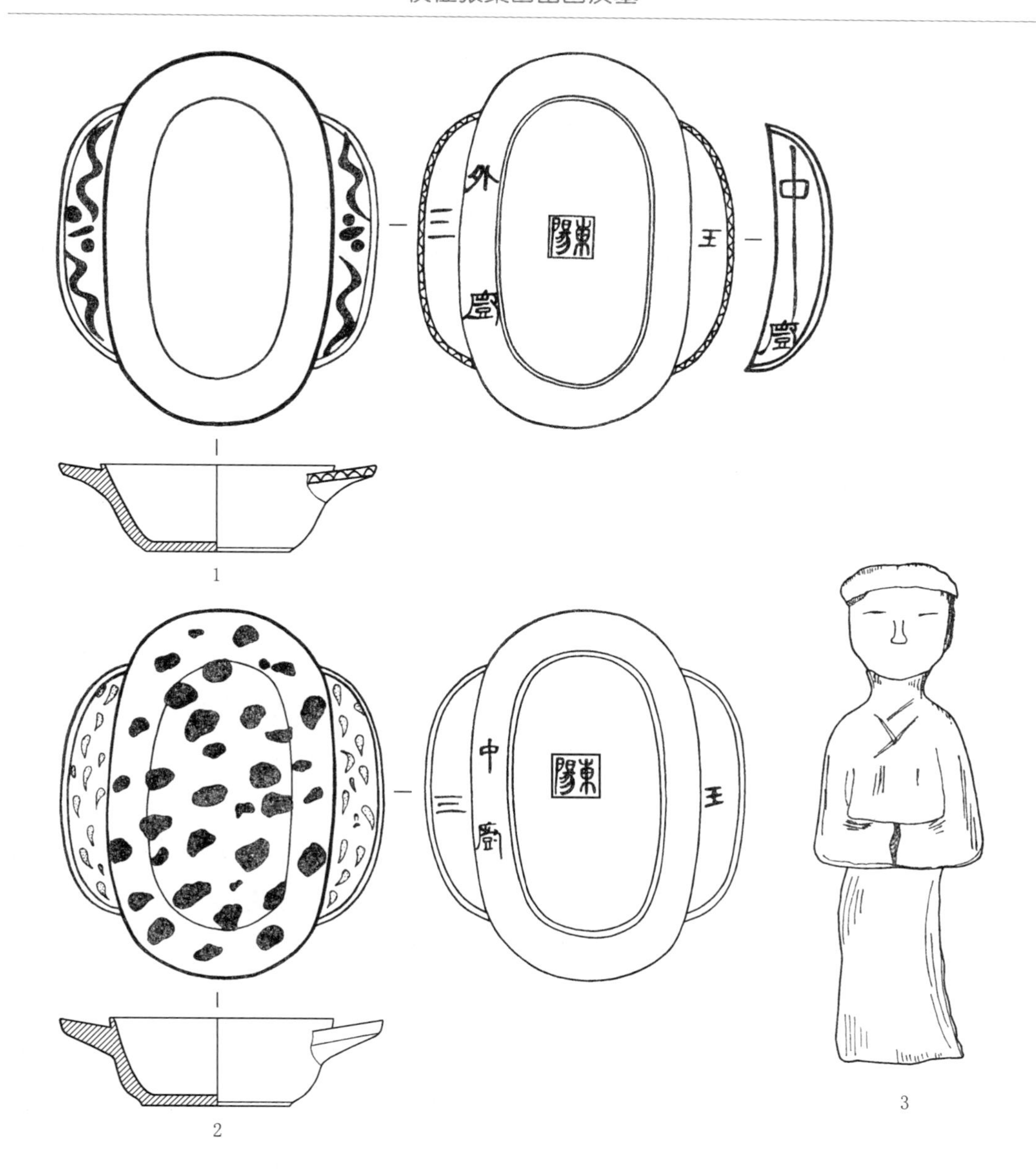

图一二　M1 出土漆耳杯、木俑

1、2. 耳杯（M1：12、M1：15）　3. 木俑（M1：88）（1、2 为 3/10，3 为 3/20）

一耳下刻“王”字，三件还在一耳下加刻“三”字，杯外侧刻“中厨”二字。M1：15，耳下刻“中厨”二字，杯外侧刻“二”字。文字皆漆后再阴刻。八件大小相同，长 17.2、宽 10.2、高 4.0 厘米（图一二，1、2）。

四子奁　1 件（M1：78），置头箱内，已残。木胎。奁盒为扁圆筒形，有盖，盖内径略大于器身外径，套盖在器身之上，内有小盒四件、铜镜一件。奁外髹黑漆，内髹红漆，盖顶、盖侧以及器身的侧面均用红漆和褐漆描绘花纹图案，仍可看出描绘的有云气纹和几何形图案，盖顶花纹还描金。奁直径 35.6、通高 16.0 厘米。四件小盒中有长方形 1 件（M1：78—2），圆形 2 件（M1：78—3、M1：78—

4），马蹄形1件（M1：78—5）。皆木胎，外髹黑漆，内髹红漆。有盖，盖上及盖侧均用红漆描绘花纹图案，大部分脱落。马蹄形小盒内盛木梳木篦各一件，上部呈圆弧形，下部有齿。篦齿细密，65齿；梳齿稀疏，19齿。

木俑　8件（M1：88～M1：95），置东边箱内。用楸木刻制而成。皆侍女俑，造型基本相同。平髻，面部细刻眼、眉，鼻稍隆起，衣右衽，双手拢袖，长裙拽地。高42.0～46.4厘米（图一二，3）。

铜器

58件。有镜、印、镳盉、铃、钲等。

镜　1件（M1：78—1），置四子奁内。圆形，三弦钮，镜面光洁可鉴，镜背花纹分为内外两圈，内圈作蟠螭纹，外圈以蟠螭纹为地，四只怪兽环绕其间，兽狐面，长舌，大耳，回首，长尾上卷，一前爪向后抓尾，一前爪向前捉前一兽之尾。镜缘上翘。直径23.9、厚0.3厘米（图一三）。

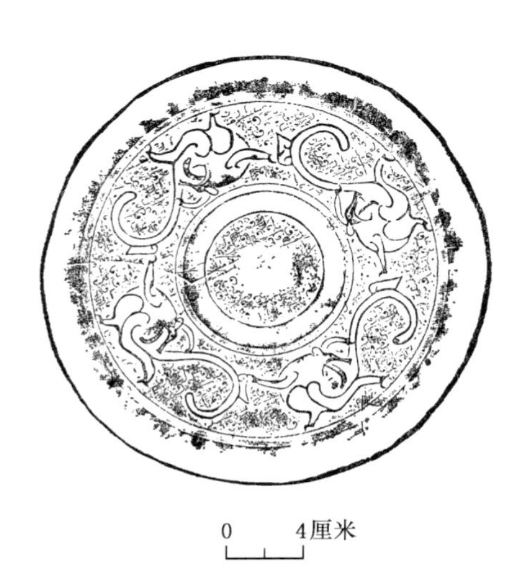

图一三　M1出土铜镜拓本（M1：78—1）

印　1枚（M1：77），置头箱内。有匣，匣已朽。印面方形，上部覆斗形，桥形钮。印面阴刻篆书“郐晏”二字。边长2.15、通高1.5厘米（图一四，3；图一五，2）。

镳盉　1件（M1：83），置头箱内。扁球形腹，腹中部有一道凸棱，直口，有盖，盖上有一环钮，盉口和盖与流相对的一侧有近似方形的套榫结构，并用销钉铆合，便于盖开合，盉身一侧出一兽头流，与流夹角呈90°处有一长柄。柄截面为长方形，中空，内有残木柄。盉下有三矮蹄足。通高13.6厘米（图一四，5）。

铃　43件（M1：79—1～M1：79—43），置头箱内。上有半环形扁钮，内有铃舌，两面饰以网纹，网格内填小乳丁。通高4.5厘米（图一四，2）。

钲　1件（M1：80），置头箱内。素面，方柄中空，内有残木柄，扣之声音清脆。高7.8厘米（图一四，6）。

璜形器　8件（M1：81—1～M1：81—8），置头箱内。一面平，一面有外郭，郭内有凸脊，三穿。长11.0、厚0.1厘米（图一四，7）。

环形器　3件（M1：82—1～M1：82—3），置头箱内。一面平，一面微弧，内外两环，内环四出与外环相连。径8.3、厚0.2厘米（图一四，1）。

璜形器、环形器与铃、镳盉、钲、陶半两、六博盘等置放在一起，用途不明。

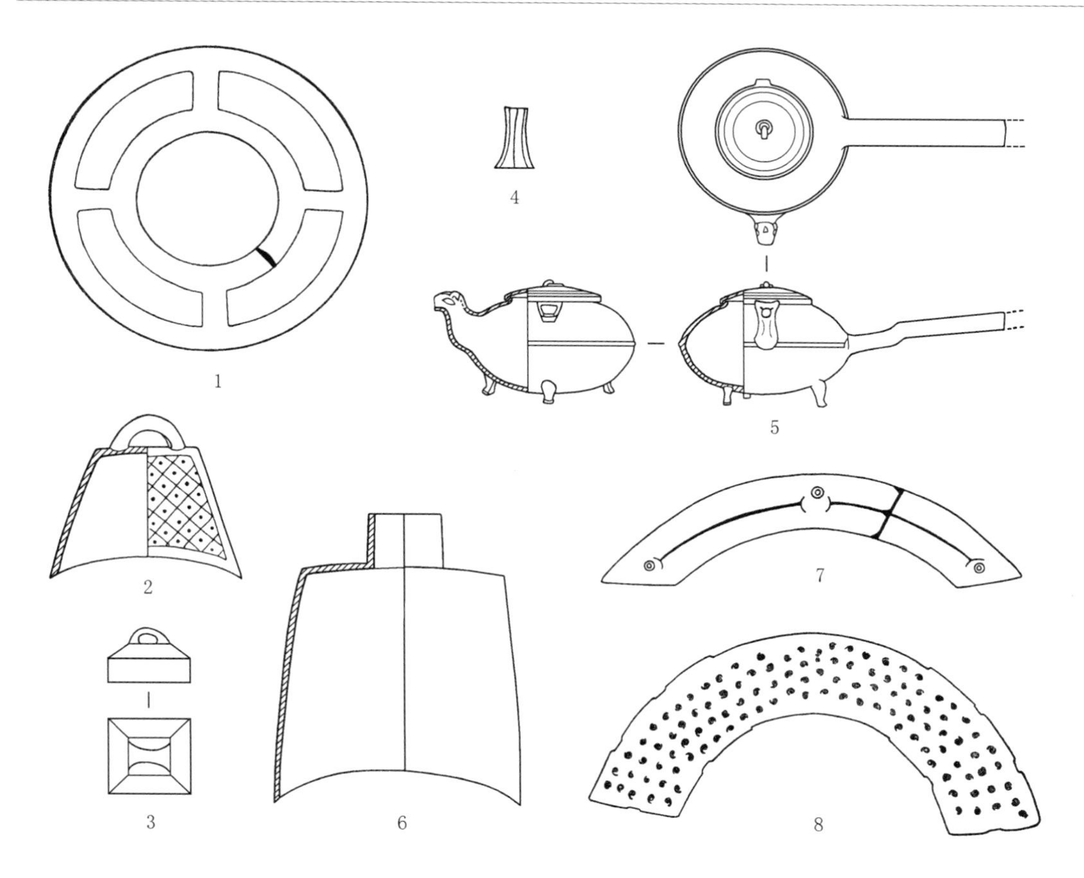

图一四　M1出土器物

1. 铜环形器（M1：82—3）　2. 铜铃（M1：79—4）　3. 铜印（M1：77）　4. 料瑱（M1：98—1）　5. 铜鐎盉（M1：83）　6. 铜钲（M1：80）　7. 铜璜形器（M1：81—1）　8. 玉璜（M1：97—1）（5为1/6，余为1/2）

玉器和料器

玉璜　2件（M1：97—1、M1：97—2），置棺内，位置在死者胸部，一左一右。玉呈乳黄色，局部有黑色。瑕斑，半透明，两面均有凸起的谷纹，中部有一小穿。长11.9、宽2.3、厚0.4厘米（图一四，8；图一五，1）。

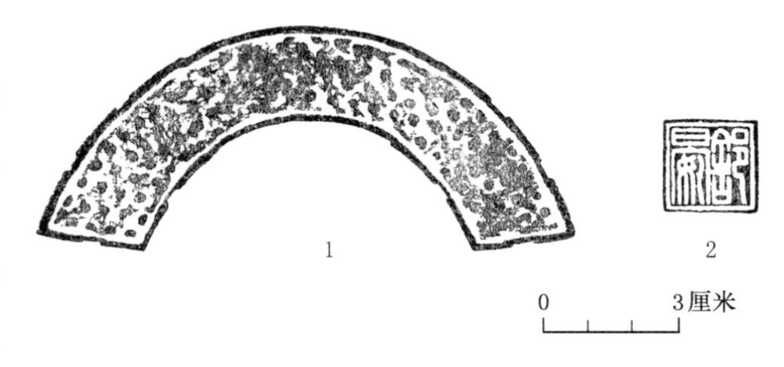

图一五　M1出土器物

1. 玉璜（M1：97—1）拓本　2. 铜印（M1：77）印文

瑱　2件（M1：98—1、M1：98—2），置棺内死者头骨处。深蓝色料器，半透明，截面呈八角形，一端大，一端小。长1.5厘米（图一四，4）。

二号墓（M2）

在M1之南，相距10.5米。墓口长5.2、宽3.6、深3.8米。木椁的结构同M1，长2.9、宽1.8、高1.25米。椁底板两块，纵铺，长3.06、宽0.93、厚0.19米。椁墙板四块，两侧板长3.0、两挡板长1.58、高0.9、厚0.14米。椁顶横置六块盖板，长2.0、宽0.34～0.54、厚0.18米。椁内用一块隔板分隔成棺室和边箱，棺室在东，边箱在西。隔板长2.66、高0.9、厚0.1米，两端卡在椁墙挡板内侧的浅凹槽内。边箱长2.63、宽0.54米。棺室长同边箱，宽87.0厘米。边箱上横盖六块薄板，棺室上横盖三块薄板。薄板厚约2.0厘米。棺室内置一棺，棺用整段楠木刳成棺底和两侧墙，侧墙两端内侧开竖槽，插入两端板，两侧墙与棺盖的交接处有凹凸槽卡合，使之不能左右移动。棺长1.98、宽0.71、高0.76米（图一六）。

M2的墓向359°。棺内人骨尚存，头骨保存较好，头向北，头下有苫枕，枕内填以整齐的灯芯草。经鉴定，为青年女性。

随葬器物多置西边箱内，棺内仅见玉饰片。随葬器物有釉陶器、泥质灰陶器、漆器、木俑以及铜镜等。

釉陶器

10件。有鼎、盒、壶、勺等。

鼎　2件（M2：3、M2：4）。半球形盖，盖上立三钮，钮的下部有圆孔。器身作子母口，扁球腹，圜底，腹中部有一道凸棱，上有一对长方形附耳，耳有长方形穿，穿的上面及两侧饰卷云纹，下有三矮蹄足。外施釉，釉色泛黄，局部脱釉。M2：3，口径16.7、通高18.8厘米（图一七，2）。

盒　2件（M2：1、M2：2）。覆碗形盖。器身作子母口，扁球腹，圜底近平，下有矮圈足。外施釉，釉色泛黄，大部分脱落。M2：1，口径17.6、足径10.8、通高18.0厘米（图一七，3）。

壶　2件（M2：5、M2：6）。盖上部圆弧，上立三钮，钮下部有圆孔，上部作鸟头形，盖上饰戳点纹，盖缘内侧出一周凸棱，卡在壶口内。壶口微侈，长颈，鼓腹，圈足下部外撇，肩部有一对蕉叶纹半环耳，耳两侧各贴两个圆形饰，并饰有一周水波纹和一周戳点纹，间以弦纹。外通体施釉，釉呈青绿色。M2：5，口径8.0、通高32.5厘米（图一七，1）。

勺　4件，其中圆勺2件（M2：11、M2：12），椭圆形勺2件（M2：9、M2：10）。大小、形制均同M1随葬的釉陶勺（图一七，5、6）。

图一六　M2 平、剖面图

1、2. 釉陶盒　3、4. 釉陶鼎　5、6. 釉陶壶　7、8. 灰陶罐　9～12. 釉陶勺　13、15～17. 木俑　14. 漆奁　18～21. 漆耳杯　22～25. 漆盘　26、27. 玉饰片

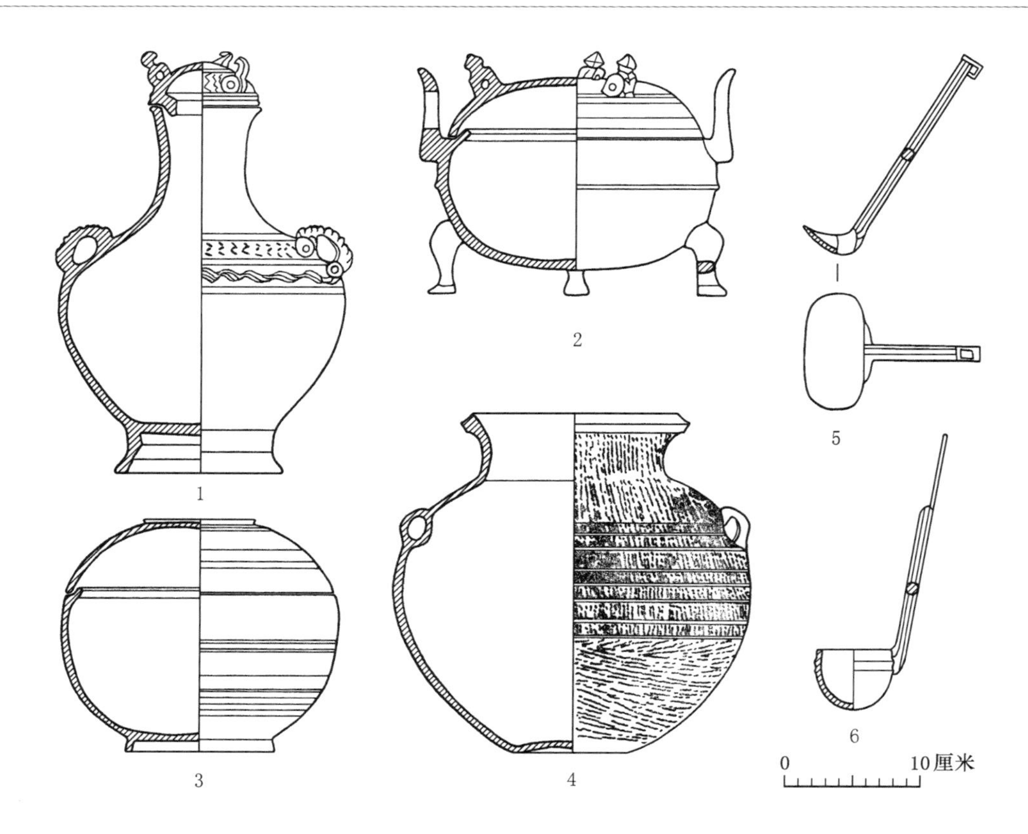

图一七　M2出土陶器

1.壶（M2∶5）　2.鼎（M2∶3）　3.盒（M2∶1）　4.罐（M2∶7）　5、6.勺（M2∶9、M2∶11）

泥质灰陶器

罐　2件（M2∶7、M2∶8）。侈口，折沿下垂，高领，圆肩，球腹，底内凹，肩部有一对半环耳，耳下器壁内凹。通体饰绳纹，上腹部用弦纹划断。M2∶7，口径15.8、底径7.9、高26.4厘米（图一七，4）。

漆器和木俑

漆器9件，有盘、耳杯、四子奁等。另有木俑4件。

盘　4件（M2∶23～M2∶26）。大小、形制均同M1随葬的漆盘。

耳杯　4件（M2∶18～M2∶21），大小、形制均同M1随葬的漆耳杯，杯底烙印及刻文亦相同，其中刻“中厨”者2件，刻“外厨”者2件。

四子奁　1件（M2∶14）。木胎，扁圆筒形，平底，盖的上部分三层逐级高起，平顶。盖的内径略大于器身的外径，套扣在器身之上。奁外髹黑漆，内髹红漆，并用红漆、褐漆在盖上部和侧面以及奁盒侧面描绘花纹图案，盖上部外圈绘曲线纹、弧线纹和圆点纹，内圈外绘几何形花纹，中绘云气纹，盖侧与盒侧均绘两

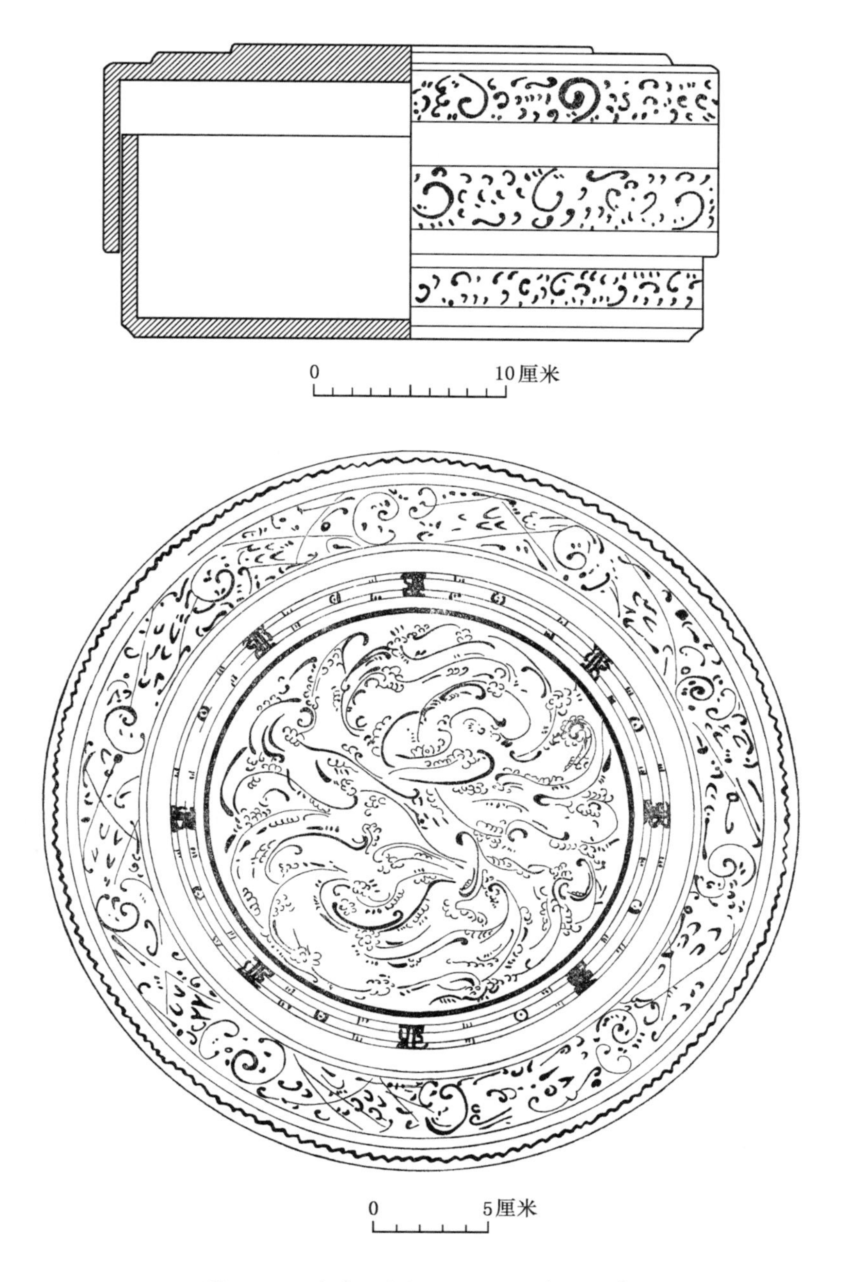

图一八　漆奁（M2：14）及盖顶图案

道云气纹带。口径30.2、底径30.2、通高16.0厘米（图一八）。奁内装小盒4件、铜镜1件。小盒皆外髹黑漆，内髹红漆，木胎。其中有圆形小盒2件。一件（M2：14—2），扁圆筒形，平底，盖上部圆弧。用红漆和褐漆在盖上描绘花纹图案，盖上部外圈绘云雷纹和直线纹，内绘云气纹，盖侧绘两道斜云雷纹带。口径7.6、通高4.1厘米（图一九，2）。另一件（M2：14—3），呈圆筒状，平底，盖顶中部高起，

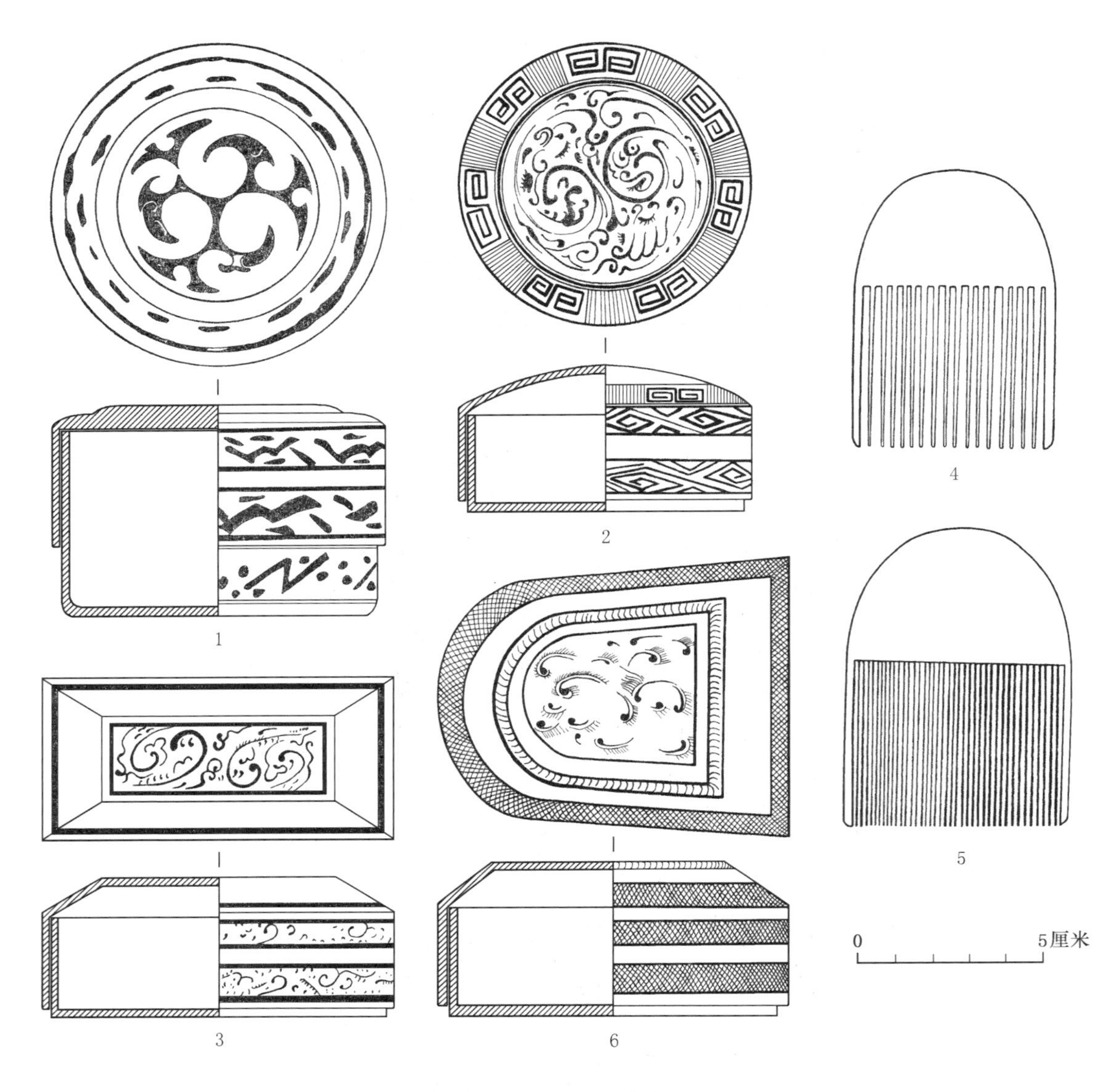

图一九　M2出土漆木器

1、2. 漆圆形小盒（M2：14—3、M2：14—2）　3. 漆长方形小盒（M2：14—4）　4. 木梳（M2：14—5①）
5. 木篦（M2：14—5②）　6. 漆马蹄形小盒（M2：14—5）

平顶。有红漆、褐漆描绘的花纹图案，盖上部绘变形鸟纹，盖侧与盒侧绘折线纹和圆点纹。口径8.4、通高6.1厘米（图一九，1）。长方形小盒一件（M2：14—4），有盖。盖呈盝顶状，盒平底。盖上部和侧面有红漆和褐漆描绘的云气纹和云气纹带。长9.2、宽4.1、通高4.0厘米（图一九，3）。马蹄形小盒1件（M2：14—5），有盖。平底。盖上部呈斜坡高起，平顶。并用红漆和褐漆在盖顶四周绘网纹，内绘弧线纹，中绘云气纹，盖侧绘两道网纹带。长8.4、宽7.4、通高4.5厘米（图一九，6）。马蹄形小盒内盛木梳、木篦各1件，顶端皆圆弧形。木梳

（M2：14—5①），长 7.8、宽 5.5 厘米；木篦（M2：14—5②），长 8.5、宽 6.1 厘米（图一九，4、5）。

木俑 4 件（M2：13、M2：15～M2：17）。用楸木刻制而成。皆侍女俑。造型基本相同，大小略异。与 M1 随葬的木俑相比，则腰部较细，长裙下摆较宽。通高 21.5～30.0 厘米左右（图二○）。

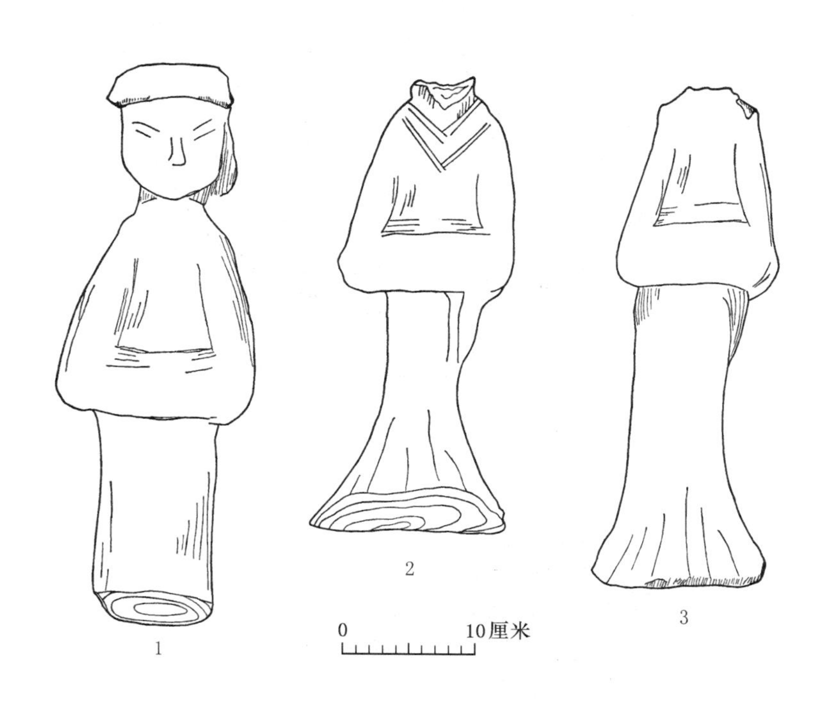

图二○ M2 出土木俑

1. 木俑（M2：16） 2. 木俑（M2：15） 3. 木俑（M2：17）

铜器和玉器

铜镜 1 件（M2：14—1）。三弦钮，镜面光可鉴人，镜背内圈饰三只神兽，长角，回首，长尾上卷，作奔走状，外圈以云纹为地，饰四虬龙，虬龙张口长舌，长身卷曲，长尾上卷，身下饰双菱纹，镜缘上翘。直径 20.8、厚 0.3 厘米（图二一）。

玉饰 1 件（M2：26）。置棺内死者头部。圆饼形，无纹饰。黄绿色，半透明。直径 2.8、厚 0.1 厘米（图二二，2）。

玉饰残片 1 件（M2：27）。与圆形玉饰叠放在一起，可能作为玉琀。残片原为管形或弧形，外刻划变形鸟纹和勾连云纹。黄绿色，半透明。残长 4.2、厚 0.1～0.3 厘米（图二二，1）。

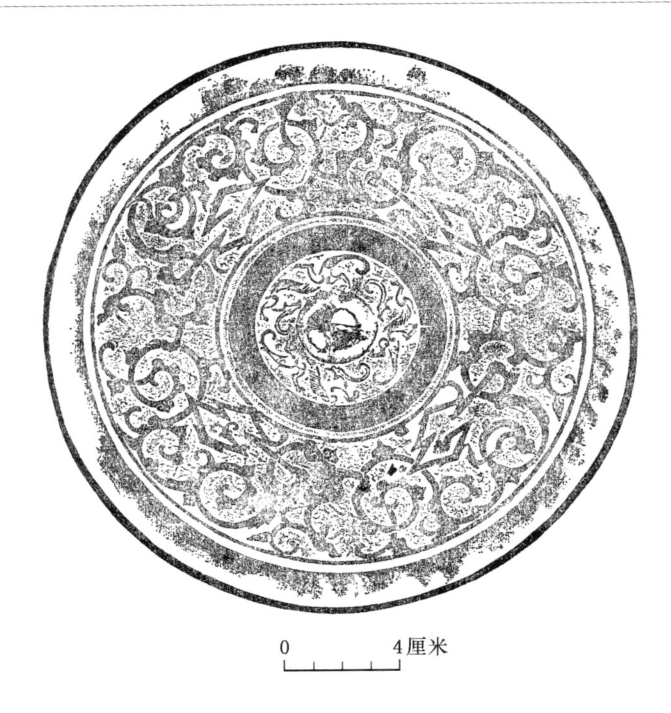

图二一　铜镜（M2：14—1）

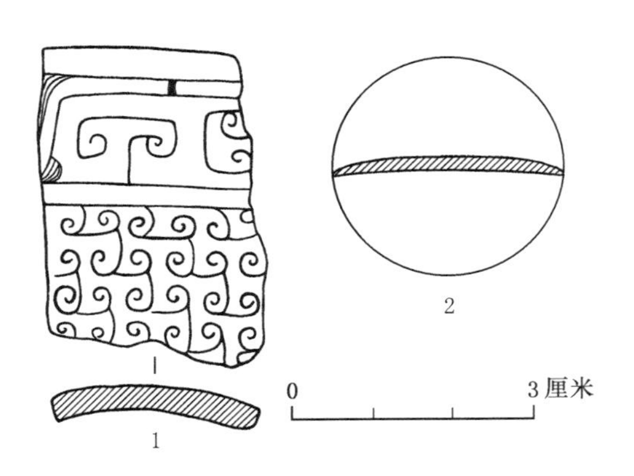

图二二　M2出土玉饰

1. 残玉饰（M2：27）　2. 圆形玉片（M2：26）

三号墓（M3）

在M2之南，相距10.5米。墓口长5.2、宽3.5、深4.1米。木椁用楠木板构成，长2.96、宽1.76、高1.22米。椁底板两块，纵铺，长3.1、宽0.9～0.96、厚0.24米。椁墙板四块，两侧板长3.1、两挡板长1.5、高0.82、厚0.16米。椁顶横置六块盖板，长2.0～2.2、宽0.36～0.6、厚0.16米。椁内用一块隔板隔成棺室和边箱，棺室在西，边箱在东。隔板长 2.74、高 0.82、厚 0.07 米。边箱长 2.7、宽 0.48 米。棺室长同边箱，宽 0.9 米。棺室和边箱上均盖有厚 2.0 厘米的薄板，棺室上盖一块，边箱上盖六块。棺室内置一棺，用整段杉木刳成棺底和两侧墙，两头端板插在侧墙内侧的竖槽内，棺盖与侧墙板的交接处有凹凸槽卡合。外髹黑漆，内髹红漆。长 2.16、宽 0.7、高 0.78 厘米。整个椁室的结构与 M2 基本相同（图二三）。

M3 的墓向 356°。棺内人骨保存尚好，头向北。头下有苫枕，已朽。经鉴定，为青年女性。

随葬器物有彩绘泥质灰陶器、漆器和铜器。除四子奁置棺内外，余均置东边箱内。

泥质灰陶器

16 件。有鼎、盒、壶、豆、杯、罐等。

鼎　2 件（M3：9、M3：10）。半球形盖，盖上有半环钮。器身作子母口，垂腹，圜底，腹上部有一对长方形附耳，上有长方形穿，下有三蹄足。盖上和器身上均绘有数道红彩和白彩。M3：9，口径 18.6、通高 20.0 厘米（图二四，1）。

盒　2 件（M3：15、M3：16）。半球形盖，盖上有半环钮。器身作子母口，弧腹，平底，矮圈足。盖上与器口下均绘有红彩和白彩带。M3：15，口径 20.4、通高 18.6 厘米（图二四，6）。

壶　2 件（M3：11、M3：12），盖圆弧，上有三个圆孔，呈等腰三角形。侈口，矮颈，溜肩，最大径在中部，平底，高圈足外撇。盖上和壶上均绘有红彩和白彩带。M3：12，口径 12.0、圈足径 16.2、通高 32.8 厘米（图二四，4）。

豆　4 件（M3：1～M3：4）。口微敛，浅盘，高杯，下部外撇内收。豆盘内外及柄上均有红彩和白彩带。M3：1，盘径 18.4、柄下部径 10.1、高 15.5 厘米（图二四，3）。

杯　4 件（M3：5～M3：8）。侈口，深腹，下部内收，细矮柄，圆饼形座。杯上及足部均绘有红彩和白彩带。M3：5，口径 9.2、高 15.1 厘米（图二四，5）。

罐　2 件（M3：13、M3：14）。侈口，高领，球腹，底内凹，肩部有一对半环耳，耳下器壁内凹。领以下饰绳纹，上部用弦纹划断。M3：13，口径 19.6、底径 10.0、高 28.2 厘米（图二四，2）。

漆器

9 件。有盘、耳杯和四子奁。

图二三　M3平、剖面图

1～4. 灰陶豆　5～8. 灰陶杯　9、10. 灰陶鼎　11、12. 灰陶壶　13、14. 灰陶罐　15、16. 灰陶盒　17～20. 漆盘　21～24. 漆耳杯　25. 漆奁

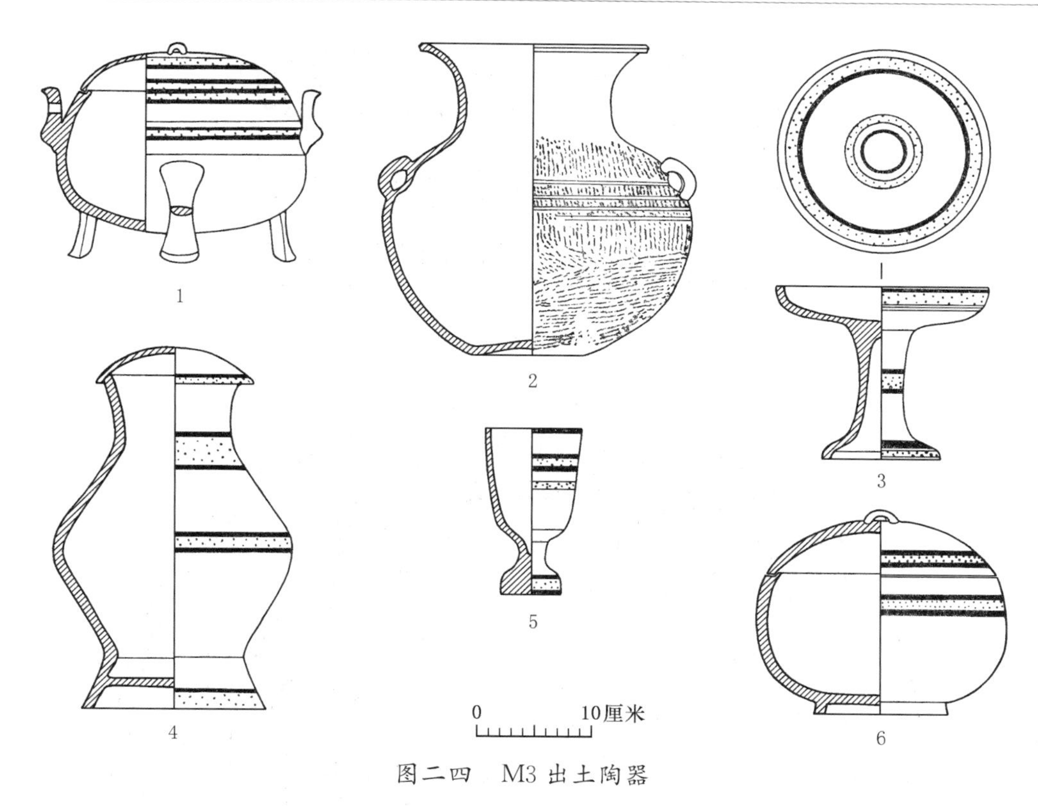

图二四　M3 出土陶器

1. 鼎（M3∶9）　2. 罐（M3∶13）　3. 豆（M3∶1）　4. 壶（M3∶12）
5. 杯（M3∶5）　6. 盒（M3∶15）

盘　4 件（M3∶17～M3∶20）。木胎。大小、形制同 M1 随葬漆盘。

耳杯　4 件（M3∶21～M3∶24）。木胎。大小、形制均同 M1 耳杯，唯二件底部无烙印，其中二件刻文“中厨”，二件刻文“外厨”。

四子奁　1 件（M3∶25）。木胎。造型同 M2 所出，唯形体略小，亦外髹黑漆，内髹红漆，并用红漆与褐漆在盖顶部及盖侧描绘花纹图案，盖顶部绘有花纹三圈，有曲线纹、弧线纹、圆点纹、斜云雷纹，中心部分绘变形鸟纹和云气纹，盖侧绘弧线纹和圆点纹带两道，奁盒侧亦绘弧线纹和圆点纹带。口径 26.4、通高 13.2 厘米（图二五）。奁盒内有小盒 4 件、铜镜 1 件。小盒的形制、花纹均同 M2 所出的小盒，唯形体略小。平顶盖圆形小盒口径 8.1、通高 6.0 厘米；弧顶盖圆形小盒口径 7.2、通高 3.9 厘米；长方形小盒长 8.8、宽 4.0、通高 4.0 厘米；马蹄形小盒长 8.1、宽 7.1、通高 4.2 厘米，内有木梳、木篦各 1 件。

铜器

铜镜　1 件（M3∶25—1），置四子奁内。三桥钮，镜背以细密的云雷纹为地，饰四虬龙，龙回首，长身卷曲，尾回转，两龙之间填菱形纹。镜缘上翘。直径 11.6、厚 3.0 厘米（图二六）。

图二五　漆奁（M3：25）及盖顶图案

四号墓（M4）

在M3之南，相距10.0米。墓口长3.2、宽2.3、深3.7米。本椁用楠木构成，长2.2、宽1.6、高1.1米。椁底板三块，纵铺，长2.25、宽0.5～0.64、厚0.16米。椁墙板四块。两侧板长2.24、两端板长1.38、高0.8、厚0.12米。椁顶横置四块盖板，长1.62、宽0.45～0.6、厚0.14米。椁内偏西一侧置一棺。棺用整段杉木刳成棺底和西侧墙，两端板插入侧墙板两端内侧的竖槽内，棺盖板与两侧板的交接处有凹凸槽卡合。棺外髹黑漆，内髹红漆，长 1.9、宽 0.74、高 0.76 米（图二七）。

M4 的墓向 359°。棺内人骨已朽烂成粉末状，仍可看出头向北。经鉴定，可能为青年女性。

随葬器物均置椁内，棺的东侧。有釉陶器和漆器。

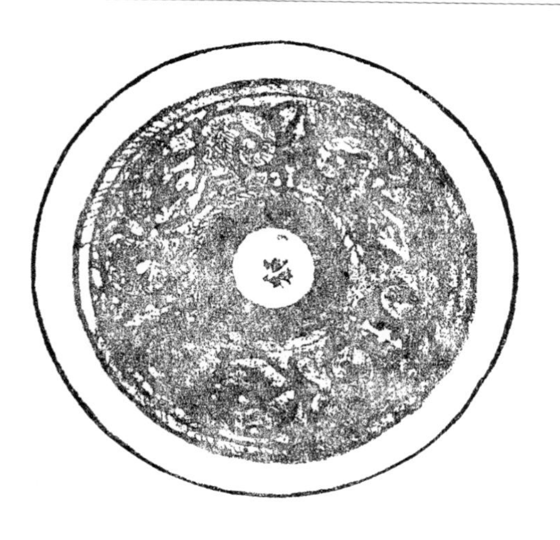

图二六　铜镜（M3：25—1）（1/2）

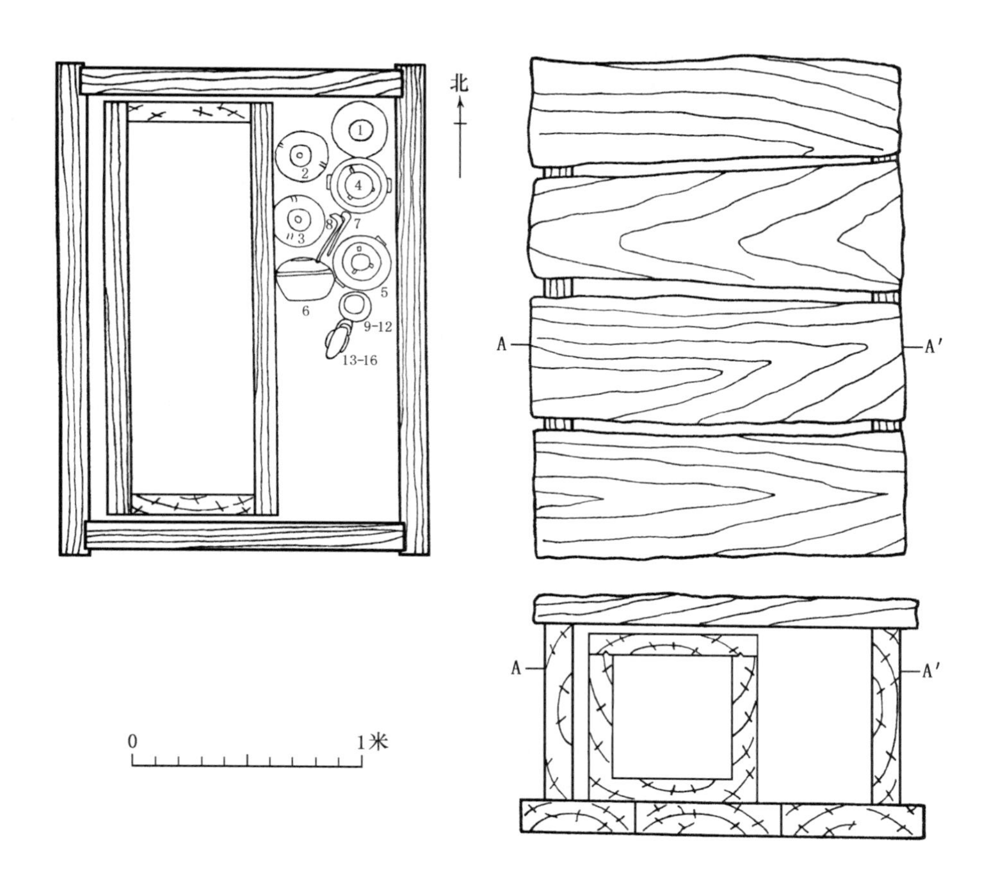

图二七　M4 平、剖面图

1、6. 釉陶盒　2、3. 釉陶壶　4、5. 釉陶鼎　7、8. 釉陶勺　9～12. 漆盘　13～16. 漆耳杯

釉陶器

8 件。有鼎、盒、壶、勺等。

鼎　2 件（M4：4、M4：5）。大小、形制均同 M2 随葬的釉陶鼎（图二八，3）。

盒　2件（M4：1、M4：6）。形制同M2随葬的釉陶盒，唯形体略高。M4：1，口径17.6、圈足径10.0、通高18.7厘米（图二八，2）。

壶　2件（M4：2、M4：3）。形制同M1随葬的釉陶壶，唯形体略瘦高，圈足外撇不明显，肩部饰三道水波纹带，间以弦纹。M4：2，口径11.4、圈足径13.6、通高34.6厘米（图二八，1）。

勺　圆形、椭圆形各1件（M4：7、M4：8）。形制、大小均同M1出土的釉陶勺（图二八，4、5）。

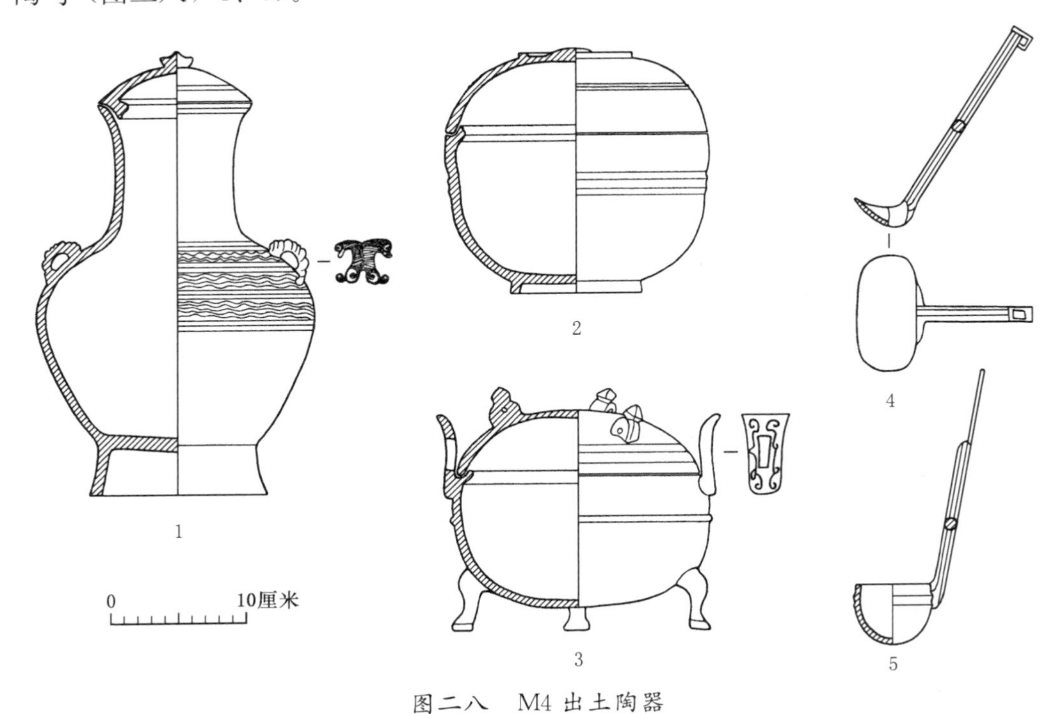

图二八　M4出土陶器

1. 壶（M4：2）　2. 盒（M4：1）　3. 鼎（M4：5）　4、5. 勺（M4：8、M4：7）

漆器

8件。有盘和耳杯。

盘　4件（M4：9～M4：12）。形制、大小及花纹均同M1的漆盘。

耳杯　4件（M4：13～M4：16）。与M2随葬的耳杯相同，只是胎已朽，看不出杯底的烙印及刻文。

结语

（一）随葬器物的特征

这次发掘的四座墓葬，随葬器物以釉陶器和漆器为主。釉陶器的基本组合是鼎、盒、壶，漆器的基本组合是盘、耳杯、四子奁。M3 随葬的彩绘泥质灰陶器，基本组合也是鼎、盒、壶。

长江下游的汉墓，随葬器物基本组合的变化是鼎、盒、壶至鼎、瓿、壶，再至壶、瓿。钫、豆则见于西汉早期规模较大的墓中，以后少见。彩绘泥质灰陶器在长江下游的汉墓中亦不多见。

釉陶器以 M1 出土的数量最多，除常见器形外，有些器形在长江下游较为罕见。大壶、大罐、大鼎、锺、钫等，形体硕大，而匜、细颈壶、熏、卮等，造型别致。既有仿铜器者，亦有仿漆器者，表明当时釉陶器的制作已达到相当高的水平。

汉代漆器的生产制作在长江下游亦形成一定的规模。今扬州一带的汉墓中，发现的漆器众多，估计这一地区应为当时的漆器生产制作中心之一。仪征团山四座汉墓皆有漆器随葬。漆器上的绘画风格，以抽象变形为主，少见写实题材，其线条流畅不滞，漆绘技巧十分娴熟。四子奁及其内的小盒，盖与器身十分吻合，表明其造型准确；形体较大的漆案、漆奁等，造型优美，代表了当时漆器制作的较高水平。

铜器以 M1、M2 出土的铜镜最为精美。直径较大，花纹繁缛，主次分明。怪兽形态作奔走状，给人一种流动感；虬龙纹几乎图案化，然内圈的神兽亦作奔走状，动静相宜。镳盉朴质无华，兽头流配以三蹄足，造型别致端庄，都是汉代铜器中的佳作。

（二）墓葬特征

团山四座汉墓，排列成行，大小有序，间距相同或相近；墓葬形制相似，墓向基本一致，墓主皆女性；随葬器物也有许多是相同的。如 M1、M2、M4 随葬的釉陶鼎、盒、壶、勺等，其造型风格完全相同；M3 虽无釉陶器，然其随葬的漆盘、耳杯、四子奁等，与 M1、M2 的同类器相同或相似。此外，M1、M2 随葬的木俑，M2、M3 随葬的铜镜，其风格亦是基本相同的。这些都表明这四座墓系同一时期所葬，而且埋葬是经过统一规划的，墓主身份也应基本相同。然从墓葬的结构、随葬器物的多寡优劣以及墓葬地势的高下来看，则又显示墓主与墓主之间存在着等级差别。现将棺椁情况列表比较（表三）。

据表三可知：M1 最大，有四箱；M4 最小，无箱；M2、M3 相近，皆一箱，然箱有居西（右）、居东（左）之分，反映墓主生前地位似仍有区别。

随葬品的组合多寡亦反映了等级差异。现列表比较（表四）。

从表四可以看出，M1 随葬器物最多，品种最全。M2、M3 随葬器物的数量相近，然器物略有区别，M2 有木俑和玉琀，M3 有陶豆和陶杯。M4 的随葬器物最少。

表三　团山汉墓棺椁简况　　长度单位：厘米

墓号	间距	墓向（度）	性别	年龄	墓坑 长×宽×深	椁室 长×宽×高	木棺		椁箱
							位置	长×宽×高	
1		359	女	成年	620×420×450	405×305×180	居中	236×94×100	头箱1、足箱1、边箱2
2	1050	359	女	青年	520×360×380	290×180×125	居东	198×71×76	边箱1
3	1050	356	女	青年	520×350×410	296×176×122	居西	216×70×78	边箱1
4	1000	359	女（?）	青年	320×230×370	220×160×110	居西（无棺室）	190×74×76	

表四　团山汉墓随葬器物简表

墓号	釉陶、灰陶器																		
	鼎	盒	壶	细颈壶	罐	折肩罐	钫	锺	豆灯	卮	杯	盆	洗	匜	熏	勺	釜甑	釜	半两钱
1	8	6	8	2	16	2	2	2	2	2		1	1	2	1	6	1	1	约1万
2	2	2	2		2											4			
3	2	2	2		2				4		4								
4	2	2	2													2			

墓号			漆木器							铜器							玉、料器			合计
	编钟	编磬	案	六博盘	卮	盘	耳杯	四子奁	木俑	镜	印	铃	钲	璜形器	环形器	镳盉	璜	琀	瑱	
1	9	12	1	1	1	8	8	1	8	1	1	43	1	8	3	1	2		2	174
2						4	4	1	4	1								2		28
3						4	4	1		1										26
4						4	4													16

通过墓葬结构和随葬品的比较，可见四座墓主的身份地位确有等级差别：M1墓主的等级最高，M4墓主最低，M2墓主与M3墓主的等级相近。

（三）墓葬的年代

四座墓葬皆无明确的纪年，然其墓葬结构和随葬器物的时代特征十分明显。过去的研究成果证明，长江下游的西汉墓，基本上沿袭战国时期楚墓的特征，为竖穴土坑木椁墓。木椁外填青膏泥，木椁内除棺室外，还往往有头箱、足箱、边箱等，而箱的多少则表明其身份的高下。随葬器物以成对的陶鼎、盒、壶为陶礼器的基本组合，与战国晚期楚墓相一致。出土的三件铜镜，都有战国晚期楚镜的风格。有些随葬器物如釉陶匜、卮、细颈壶和漆六博盘等，亦见于湖北云梦睡虎地秦墓。至于陶编钟、编磬，虽为明器，却是流行于春秋战国时期的礼乐器。因而这四座墓葬较多地反映出战国晚期的某些特征。

然而，墓葬中亦表现出西汉早期的某些特征。随葬陶礼器的基本组合是鼎、盒、壶，除此之外，还有陶钫、豆、甗、熏等，亦见于西汉早期墓。铜印亦呈早期汉印的文字风格。M1 中随葬的泥半两钱，虽为冥钱，亦应为当时流通货币的翻版。半两钱流行于秦至西汉武帝元狩五年，因而这四座墓葬的年代不致晚于西汉武帝元狩五年。

（四）漆器产地

四座墓共出土 20 件漆耳杯，其中有 14 件的杯底部烙印“东阳”二字。字体呈早期汉印文字风格。“东阳”是考古新发现的一处漆器产地。

西汉时“东阳”有三。1. 东阳郡。汉高祖元年，项羽自立为西楚霸王，王九郡，东阳郡属之[①]；五年，封韩信为楚王，东阳郡属楚[②]；六年，立刘贾为荆王，东阳郡属荆[③]；十二年，封刘濞为吴王，都广陵，东阳郡改曰广陵郡[④]。2. 清河郡东阳县。《汉书・地理志》“清河郡东阳县”下注“侯国”。汉高祖十一年封张相如为东阳侯[⑤]，即此。3. 临淮郡东阳县。见于《汉书・地理志》，临淮郡为武帝元狩六年置，之前属广陵郡。东阳县为秦置，《史记・项羽本纪》：“项梁乃以八千人渡江而西，闻陈婴已下东阳，使使欲与之连和俱西。陈婴者，故东阳令史。”《索隐》：“东阳，县名，属广陵也。”《正义》引《括地志》：“东阳故地在楚州盱眙县东七十里，秦东阳县城也，在淮水南。”清河郡东阳县与之相距甚远，似无关系。东阳郡在汉高祖十二年改为广陵郡，与前文推测的墓葬年代相去甚远，不合。因而漆器上的烙印“东阳”，当为广陵郡东阳县。秦汉时的东阳县在今盱眙县东的东阳乡，东阳城遗址至今犹存，东阳城内不仅出土过秦代铜权，在城的四周曾发现过很多秦、汉墓葬[⑥]，出土过木刻星象图和大量的漆器，表明其时东阳县可能具有一定规模的漆器制造业。东阳与广陵（今扬州）有古河道相通，东阳县应为西汉时期的漆器产地之一，耳杯底部的烙印可作印证。

（五）墓地的推测

本文开头曾简要谈到，逶迤于蜀岗丘陵有多处著名的汉墓区，其中的庙山汉墓区与这次发掘的团山四座墓关系最密切（参看图二）。因此在探讨团山四墓的性质时，有必要先从庙山汉墓说起。

庙山是一座海拔 46.9 米的小黄土山。庙山顶部有一人工堆积的覆斗形封土堆，南北长约 55.0、东西宽约 40.0、高约 2.0 米。庙山的西北是团山，东南是舟山，两山的海拔均在 30.0～40.0 米，比较对称。舟山和团山都曾发现过西汉墓。这次发掘的团山四座墓，由北向南排列成行，间距相近或相等，方向一致，大小有序，因而推测庙山及其周围有可能为一经过规划的西汉诸侯王陵区。1990年7月，为进一步了解庙山及团山的墓葬情况，约请江苏省地震局分析中心利用GPM（地球磁场精密测量）技术，对庙山和团山的局部进行了勘探。勘探的结果：庙山的封土堆之下有一长方形土坑，坑南北长约32.0、东西宽约18.0、深约11.0米，其下部有一木质材料结构的墓葬，木质材料结构之间有一条明显的界限，分为18×18米和14×18米两个部分，可能为正藏和外藏。团山已发掘的四座墓的东西两侧，还各有一行墓葬，行距几乎相等。墓与墓之间的距离也几乎相同。庙山东南边的舟山上也发现过一座汉墓，已遭破坏，部分随葬器物现存仪征博物馆筹备办公室。从出土的釉陶鼎、大罐看，其器形风格与团山M1出土的同类器相同，时代亦应相近。团山四座墓大小有序，排列成行，墓主皆女性。在这四座墓的东西两侧，还各有墓葬一行，排列与间距基本一致。显然这一墓地是经过选择并经过规划的。通过对庙山大墓的勘探和对团山四座墓的发掘研究，以及对耳杯上有“中厨”、“外厨”、“王”等刻文的分析，可以初步推定庙山大墓应是西汉诸侯王陵墓，团山和舟山的墓葬应是王陵的妻妾或僚属的陪葬墓。

汉代诸侯王的陵墓，考古发现的中山王墓、鲁王墓、楚王墓乃至南越王墓，皆在其封地之内，由此可认为，庙山大墓应是武帝元狩五年之前都广陵的西汉某一诸侯王的陵墓。西汉时期先后都广陵的有荆王、吴王、江都王和广陵王。据《汉书·诸侯王表》：汉高祖六年，封刘贾为荆王，十一年，为英布所杀。十二年，拜兄子濞为吴王，景帝三年反，诛。四年，置江都国，徙子汝南王刘非为江都王，武帝元朔二年薨，子刘建嗣，元狩二年反，自杀，国除为广陵郡。元狩六年，更为广陵国，立皇子刘胥为广陵王，宣帝五凤四年自杀。

《史记·荆燕世家》：“高祖十一年秋，淮南王黥布反，东击荆。荆王贾与之战，不胜，走富陵，为布军所杀。”《正义》引《括地志》云：“富陵故城在楚州盱眙县东北六十里。”荆王刘贾墓，传在今镇江市鼓楼岗，墓上现有圆形封土堆，直径30余米，墓前已外露的墓道长49.0、宽12.0米[⑦]。镇江，西汉时为丹徒县，属会稽郡。《汉书·地理志》“会稽郡”下注：“秦置。高帝六年为荆国，十二年更名吴，景帝前元四年属江都。”会稽郡为荆国的封地，刘贾死时英布叛乱尚未平息，故葬刘贾于一江之隔的丹徒县，也是有可能的。

《史记·吴王濞列传》：高祖十二年，立沛侯刘濞为吴王，王故荆地。景帝前元三年，吴楚七国之乱始发，吴王刘濞起兵于广陵，兵败，渡江走丹徒，被钬杀。《正义》引《括地志》云：“汉吴王濞冢在润州丹徒县东练壁聚北，今入于江。”练壁，今镇江谏壁镇。其归葬广陵的可能性不大。

广陵王刘胥卒于宣帝五凤四年[⑧]，其时早已罢半两，而行五铢钱，与前文推断庙山一带的陪葬墓年代在武帝元狩五年之前的年代不合。另外，在与仪征毗邻的高邮天山，发现大型竖穴岩坑墓三座，已发掘的M1、M2皆设有黄肠题凑。M1的木板上有“广陵船棺材板”刻文，M2发现“广陵私府”封泥，木牍上有“六十四年”等文字。刘胥自武帝元狩六年立为广陵王，至卒时计在位六十五年。故高邮天山一带应为西汉广陵王的陵区。

在排除了荆王、吴王和广陵王之后，庙山一带有可能为江都王的陵区。《史记·五宗世家》：江都王刘非，“吴楚反时，非年十五，有材力，上书愿击吴。景帝赐非将军印，击吴。吴已破，二岁，徙为江都王，治吴故国，以军功赐天子旌旗。……立二十六年卒，子建立为王。七年自杀。”刘建因谋反国除，故为刘建营造大型陵墓的可能性不大。而刘非为汉武帝刘彻之兄，生前以军功赐天子旌旗，死时正值武帝盛世，死后又是其子嗣王，故而应为其营造规模较大的陵区。庙山虽未经发掘，其覆斗形封土之下的大型木结构墓葬有可能为江都王刘非的陵墓，团山和舟山一带的墓葬，当为陵区的陪葬墓。刘非于景帝前元四年徙为江都王，武帝元朔二年死。前文推测团山四座墓葬的年代不晚于武帝元狩五年（公元前118年），如可以确认其为江都王的陪葬墓，那么，其年代的上限应为公元前153年，下限应为公元前127年或稍后。

注释

① 《史记·项羽本纪》、《汉书·项籍传》。

② 《史记·淮阴侯列传》、《汉书·韩信传》。

③ 《史记·荆燕世家》、《汉书·高帝纪》、《汉书·荆王刘贾传》。

④ 《史记·吴王濞列传》、《汉书·吴王刘濞传》。

⑤ 《史记·高祖功臣年表》、《汉书·高惠高后文功臣表》。

⑥ 《盱眙东阳汉墓》，《考古》1979年第5期。

⑦ 所传汉荆王刘贾墓，未发掘，是否属实，尚难确认，然其为西汉大墓则可肯定。现为江苏省级文物保护单位。

⑧ 《汉书·广陵厉王刘胥传》。

原载《考古学报》1992年第4期

江苏江宁县张家山西晋墓*

1982年底，南京江宁县谷里乡梁塘村的农民用推土机在张家山平山造田，发现砖室墓一座，发现时墓顶已被推去。1983年1月，我院对该墓进行了清理，简报如下。

一　墓葬的位置及墓室结构

张家山在梁塘村北约0.5公里处，高约10米，西距谷里乡约3公里，北距南京中华门约7.5公里，东有牛首山和祖堂山，南有梁山和鸡笼山，为黄土小丘陵地带。该墓在张家山南坡，正对张家山和梁山之间的低洼开阔地和梁塘（大水塘）。在这一带发现不少农民家的墙壁上砌有六朝墓砖，除花纹砖外，尚有“元康三年”、“元康七年”纪年砖，据了解都是在山坡上的古墓里挖出来的，估计梁塘村周围当为六朝时期的冢地。

墓室的平面为双凸字形，墓向170°，通长6.22米，前有封门墙和短甬道，分为前后两个室，前后室之间有过道相通。墓室内充满了坚硬的深黄色淤积土，墓室外为黄色填土。封门墙宽2.4、厚0.16、残高约1.3米，自下而上错缝平砌；甬道长0.9、宽1.0、残高约1.3米；前室长1.76、宽2.56、残高约1.3米；过道长0.96、宽1.28、残高约1.4米；后室长2.6、宽1.9、残高约1.5米。整个墓壁都是“三顺一丁”的砌法，即先错缝砌三皮平砖，上跪立一皮砖，为一组，最高处残留四组。底部有一皮铺地砖，从甬道到后室铺成人字形，未见排水设施，然底部前低后高，可能为了便于墓室内排水。前室内高出一皮，用四排砖不错缝平铺，宽1.32米，东置一魂瓶，其余随葬品皆置西部，当为“祭台”。后室内除两面铜镜外，还有十数枚锈蚀的铁棺钉，棺木及人骨架都已朽烂不存，从后室的宽度和铁棺钉及两面铜镜的位置来看，应为双棺并列合葬墓。墓室顶部结构不清，推测前室可能为穹隆顶，甬道、过道和后室为券顶（图一）。

墓砖长33.0、宽16.0、厚4.5厘米，一面为细绳纹，一面有模印的三枚钱纹，

* 插图中的图六为照片，现略去；原有图版2版，也略去。

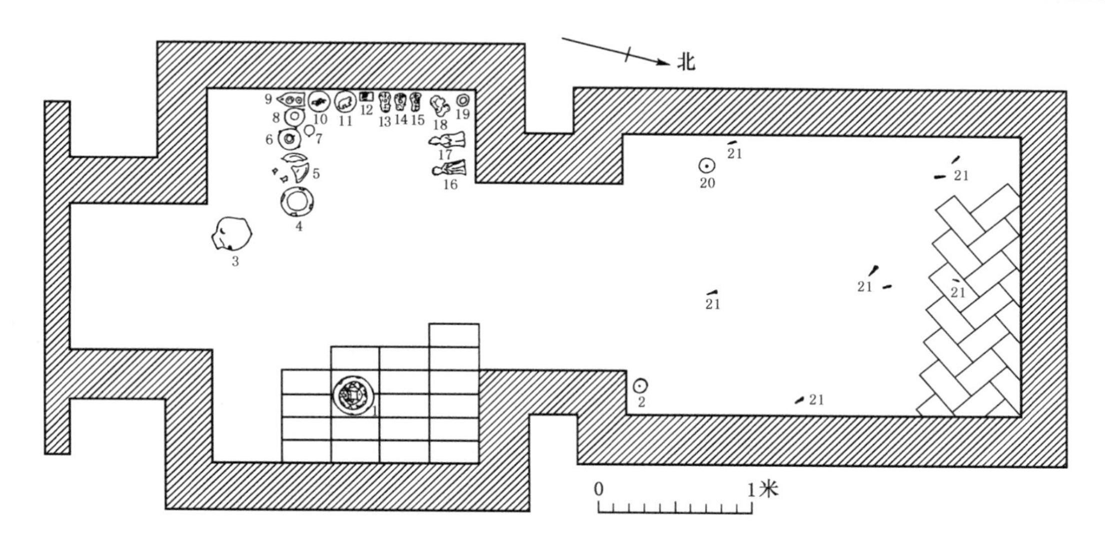

图一 墓葬平面图

1. 青瓷魂瓶 2. 铜镜 3. 青瓷盘口壶 4. 青瓷盘口罐 5. 青瓷洗 6. 青瓷仓 7. 青瓷篮 8. 青瓷鐎斗 9. 青瓷灶 10. 青瓷猪圈 11. 青瓷狗窝 12. 青瓷鸡笼 13～15、18. 青瓷狮形插座 16. 青瓷男俑 17. 青瓷女俑 19. 青瓷水盂 20. 铜镜 21. 铁棺钉

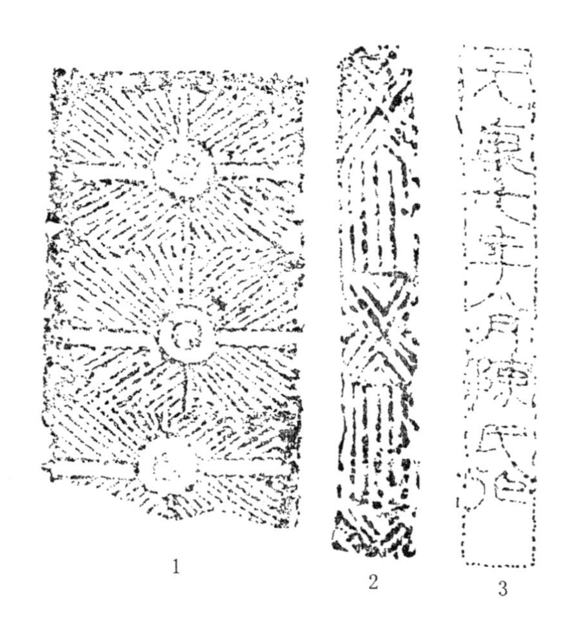

图二 纪年砖纹饰及砖文拓片

并以钱纹为中心，用双道十字线分为四份，中填放射线纹；砖一侧无纹饰，一侧有模印的交叉菱形纹和短直线纹；顶侧一端无纹饰，一端有模印的双道十字线，中填半钱纹。另外还有一些砖侧有模印文字，文字砖砌在封门墙上，砖文为“元康七年八月陈氏作”，隶书（图二）。前室和后室的底部还发现不少刀形砖，都是残砖，长约33.0、宽16.0、一侧厚6.0、一侧厚3.8厘米，估计可能为造墓顶时掉落的，亦有可能早年被盗过。

二　出土遗物

1. 青瓷器

魂瓶　1件。亦有称“谷仓”或“堆塑飞鸟人物罐”。置于墓前室祭台东侧。通高43.0、最大腹径26.0厘米。由上而下可分为两大部分，下部为瓶，侈口圆唇，肩部较鼓，下腹内收，大平底。上部可分为三层，最上层为盖，正方形座，由于烧制时流釉已和瓶体连在一起，中为一正方形建筑，顶部作九脊殿式，顶面有刻划的瓦楞，正脊、垂脊和戗脊都有起翘，搏脊不明显，无门窗，周有四廊四角楼，廊各有一门，顶部的正脊和垂脊有起翘，角楼两面开窗，似为四角攒尖顶，然顶部有起翘的正脊，角楼与角楼之间用廊相连接，廊和角楼顶面有刻划的瓦楞。中层前后各有一门，周有四阁楼，各开一窗，似为四角攒尖顶，然顶部有正脊，起翘，顶面有刻划的瓦楞，两边各有四熊三鸟，熊蹲坐，前肢低垂，双目炯炯，鸟栖在熊的下面，昂首引颈，振翅欲飞。下层为前后对称的重檐式建筑，顶面有刻划瓦楞，下檐伸出，各有二挑檐柱，每檐上有两尊跪坐的小佛像，前后各有一门，门边有双阙，阙顶似为四角攒尖，然有正脊，起翘，在挑檐柱和阙前共有十三尊小佛像，除一边四尊外，每边三尊，小佛像高2.5、宽1.3厘米，建筑的两边还有十二尊佛像，每边六尊，前后两排，每排三尊，佛像高5.6、宽3.3厘米，尖发，肉髻，浓眉，眉心有凸起的白毫相，深目，高鼻，络腮胡须，面部表情严肃虔诚，双肩披袈裟，似有背光，左手抱右手，置胸前。小佛像的造型与之相同，然有明显的背光。下部瓶的肩部贴有四个模印的铺首，兽面，眉上卷，目圆瞪，有卷曲的胡须，口中衔环。铺首与铺首之间共贴有模印的三条龙和两个羽人乘龙，其中有两条贴倒。龙有角，身有鬃毛和鳞，昂首，张口龇牙，两前肢一向下弯曲，一向上托住下颌，两后肢一向后，一向后腾起，长尾，向上卷曲。羽人双翅前后张开，骑在龙背上，龙张牙舞爪，作腾空遨游状。整个魂瓶无论是堆塑的蹲熊飞鸟还是模印的龙和羽人乘龙，造型都十分生动。胎色灰白，通体施釉，釉色泛青，堆釉较厚的地方呈玻璃状，有细冰裂纹。

盘口壶　1件。口径14.4、腹径23.8、底径13.0、高23.6厘米。圆唇外侈，浅盘口，口沿外侧微向内凹，矮领，鼓腹，大平底，肩部有弦纹和填线斜方格网纹带，四银锭式横耳。胎色灰白，釉色泛黄，胎釉结合不好，大部分脱落（图三，1）。

盘口罐　1件。口径14.0、腹径19.1、底径16.6、高23.8厘米。圆唇外侈，浅盘口，口沿外侧微向内凹，矮领，折肩，直筒形腹，大平底，肩部有弦纹和斜

图三　青瓷器

1. 盘口壶　2. 盘口罐　3. 洗　4. 仓　5. 灶　6. 男俑
7. 女俑（1～4、7为1/10，5、6为1/5）

方格网纹带，四银锭式横耳。胎色灰白，釉色泛青，口沿及肩部有玻璃状流釉，不及底（图三，2）。

洗　1件。口径23.8、底径14.1、高10.4厘米。圆唇敞口，口沿内侧微凹，腹上部外鼓，下部内收，平底，口沿下有弦纹和填线斜方格网纹带。胎色灰白，釉色泛黄，大部分脱落（图三，3）。

仓　1件。口径7.6、底径9.3、最大腹径11.4、高13.7厘米。直口圆唇，折肩向外倾，有三实錾，腹壁斜直，平底微内凹。胎色灰白，釉色泛黄，大部分脱落（图三，4）。

篮　1件。口径7.9、底径7.5、通高6.9厘米。敛口圆唇，鼓腹，平底微向内凹，两提耳，周身有圆镂孔。胎色白灰，底部泛红，釉色泛黄，大部分脱落（图四，5）。

火盆、镳斗　1套。火盆口径11.3、腹径11.7、底径7.0、高4.5厘米。敛口圆唇，鼓腹，平底，外壁有弦纹，口沿下有二实鋬。镳斗置火盆内，口径6.5、底径4.4、通高4.4厘米。侈口圆唇，腹微鼓，平底，三矮足微向外撇，口沿上有一短把手。胎色灰白，釉色泛黄，大部分脱落（图四，4）。

灶　1件。长18.1、宽10.9、通高9.9厘米。船形，一头平，有火门，一头尖，向上翘，有出烟孔，灶有二火眼，一置釜，一置甑。胎色灰白，釉色泛黄，不及底（图三，5）。

猪圈　1件。圆筒形，口径11.0、底径11.0、高5.8厘米。直口方唇，口沿有一方形缺口，口下凹入一周，下有刻划栅栏，平底，内置一猪，长6.1、宽3.0、高3.1厘米，背脊瘦削，甩尾，嘴拱地。胎色灰白，釉色泛黄，大部分脱落（图四，3）。

狗窝　1件。碗形，口径11.1、腹径11.2、底径7.6、高4.3厘米。圆唇敛口，腹微鼓，下部内收，平底，外壁有弦纹，内置一狗，长5.8、宽3.0、高2.4厘米，做侧卧状。胎色灰白，下部泛红，釉色泛黄，大部分脱落（图四，2）。

鸡笼　1件。长9.3、宽8.1、高4.7厘米。笼作卷棚式，上有刻划纹，下有两个出入孔。胎色灰白，釉色泛黄，大部分脱落（图四，1）。

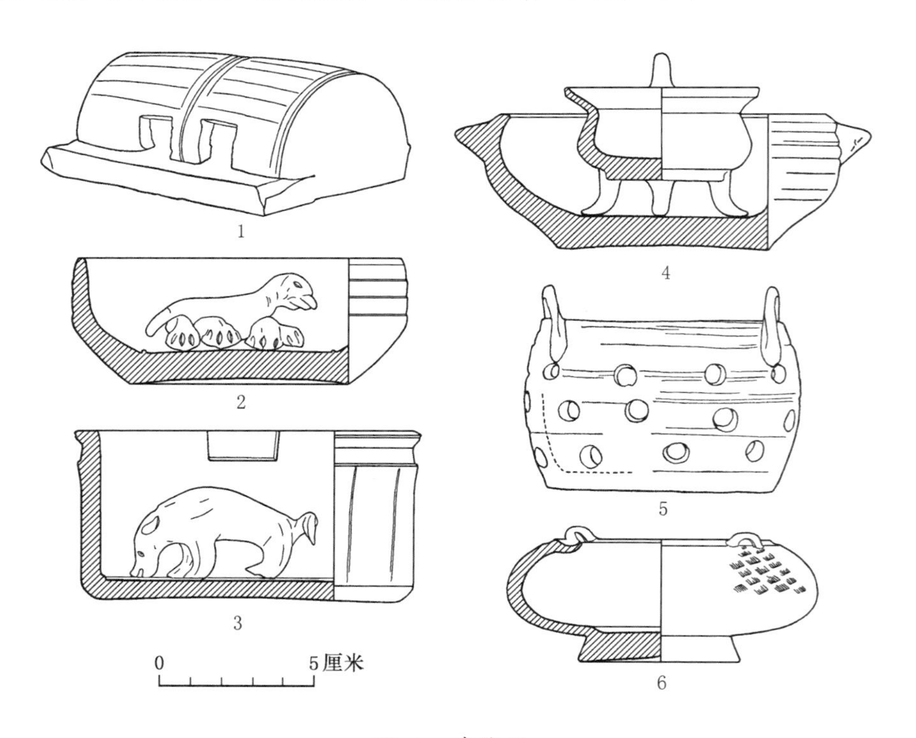

图四　青瓷器

1. 鸡笼　2. 狗窝　3. 猪圈　4. 镳斗　5. 篮　6. 水盂

狮形插座　4件。长13.2～13.5、宽6.0～6.1、高8.6～9.4厘米。作狮形蹲伏状，昂首，圆目，翘鼻，龇牙，颌下有长须，项脊微凸起，鬃毛向两边分披卷曲，尾作蕉叶状，背上有一圆管，中有插孔，高1.7、孔径2.5厘米。胎色灰白，通体施釉，釉色泛青（图五）。

图五　青瓷狮形插座（2/5）

俑　2件。女俑，高19.6、最宽10.4厘米，发向后梳成小髻，髻中空，可能原有簪笄，目圆鼓，塌鼻，瘪嘴，耳垂上有饰，衣对襟长裙，曳地，不露足，宽袖，小臂裸露，双手交置于胸前，腰部有带，系成蝴蝶结。胎色灰白，下部泛红，釉色泛黄，大部分脱落（图三，7）。男俑，高21.2、最宽10.4厘米，头戴小冠，冠上有一横笄，浓眉，双目圆瞪，有须，双手交置于腹部，左手执一物（疑为鞭），长衣，窄袖，袖口紧束，不露足。胎色灰白，釉色泛青，下部未施釉（图三，6）。

水盂　1件。口径5.3、腹径10.1、底径5.3、高4.2厘米。圆唇，子母口，盖已失，四银锭式横耳，鼓腹，假圈足，肩部有弦纹和填线斜方格网纹带。胎色灰白，内外施釉，釉色泛青（图四，6）。

以上器物置于墓前室祭台西侧。

2. 铜器

镜　2面。置后室内。直径8.7、厚0.3厘米。铸造较粗糙，镜面局部锈蚀。大圆钮，无钮座，内缘有高浮雕的青龙、白虎、朱雀、玄武四神兽，外有一圈短直线纹，外缘为锯齿纹。

三　年代的推断和对几件随葬器物的分析

该墓的封门墙上有“元康七年八月陈氏作”纪年砖。历史上用“元康”作年号的有西汉宣帝和西晋惠帝，西汉宣帝在元康五年（公元前61年）即改年号为“神爵”，故该墓葬的上限可确定为西晋元康七年（公元297年）。墓葬平面为双凸字形，与南京板桥西晋墓[①]、板桥石闸湖西晋永宁二年墓[②]、江宁县黄家营五号墓[③]、南京邓府山西晋墓[④]及宜兴县周墓墩西晋元康七年墓相同[⑤]，随葬品中以青瓷器为主，且器物种类和器形大多相似，当为这一时期墓葬的特点。宜兴县周墓墩西晋元康七年墓中的文字砖有“议曹朱选将功吏杨春工杨普作”砖文，因而“陈氏”亦可能为制造墓砖或营造墓室的工匠。除纪年砖外，未发现地券和墓志一类的文字实物，南京板桥石闸湖西晋永宁二年墓的墓主为“扬州庐江郡枞阳县大中大夫”，两墓相距不远，时间仅隔六年，从墓葬形制相同、规格相等、随葬器物大致类似并同出二件青瓷俑来看，该墓墓主的秩位也应相当。

随葬品中的青瓷器，按质地不同大致可分为两类，一类釉色泛青，呈玻璃状，胎釉结合好，主要为魂瓶、盘口罐、狮形插座、俑、水盂等制作精美的器物；另一类釉色泛黄，胎釉结合不好，大部分釉脱落，主要为盘口壶、洗等生活用品及牲畜、仓厨明器，推测应出自不同的窑口。当时浙江绍兴、上虞、余姚、萧山一带有着发达的造瓷业，南京赵士冈吴墓出土的青瓷虎子上有“赤乌十四年上虞师袁宜作”等字样[⑥]，金坛县白塔公社惠群大队出土的青瓷扁壶上有“紫是会稽上虞范休可作坤也”、“紫是鱼浦乜也”等字[⑦]，吴县狮子山西晋墓出土的青瓷魂瓶，在龟趺碑上刻有“元康二年润月十九日超会稽”[⑧]等字，鱼浦、始宁晋时皆属上虞，陆羽《茶经》也有“越窑类玉”、“越州瓷、岳州瓷皆青”的记载。东吴、西晋时越窑青瓷的特点是胎较厚，胎质坚硬细腻，呈灰白色，釉色泛青，纯净，胎釉结合牢固[⑨]，在这一类制作精美的青瓷器上正反映了这些特点，因为推测这些釉色泛青的青瓷器当出自越窑系统。该墓出土的盘口罐，与浙江黄岩秀岭水库西晋墓出土的Ⅰ式罐造型风格几乎一样[⑩]，不仅造型独特，而且釉色青翠，纹饰简洁明快。在江苏西晋墓中尚属首次发现，而在浙江盘口罐则发现较多，这也可以说明这类青瓷器可能来自浙江。另一类釉色泛黄，胎色灰白，有的地方泛红，胎釉结合不好的青瓷器，与宜兴均山一带窑址出土的青瓷片极为相似[⑪]，可能出自宜兴均山一带的窑口。

六朝墓葬中青瓷俑也是较罕见的。在南京一带，仅见于板桥石闸湖西晋永宁二年墓中出土的两件，除面部的制作与该墓出土的两件青瓷俑大致相似外，发式、服饰及造型又迥然不同。青瓷男俑头戴的小冠，与南京石子冈砂石山东晋墓出土的陶男俑相似[⑫]，干宝《晋纪》称：“汉末晋代流行小冠子”，《晋书·五行志》云：“武帝泰始初，衣服上俭下丰”，“晋末皆冠小而衣裳博大，风流相放，舆台成俗”，这件青瓷男俑头戴小冠，衣服“上俭下丰”，正是这一时期的流行服饰。又据《晋书·五行志》云：“太元中，公主妇女必缓鬓倾髻，以为盛饰，用发既多，不可恒戴，乃先于木及笼上装之，名曰假髻，或名假头”，东晋南朝墓葬中出土的陶女俑多戴假髻，而这件青瓷女俑只是将发向后梳成小髻，可见戴假髻的风气在西晋时还未形成。至于耳垂上有饰的女俑，在六朝时期还很少见，值得注意。

西晋墓中常用狮形插座随葬，但多是一墓出一件。在以前的发掘报告中，有称作狮形器和狮形水注，也有称作辟邪形水注的。该墓共出四件，虽然内空，但内壁粗糙无釉，口中无孔，且同出青瓷水盂一件，可见这种器物并不是水注一类的文具。这四件狮形器物尽管长宽高矮不一，然背上圆管的孔径完全相同，所以还是应作为插座使用的。据《世说新语》等书中西晋时已有用烛的记载来看，狮形插座可能是作为插烛用的烛台。

长江下游从东吴到西晋，在较大的墓葬中流行随葬青瓷魂瓶，亦有少量的陶魂瓶。目前在江苏的南京、江宁、句容、溧阳、高淳、金坛、仪征、常熟、吴县等地的东吴西晋墓中均有发现。吴县狮子山西晋墓出土的魂瓶上部的龟趺碑上有刻划的“元康出始宁……”等。尽管已经出土的魂瓶不在少数，然迄今为止还没有见到两件相同的魂瓶，可见每一魂瓶都反映着不同的题材。该墓出土的魂瓶[13]，反映了死者灵魂升天的场面。魂瓶的肩部贴有羽人乘龙，与浙江诸暨蚕桑学校西晋墓出土的魂瓶肩部的羽人乘龙相似，表现了死者“羽化而登仙”的形象。《易・乾》曰：“飞龙在天”，《楚辞・远游》云：“仍羽人于丹丘兮，留不死之旧乡”，魂瓶的上部俯视是一个内方外圆的类似“明堂”“辟雍”一类的礼制建筑，亦即理想化的天堂中的建筑。熊是瑞兽，《诗・小雅》中有“维熊维罴，男子之祥”，而魂瓶上的熊与鸟在一起，则是象征长生不死，《庄子・刻意》云：“熊经鸟申，为寿而已矣。此道行之士，养形之人，彭祖寿考者之所好也。”魂瓶上的佛像，面目似胡人，眉心有白毫相，很可能是当时西域僧人的形象。佛像分列在门阙两边，正襟危坐，双手抱拳做拱揖状，正在接引死者乘龙上西天极乐世界。东吴时的僧人支谦译《太子瑞应本起经》记载：佛陀有三十二相，其中有“躯体金色，定有肉髻，其发绀青，眉间白毫，顶出日光”之相，与魂瓶上的佛像基本相似。东吴时佛教已在长江中下游一带传播。武昌莲溪寺东吴墓中出土了眉间有白毫相的陶俑[14]，在吴县狮子山西晋墓和南京甘家巷高场1号墓[15]出土的魂瓶上都有佛陀的形象，可见在西晋时期的魂瓶上有佛像已较为普遍。该墓出土的魂瓶主要表现了“去世而仙”的道家思想，也掺糅了佛教西天极乐世界的思想。它不仅反映了当时人们对佛教的理解，而且也反映了早期佛教传入长江中下游一带后所受到的礼遇。

总之，该墓出土的青瓷器，对研究西晋时期的青瓷制造工艺，以及研究当时人们的生活、服饰、经济和思想，提供了一批可贵的实物资料。

注释

① 李蔚然:《南京南郊六朝墓葬清理》,《考古》1963年第6期。

② 南京市文物保管委员会:《南京板桥镇石闸湖西晋墓清理简报》,《文物》1965年第6期。

③ 江苏省文管会:《南京近郊六朝墓的清理》,《考古学报》1957年第1期。

④ 李蔚然:《南京南郊邓府山发现六朝古墓》,《考古通讯》1955年第2期。

⑤ 罗宗真:《江苏宜兴晋墓发掘报告》,《考古学报》1957年第4期。

⑥ 倪振逵等:《南京赵士冈发现三国时代孙吴有铭瓷器》,《文物参考资料》1955年第8期。

⑦ 镇江市博物馆:《介绍一件上虞窑青瓷扁壶》,《文物》1976年第9期。

⑧ 张志新:《江苏吴县狮子山西晋墓清理简报》,《文物资料丛刊》第3期。

⑨ 参见《中国陶瓷史》第四章。

⑩ 浙江省文管会:《黄岩秀岭水库古墓发掘报告》,《考古学报》1958年第1期。

⑪ 南京博物院:《宜兴县汤渡村古青瓷窑址试掘简报》,《文物》1964年第10期;江苏省文管会:《宜兴发现六朝青瓷窑址》,《文物》1959年第7期。

⑫ 王志敏等:《南京六朝陶俑》,中国古典艺术出版社,1958年。

⑬ 朱伯谦:《诸暨蚕桑学校工地清理晋墓两座》,《文物参考资料》1956年第12期。

⑭ 湖北省文物管理委员会:《武昌莲溪寺东吴墓清理简报》,《考古》1959年第4期。

⑮ 金琦:《南京甘家巷和童家山六朝墓》,《考古》1963年第6期。

原载《考古》1985年第10期

考古学与神话学的碰撞

——从沂南汉墓画像中“羽人”与“大傩”的讨论谈起

一 讨论的缘起

1956年，《沂南古画像石墓发掘报告》（以下简称《沂南》）出版[①]。

曾昭燏先生任《沂南》的总编辑，报告共分“序言”、第一章“地理环境及发掘经过”、第二章“墓的结构”、第三章“画像石的内容”、第四章“画像石内容的考证”、第五章“沂南画像石墓在艺术上的价值”、第六章“沂南画像石墓年代的商榷”和“结束语”。其中第三章由蒋宝庚先生执笔，第四章由曾昭燏、蒋宝庚先生合作撰写，第五章、第六章和“结束语”皆为曾昭燏先生的力作。

沂南汉墓中的画像计73幅，内容丰富，雕刻精良，是现实主义的杰出作品，也是乐观主义的、对世界充满美的理想愿望的优秀作品。《沂南》是我国第一部通过考古发掘资料研究汉画像石的专著，在《沂南》出版前，王仲殊[②]、安志敏[③]先生即对画像石的年代、内容等提出了不同看法；发掘报告出版后，李文信[④]、孙作云[⑤]先生也对沂南画像的年代、题材内容和画像思想提出了不同的看法。

王仲殊、安志敏和李文信先生从考古学和文献学的角度提出了疑义，而孙作云先生根据我国的神话传说和汉代的升仙思想，从民俗学和神话学的角度对沂南画像题材内容进行的讨论，有令人耳目一新之感。

1957年，孙作云先生在《评〈沂南古画像石墓发掘报告〉——兼论汉人的主要迷信思想》一文中肯定了《沂南》“在画像石研究上的确是空前的大著，不但可以弥补过去同类图书的缺点，而且可以以此为基点深入地研究其他的画像石。”同时，孙先生也明确指出：“其中最主要的缺点，在于编者未能把握汉画像中的主导思想，亦即其主要内容；因此使这样一批好材料得不到应有的解释与发挥。编者既未掌握画像内容的关键所在，因此对于这些图像有时只是孤立地、或以意为之地加以解释；既不能明其真义，也不能观其会通。”

1959年，曾昭燏先生发表了《关于沂南画像石墓中画像的题材和意义——答孙作云先生》：“孙先生文章的基本论点，是认为汉代画像的主要内容或思想是升仙思想及与此相关的打鬼辟邪思想，升仙是目的，辟邪是手段。我不同意这种说法”[⑥]。

这是以汉画像石题材为载体的关于我国古代精神文化的一场学术讨论。曾昭燏先生与孙作云先生就汉画像题材思想进行学术讨论的缘起显然是《沂南》的出版，而产生歧义的真正原因则是学科理论和研究方法的不同而导致研究结论的差异。

因此，发生在上世纪50年代关于汉画像石题材思想的学术讨论，实际上是考古学与神话学的一次碰撞。

二 关于“羽人”与“大傩”的讨论

1. 关于“羽人”的讨论

报告对“羽人”有如下描述：“此幅为墓门东侧的支柱。上刻有伏羲女娲像，两人均人首蛇身。……下部刻着东王公和两个捣药的羽人。东王公首戴胜杖，肩有两翼，……两个羽人分别跪在两旁的几上，手操杵臼捣药。”“此幅为墓门西侧的支柱。上刻一怪兽，面如虎，顶有长毛，双耳立起，张口，露舌与齿，有翼，身作圆形，着鳞纹有领的上衣，作跪坐姿势，右足踏于其下的兽背上，两足间露尾。其足下一兽，亦状虎有翼，垂长须，右向。下刻西王母戴胜杖，肩有两翼，……兔首羽人跪在两旁的瓶几上，正操杵臼捣药”[⑦]（图一）。

1

2

图一 沂南汉画像石墓中的羽人形象

1. 墓门东侧支柱画像中东王公两侧的羽人（采自《沂南》图版25）
2. 墓门西侧支柱画像中西王母两侧的羽人（采自《沂南》图版26）

报告对“羽人”的考释如下：“东王公、西王母之旁，均有两羽人捣药，墓门西侧当中支柱、前室西壁北段、前室八角形擎天柱等均刻有羽人。关于羽人，徐中舒在其《古代狩猎图像考》一文中有一段考证。至于羽人捣药，大致由西王母有不死之药的传说而来；而兔首羽人，则与月中有玉兔捣药的传说相联系”[8]。

孙作云先生认为：“从以下两点可以看出：编者似乎并未能彻底地了解什么叫‘羽人’。他说：‘徐中舒在其《古代狩猎图像考》一文中有一段考证’。可见他对‘羽人’的看法，是同徐中舒先生一致的。可是徐先生的解释又如何呢？他说：‘传翼形于人或兽之图像，……此绝非中国民族固有之思想。……古代中国民族似尚不能想象以无翼之人或兽，而可以有翼，可以飞，可以无行地。’为什么中国民族不能有这种想象呢？徐先生没有交代明白。中国人既然‘不能想象’，那么自然只好向外国人找根源。果然，他说：‘此羽人飞兽之形，在埃及、米诺、巴比伦、希腊、罗马之遗物中，素极普遍。其传至中亚阿姆河流域，当在公元前五世纪前后，……其由此以入中国，亦正与杕氏壶年代相当。’这种对西方过度的崇拜，对自己无谓地贬抑，是半殖民地、半封建社会在学术思想上的反映。……因为编者不明了什么叫‘羽人’，也不知道在艺术中表现这些东西，其目的在于求长生，‘羽化而登仙’，所以也就不可能知道在跳舞中也有这种思想”[9]。

曾昭燏先生在答复关于“羽人”的问题时认为[10]：“羽人”这种图像的来源，是值得研究的问题。我们今日揣测，有四种可能：1、如孙先生所说的“这种离奇图像之所以构成，最初是基于古代某一民族的图腾信仰”[11]；2、如徐中舒先生所说的：“就东方民族固有之传说而作之图像”[12]；3、南方巫教关于山神形象的一些传说；4、如徐中舒先生所说的，从外国传入，这种可能性也相当大。

“在古代，羽人和神仙是两回事。”在大量援引了《墨子》、《山海经》、《吕氏春秋》、《庄子》、《史记》、《楚辞》、《论衡》等文献记载后，曾昭燏先生认为：“因之，我们可以得出结论，自西汉中叶以后，画的仙人形象，多半有翼，但有翼的人，却不一定都是仙人。既然有翼的人不一定都是仙人，那有翼的兽也不一定都是仙兽，……在汉代器物上，的确有不少神仙故事的图画，但这不等于做这些器物的人都想求长生，做神仙。孙先生把这两件事拉在一起，似乎不妥。”

2. 关于“大傩”的讨论

报告对前室北壁图像有如下描述：“此幅为前室北壁正中的一段，……刻着朱雀与玄武。……朱雀之下为一神怪，虎首，头上顶着插三根箭的弩弓，张口露齿，胸垂两乳，四肢长着长毛，左手持着短戟，右手举着带缨的短刀，右足握一短剑，左足握一刀，胯下还立着一个盾牌。下为玄武。……”（图二，1）

报告对前室北壁图像的考证为："前室北壁中段有一神怪，头上顶着弩弓和箭，四肢均持兵器，和武氏祠后石室第三石所见我们之前认为是装豹戏的很相似"；"前石北壁横额刻有龙首的神怪。按《山海经·东山经》云：'其神状皆人首龙身。'又《中山经》云：'神计蒙处之，其装人身而龙首。'两种神的形状，可能和图上的这种神怪相似。"

报告对前室北壁横额图像有如下描述："此幅为前室北壁上的横额。整幅刻着奇禽、怪兽、灵异之物。从左端起，首先是一条龙，头有长角，前左爪持着一个盾牌，前右爪荷着棨戟，后两足作行走状。龙后有兽如马，豹纹，有翼，偶蹄，回首作腾骧之状。马下有一禽，长冠，低头展翅。马后有一神怪，虎首豹纹，首上长出五个人首，四肢生着长毛，胸垂两乳，左手握着带缨的刀子，右手握着带缨的短戟。神怪下有一异兽，虎首鱼身而六足。神怪后又有一神怪……"

报告对前室北壁横额图像的考证为：前室画像的"主题思想是写出墓主身后的哀荣，……衬托这组主题思想的为室中神话人物、奇禽异兽各图，也同墓门一样，含有百灵呵护的意思"。

报告对中室东壁横额画像的描述为："此幅为中室东壁上的横额。整幅刻着乐舞百戏故事。……第三组是鱼龙曼衍之戏，……鱼上稍右为豹戏。一人装成豹子，豹面大耳，身上有豹纹和毛，爪足，但头上还戴着人的高冠，冠缨下系到颈上，颔下还飘着长须。此人左手按膝，拿着一条曲折的带子，右手持着有花纹的便面，曲身做跳跃的姿势。"（图二，2）

1

2

图二　沂南汉画像石墓中的大傩形象

1. 前室北壁正中画像中的怪兽（曾说）—方相氏（孙说）（采自《沂南》图版33）
2. 中室东壁横额画像中的豹戏（曾说）—方相氏（孙说）（采自《沂南》图版94）

报告对中室东壁横额画像的考证为："鱼龙曼衍之戏，见于汉晋史籍的，不在少数。《汉书·西域传赞》：'作巴俞、都卢、海中、砀极、曼衍、鱼龙、角抵之戏，以观视之。'……豹戏见于张衡《西京赋》，赋辞曰：'总会仙唱，戏豹舞罴。'"

孙作云先生认为："在沂南汉墓的前室画像中，除表示死者的哀荣之外，主要地在表现打鬼辟邪，即'大傩'。在前室最惹人注目之处，也就是北壁的正中雕刻着一个'怪物'，戴假面具，蒙兽皮，头戴弓箭，四肢皆执兵器，胯下还填一盾形，我以为这就是打鬼的大头目'方相氏'，汉人又以蚩尤为'方相氏'。"在"方相氏"上面，"即北壁上横梁，便是十二神兽逐凶恶图。这十二个神兽虽蒙兽皮，戴假面具，但却能直立，做人的姿态，——而且做人的追捕捉拿之状，因此知道它们必即大傩时为'方相氏'所率领的十二神兽。"

"在本图中又有一怪人戴面具、持'便面'、蒙兽皮、持绳索、作纵跃追捕之状，前有一小孩向之腾跃，……或与打鬼思想有关，如'方相氏'、'神兽'、青龙、白虎、朱雀、玄武、吃蛇之彊良、侈吻之兽头等等，而无一人间娱乐性的游戏。由此可知此舞队中的怪人必即打鬼之方相氏，而绝不是编者所说的'豹戏'，以为若是'豹戏'，它就绝不会和这些神仙及打鬼画像放置在一起的。"

在考证了虎首、无身、衔蛇的神兽为大傩十二神兽中的"彊良"和蛇、蝎子、四头无身的怪物、三头一身的鸟、一头一臂的怪人等皆为十二神兽所吃的诸凶恶和"豹戏"亦为大傩后，孙先生指出："凡此种种皆由于未能把握汉代人的基本迷信思想，即升天与辟邪的思想所致。"

曾昭燏先生在答复关于"大傩"的问题时说："我们以前的确关注的太少，孙先生给指出来，是我们应当感谢的。……孙先生说沂南墓前室北壁正中那个头顶弓箭、四肢皆执兵器的怪物即蚩尤，亦即方相氏，这说法是有根据的，我们应当依从。孙先生说前室北壁横额上那一幅为大傩图，图中十一个虎首人身直立的怪物和一个虎头衔蛇的怪物为方相氏所率领的十二神兽。孙先生这种说法，也有相当道理，比我们原来漫称为神怪要好些。"

关于"大傩"，曾昭燏先生也提出了不同的看法："孙先生说乐舞百戏图中的豹戏也是方相氏的跳舞，这点我不同意；……关于兽头的问题，……孙先生说西方狮子进入中国艺术相当晚，在汉代决不普遍，这意见是对的，我们应当接受。不过孙先生说兽头与大傩的神兽有关，我们认为不尽如此。""孙先生不赞成我'动物人性化'的说法，认为立龙、立虎是辟除不祥的，……在含有动物的画中，许多动物互相追逐着，嬉戏着，抵接着，勾连着，也有少数戛斗着，这是事实。根据这种客观事实来推想当时艺术家的思想感情，似乎没有什么不可之处。"

3. 关于汉画像思想的讨论

曾昭燏先生认为汉画像石的题材思想主要来源于楚国的神话传说："至于将神话故事画于墙壁上的，则至迟起于战国之时。……可见这类神话传说，在汉代流行于各地，也普遍地在各类艺术品上表现出来。……《淮南子》、《山海经》等书，同《楚辞》有着密切的关系。这些书上的神话传说，其来源有迹可寻的有二，一是由于楚人的好巫尚鬼而产生的，一是由于燕齐神仙方士之说而产生的，前者比后者似占成分更多。"

孙作云先生将汉代画像的基本思想概括为："什么是汉代画像的主要内容或思想呢？我以为这就是汉人的升仙思想及与此相关的打鬼辟邪思想。……因为这种思想是主导思想，所以它取得了多方面的表现：它表现于诗歌中——即种种游仙文学中；它表现于艺术中——即绘画、雕刻以及绘画与雕刻的综合艺术'画像石'等艺术中所见的神仙、神物画像；它又表现于跳舞中——即跳舞中所表现的神仙行事及建筑装饰中——如栋上的朱雀及壁画中的神仙画像。……谈汉代艺术或谈汉代人的思想、信仰，必须着重地指出这一点，……升仙思想是这种迷信思想积极的一面，其消极的一面便是打鬼辟邪。可以说：升仙是目的，辟邪是手段。若谈汉代人的升仙思想，必须连带地涉及打鬼辟邪。"

曾昭燏先生则认为"巫教、神话、阴阳家、神仙家四家，是各有来源的，到汉代有些相混，但是并不完全杂糅在一起。……神仙家之说，是战国时代才起的。……在汉代，神仙思想并不像巫教那样广及民间，它最盛行在武帝之世"。"总之，我们的看法是：汉朝一代，在上层社会里主导思想主要是阴阳五行家的学说；神仙家的学说，在武帝朝盛行一时，但真正信奉它的只有武帝及其他少数人，后来便衰落，到东汉末复兴，也只限于少数士大夫和方士的圈子里；民间广泛信奉的仍是自古相传的巫教。"

最后，曾昭燏先生坦承："沂南报告确实存在许多问题。……全书着重在画像内容的描写、文物制度与历史和神话的考证及艺术价值的讨论上，对于社会经济制度、阶级关系、文化发展等重要问题，只偶尔涉及，未作重点研究；……在研究方面，阙失很多；考证有的地方过于繁琐，有的地方过于疏陋；推论有主观片面的地方。"

自曾昭燏先生发表《关于沂南画像石墓中画像的题材和意义——答孙作云先生》之后，再未见孙作云先生有与之讨论的文章发表。在 1958 年《史学月刊》开辟的"反右斗争专栏"中，非右派而遭点名批判者唯孙作云先生一人。是由于曾昭燏先生的坦诚还是因为政治风云的变幻而导致这场讨论的戛然而止，现已无从稽考。

三　考古学与神话学的碰撞

曾昭燏先生在中央大学师从胡小石先生研习文史，后留学英国学习考古学和博物馆学，先后任职于中央博物院筹备处、南京博物院，毕生致力于考古学研究和博物馆建设，其间还主持过民族民俗调查。南京博物院对曾昭燏先生的评价是“中国著名博物馆学家、考古学家”。

孙作云先生在清华大学师从闻一多先生研习《楚辞》，先后执教于北京大学、北京师范大学、东北大学、河南师范大学、河南大学，其间曾任职于沈阳博物院、北京历史博物馆，毕生致力于《楚辞》、《诗经》和我国古代图腾与神话传说的研究。河南大学对孙作云先生的评价是“著名历史学家、《诗经》学家、《楚辞》学家、神话学家、民俗学家，我国美术考古的奠基人”。

曾昭燏先生是我国考古学大家，而孙作云先生是我国神话学大家。由于两位先生学术领域的不同，因此在研究方法和研究结论上表现出明显的差异。

在第四章第一节“论全部画像石的内容”中，曾昭燏、蒋宝庚先生根据沂南古画像石墓的布局，将沂南古画像石墓中的画像分为四组：第一组的“主题思想是写出墓主生前最重要、最值得‘敬仰纪念’的事迹——曾率领军队打败异族的人，于是用攻战图来表现。而衬托这主题思想的，则是墓门两侧和中间支柱上的伏羲、女娲、东王公、西王母以及羽人异兽等图，用以表现人类的起源，神仙的灵异，可能含有辟除不祥、保护墓中人的意思在内”；第二组的“主题思想是写出墓主身后的哀荣”；第三组的“主题思想是写出墓主生前的身份和他的富厚逸乐的生活”；第四组的“主题思想是写出墓主人夫妇生前闺房内的生活”。“四组画虽各有主题思想，但各个主题不是孤立的而是互相联系的，它们成为墓主人的一部‘哀荣录’。”

曾昭燏先生将画像石划分为不同单元，强调不同单元之间既相互独立、又有机联系的分类研究的方法，显然来源于近代考古学。

曾昭燏先生选取了画像石中的“出行图”、“乐舞百戏图”、“历史故事画”和“神话人物奇禽异兽”四个专题而引经据典进行详尽考证的方法，显然来源于传统考据学。我国考古学诞生的标志是始于北宋的金石学，而金石学的基本研究方法是考据，经清代、民国时期的不断发展和深化，考据学已接近近代考古学，因此，考据学也可称之为“传统考古学”[13]。

曾昭燏先生的研究基础主要有二，一是以考据为主要方法的传统考古学，一是以田野发掘为基础、以考古地层学和类型学为主要方法的近代考古学。根据《沂南》的研究方法分析，曾昭燏先生对沂南汉画像的研究方法主要是传统考古学。

传统考古学是利用古代文献与出土文物进行补证和互证。《沂南》在考证“仓颉造字”、“孔子见老子”、“完璧归赵”、“荆轲刺秦王”、“鸿门宴”等历史故事时，广征博引而游刃有余；而在考证“羽人、神怪”等神话传说时显得语言苍白而相形见绌。

孙作云先生认为汉画像石的主要内容或思想是汉人的升仙思想及与此相关的打鬼辟邪思想：“升仙思想起源甚早，……这种极原始、极朴素的思想，到了汉代，在地主阶级取得稳定的政权以后，就变成了地主阶级剥削思想的一面。……这种思想经统治阶级的提倡以后，又变成了通乎上下的、占统治地位的主导思想。……谈汉代艺术或谈汉代人的思想，必须着重地指出这一点，否则便失掉了重心。”孙作云先生的研究基础显然来源于神话学。

我国神话学的研究始于“五四运动”之后。神话学（Mythology）是关于神话研究的一门科学。神话学的研究方法是通过对典籍记载和民间传承的大量神话资料进行收集、整理和民族语言的翻译，对其产生、发展、演变的规律进行理论概括的一门科学。

在孙作云先生早年通过《楚辞》、《天问》、《诗经》等对中国古代图腾、神话、民俗的研究和晚年通过沂南、长沙马王堆、洛阳卜千秋、密县打虎亭等墓葬资料对汉墓画像、壁画、帛画、漆棺画的研究中，神话学是其主要的研究方法之一。

沂南汉墓是我国第一次经考古发掘的大型汉墓[14]，《沂南》是我国第一部研究汉画像石的大型专著，当时对汉画像的研究方法尚处于探索阶段。报告应用传统考古学的考证方法对汉画像石的题材思想进行考据，尽管《沂南》中广征博引，但在文献无证的情况下，只能笼统地表述为神怪：“整幅刻着奇禽、怪兽、灵异之物。……马后有一神怪，……神怪下有一异兽，……神怪后又有一神怪，……”显而易见，在对各种“神怪、异兽”的描述与考证中，充满了编写者的焦虑和无奈。

在《沂南》中，尽管在对历史故事的考证时洋洋洒洒地引经据典，而涉及神话传说及其产生的社会背景和文化背景时，却词汇贫乏而捉襟见肘。

相反，利用神话传说及其产生的社会背景和文化背景的研究成果对汉画像内容进行的考证和解释却往往鞭辟入里，因此，考古学与神话学的碰撞凸显了考古学的局限性。

自 20 世纪 60 年代开始，汉画像石逐渐进入近代考古学的研究范畴，对画像石的分布分期、雕刻技法、艺术风格进行了广泛的研究[15]；20 世纪 80 年代后期，考古类型学的方法也逐渐应用于画像石的研究[16]，但近代考古学对于解释汉画像题材思想仍存在着一定的缺憾，同样显现出近代考古学的局限性。

宗教大致可分为原始宗教和宗教两个发展阶段，本土宗教——道教和外来宗教——佛教在我国的出现大致始于东汉末，而在此之前皆属原始宗教阶段。

我国的原始宗教大致可分为“萨满”和“傩”两大体系。新石器时代，“萨满文化”广泛流行于我国北部的欧亚草原地区，由“萨满”进行传承；“傩文化”广泛流行于长江领域，由“巫觋”进行传承；历夏、商和西周、春秋战国时期形成了分别以晋国、齐国与楚国、越国为代表的南北系统国家群和以《诗经》、《楚辞》为代表的南北两大文化体系；由于“三家分晋”和“田氏代齐”导致秦国成为北方系统国家群之首，而南方系统国家群中经战争的整合导致楚国成为南方系统唯一的大国；经过短暂的秦王朝之后，进入了两汉时期。秦汉帝国不仅代表了南北两大政治集团，也代表了南北两大文化系统。

汉文化继承了楚文化的传统，其文化渊源可追溯到我国的神仙系统和流行于南方的“傩文化”[17]。由于道教出现于东汉末，因此，汉代是我国原始宗教集大成的重要时期，而我国的本土宗教——道教，即来源于原始的“鬼神崇拜”。东晋葛洪《神仙传·序》：“昔秦大夫阮仓所记有数百日，刘向所撰又七十一人。盖神仙幽隐，与世无流。……故宁子入火而凌烟，马皇见迎以获龙，方回咀嚼以云母，赤将茹葩以随风。……”反映了道家思想与神仙家思想的一脉相承。

“神”，天神。其来源于新石器时代至夏、商、西周时期的图腾崇拜和祖先崇拜，春秋战国时期已形成天地社稷、日月星辰、风雨雷电、山川百物、英雄祖先等庞大的神谱。如《吕氏春秋》记载的“太皞、句芒、炎帝、祝融、少皞、蓐收、颛顼、玄冥”等四季诸神。

“仙”，仙人。人通过修炼可长生不老，升天成仙。《史记·封禅书》：“安期生，仙者。”东汉王充《论衡·道虚》：“淮南王……遂得道，举家升天，畜产皆仙，犬吠于天上，鸡鸣于云中。”而刘向《列仙传》中所列“赤松子、宁封子、老子、吕尚、范蠡、王子乔、安期先生”诸仙，均由人而仙。

与神对应的是“鬼”。《礼记·祭义》：“众生必死，死必归土，此谓之鬼。”《诗经·小雅·何人斯》：“为鬼为蜮。”鬼与神又往往并称，如“惊天地、泣鬼神”。《易经·乾》：“九五，飞龙在天，利见大人。”《文言》：“夫大人者，与天地合其德，与日月合其明，与四时合其序，与鬼神合其吉凶。……天且弗违，而况于人乎？况于鬼神乎?”《礼记·仲尼燕居》：“鬼神失其飨，丧纪失其哀；”《史记·五帝本纪》：“养材以任地，载时以象天，依鬼神以制义，治气以教化，絜诚以祭祀。”

春秋战国时期见诸文献的诸鬼有“大厉、魑魅、罔两（魍魉）、山魈、翁怪、庆忌、山缫、傒囊、尺廓、食邪”等。《左传·文公十八年》：“投诸四裔，以御魑魅。”注：“魑魅，山林异气所生，为人害者。”《左传·宣公三年》：“魑魅魍魉，莫能逢之。”《左传·成公十年》：“晋侯梦大厉，被发及地，搏膺而踊。”《管子·水地》：“涸泽数百岁，谷之不徙、水之不绝者生庆忌。”《神异经·东南荒经》：“东南方有人焉，……此人以鬼为饭，以露为浆，名曰尺廓，一名食邪。”

“大傩”，古代驱除疫鬼的仪式。《吕氏春秋·季冬纪》：“天子居玄堂右，……命有司大傩旁磔。”注：“大傩，逐尽阴气为阳导也，今人腊岁前一日击鼓驱疫，谓之驱除是也。”“大傩”的重要特征之一是戴面具和戴兽角、兽尾装扮成各种猛兽和凶神恶煞，以踊以舞而驱鬼。《周礼·夏官·方相氏》：“方相氏掌蒙熊皮，黄金四目，玄衣朱裳，执戈扬盾，帅百隶而时难（傩），以索室驱疫。”除方相氏外，大傩十二神兽的形象均于文献无征，因此用传统考古学的研究方法，只能用“龙首的神怪、虎首豹纹的神怪、虎首鱼身的异兽”笼统地称之和解释之。至于曾昭燏先生提出各有来源的“巫教、神话、阴阳家、神仙家”之说，在汉代实际上已融合为庞大的神仙体系。

在“鬼神崇拜”盛行的汉代，画像石的题材必然反映出当时“升仙驱鬼”的社会思想，甚至有学者称汉代为“鬼神的世界”[18]。因此沂南汉墓前室横额画像和中室东壁横额画像所表现的即汉代的鬼神世界。

古代的文化遗存包括精神文化遗存和物质文化遗存。考古学的研究对象是古代人类通过各种活动遗留的文化遗迹和文化遗物，即物质文化遗存，然而在面对丰富多彩的古代精神文化遗存时，考古学的研究方法往往力不从心。

考古学与神话学的碰撞，对于考古学研究有着更深层次的意义：研究古代物质文化遗存和精神文化遗存，应采用不同的研究理论和不同的研究方法。在研究古代精神文化遗存及其产生的社会背景和文化背景时，以考古学为基础与社会学、宗教学、民俗学、神话学相结合进行多学科综合研究，其结论可能更接近历史的真实。

曾昭燏先生与孙作云先生都是学界领袖，也是令人景仰的前辈。因此本文无意也不敢在此妄谈画像内容和画像思想讨论的孰是孰非。钩沉往事，可从中一览一代宗师的渊博学识，更可一睹虚怀若谷的大家风范。

注释

① 南京博物院、山东省文物管理处：《沂南古画像石墓发掘报告》，文化部文物管理局，1956年。

② 王仲殊：《沂南石刻画像中的七盘舞》，《考古通讯》1955年第2期。

③ 安志敏：《论沂南画像石墓的年代问题》，《考古通讯》1955年第2期。

④ 李文信：《沂南画像石古墓年代的管见》，《考古通讯》1957年第6期。

⑤ 孙作云：《评〈沂南古画像石墓发掘报告〉——兼论汉人的主要迷信思想》，《考古通讯》1957年第6期。凡本文中未加注者，均引自此文。

⑥ 曾昭燏：《关于沂南画像石墓中画像的题材和意义——答孙作云先生》，《考古》1959年第5期。

⑦ 凡描述均见《沂南古画像石墓发掘报告》的第三章，下同，不注。

⑧ 凡考释均见《沂南古画像石墓发掘报告》的第四章，下同，不注。

⑨ 凡孙作云先生所云均同⑤。

⑩ 孙作云：《说羽人——羽人图、羽人神话、飞仙思想之图腾主义的考察》，《沈阳博物院筹备委员会汇刊》第一期，1947年10月。

⑪ 徐中舒：《古代狩猎图像考》，《庆祝蔡元培先生六十五岁论文集（下册）》，中央研究院，1935年。

⑫ 凡曾昭燏先生答复所云均同⑥。

⑬ 夏鼐、王仲殊：《考古学》，《中国大百科全书·考古学》，中国大百科全书出版社，1986年。

⑭ 1933年中央研究院历史语言研究所在山东藤县发掘了一座大型画像石墓，然原始记录全部丢失。见董作宾：《山东藤县曹王墓汉画像残石》，《大陆杂志》第21卷第12期，1960年，台北。

⑮ 蒋英炬、吴文琪：《论山东画像石的分布、刻法和分期》，《考古与文物》1980年第4期。

⑯ 信立祥：《汉画像石的分区与分期研究》，《考古类型学的理论与实践》，文物出版社，1989年。

⑰ 林河：《中国巫傩史——中华文明基因初探》，花城出版社，2001年；吕光群、王兆乾：《中国傩文化》，汕头大学出版社，2007年。

⑱ ［日］林巳奈夫：《汉代鬼神の世界》，《东方学报》第四十六册，1974年，京都。

原载《东南文化》2013年第1期

六朝怪现象之剖析

六朝之际，怪事颇多。有“脱衣裸形”而饮酒者，有入厕“以枣塞鼻”者，男子有“傅粉施朱”者，妇人有以“五兵当笄”者，不一而足。今择其一二，略加剖析，以冀精通六朝史的方家先知教正。

一　体羸气弱　坐死仓猝

——杂谈六朝时期贵游弟子的短寿

1965年前后，在南京象山发掘了东晋王氏家族墓地。有趣的是，从出土墓志上的记载来看，这些世家大族的贵游弟子多是短命鬼。其中王兴之活了三十一岁，宋和之活了三十五岁，王闽之只活了二十八岁[①]。据《世说新语·王氏谱》记载，王氏家族也还有不少短命的，如丞相王导的弟弟王颖“字茂英，晋议郎，年二十卒”，王敞“字茂平，晋辟丞相祭酒，不就，袭封堂邑公，年二十二卒”；而王兴之的堂兄弟、王导的儿子王洽“晋建武将军中领军，升平二年卒，年二十六”，王福“晋元帝抚军参军，袭武冈侯，蚤卒”，王戎的儿子王方“年十九卒”，王澄的儿子王詹也是“蚤卒”。

北齐的颜之推曾对南朝的贵游弟子作过一个绝妙的画像，他说：“梁朝全盛之时，贵游弟子……无不熏衣剃面，傅粉施朱，跟高齿屐，坐棋子方褥，凭斑丝隐囊，列器玩于左右，从容出入，望若神仙”[②]，其时的士大夫“皆尚褒衣博带，大冠高履，出则车舆，入则扶侍，……及侯景之乱，肤脆骨柔，不堪步行，体羸气弱，不耐寒暑，坐死仓猝者，往往而然”[③]。尽管这些世家大族的贵游弟子有着非常优厚的生活条件，却只活到二三十岁便呜呼哀哉了，这不能不说是当时一个十分奇怪的现象，而且是较为普遍的现象。我们不禁会联想到这样一个问题：六朝时期的贵游弟子为什么一个个“肤脆骨柔，不堪步行”？为什么“体羸气弱，不耐寒暑”？又为什么有如此众多的人“坐死仓猝”呢？然而，究其短命的原因，还不得不从当时的社会习尚谈起。

六朝时期，酗酒成风。所谓“名士不必奇才，但使得常无事，痛饮酒，熟读

《离骚》，便可称名士”[④]。如孙权尝“在武昌临钓台，饮酒大醉，权使人以水洒群臣曰：‘今日酣饮，唯醉堕台中，乃当止耳’”[⑤]；而荆州的刘表“有酒爵三，大曰伯雅，次日仲雅，小曰季雅，伯雅容七升，仲雅六升，小雅五升，又设大针于座端，客有酒辄劖之，验醉醒也”[⑥]。两晋之时，饮酒之风更盛，贵游弟子无不“捧罂承糟，衔杯漱醪”，“行则操卮执瓢，动则挈榼提壶，唯酒是务”[⑦]。如东晋的孔群“好饮酒，王丞相语云：‘卿何为恒饮酒？不见酒家覆瓿布日月糜烂?’群曰：‘不尔不见糟肉更堪久?’”，孔群还写信给其亲旧谈到酿酒一事：“今年田得七百斛秫米，不了麴糵事”[⑧]。七百斛秫米，还不够酿酒，可见其一年要饮多少酒了。当时所谓的“名士”，都是嗜酒如命的酒徒，东晋的周顗饮酒“尝三日不醒，时人谓之三日仆射”[⑨]，张翰曾说过：“使我有身后名，不如即时一杯酒”[⑩]，而毕卓也曾说过：“一手持蟹螯，一手持酒杯，拍浮酒池中，便足了一生”[⑪]。对于这些贵游弟子酗酒的丑态，葛洪在《抱朴子·酒戒篇》中曾有过一段精彩的描述：“然而俗人是酣是湎，……夫琉璃海螺之器并用，满酌罚余之令遂急，醉而不止，拔辖投井，于是口涌鼻溢。濡首及乱履，僛躚躚舍其坐迁，载号载呶，如沸如羹，或争辞尚胜，或哑哑独笑，或无对而谈，或呕吐几筵，或值厥良倡，或冠脱带解，贞良者流华督之顾眄，怯懦者效庆忌之蕃捷，迟重者蓬转而波扰，整肃者鹿踊而鱼跃，口讷于寒暑者皆摇掌而谱声，卑谦而不竞者悉裨瞻以高交。”至于饮酒过度而送命的在当时也不乏其人：阮籍曾“饮酒三斗，举号一声，呕血数升，废顿久之”[⑫]，据《七贤论》曰：阮籍与刘伶“共饮步兵厨中，并醉而死。”有人认为阮籍比刘伶早卒，《七贤论》所云不足信，而其时确有人因饮酒而丧生的。如东晋的王忱好酒，自谓“三日不饮酒，觉神形不复相亲”，《晋安帝纪》云：王忱“少慕达，好酒，在荆州转甚，一饮或至连日不醒，遂以此死”[⑬]，而苏州五龙山东晋太原十三年陆陋墓中出土的一方地券上也记载着陋以“醉酒命终”[⑭]。此外还有饮药酒的，《抱朴子·金丹篇》云：“一酘之酒，不可以方九酝之醇耳”，可见九酝酒是十分厉害的，但却有人好饮之，甚至为饮此酒而断送了性命：“张华既贵，有少时宾客来候之。华与之共饮九酝酒，为酣畅，其夜醉眠。华尝饮此酒眠，辄使人左右转倒。其夜客别忘敕，而左右依常为张公转倒，其友人无人为之。至明起，友人犹不起，华咄曰：‘此必死矣’，使视之，酒果穿腹，流床下滂沱”[⑮]。如此饮酒，有百害而无一利，据《宋书·刘义季传》曰：“义季素嗜酒，……遂为长夜之饮，略少醒日。太祖诏报之曰：‘……此非唯伤事业，亦自损性命。’”故葛洪曰：“夫酒醴之近味，生病之毒物，无毫分之细益，有丘山之巨损”[⑯]。

六朝时期的贵游弟子除整日恣意纵酒，过着醉生梦死的生活外，还希冀长生不死，因而服食丹散妄图成仙也是当时许多人所梦寐以求的。南京象山王丹虎的墓中即随葬有丹药，表明死者生前极好此物。据说“寒食散之方虽出汉代而用之者寡，靡有传焉。魏尚书何晏首获神效，由是大行于世，服者相寻也”[17]，何晏也曾说过：“服五石散，非唯治病，亦觉神明开朗”[18]。当时由于对生理科学知识的缺乏，认为“草木之药，埋之即腐，煮之即烂，烧之即焦，不能自生，何能生人乎”？而“丹砂烧之成水银，积变又还成丹砂”。“黄金入火百炼不销，埋之毕天不朽，服此二物炼人身体，故能令人不老不死，此盖假求于外物以自坚固”[19]。丹散的主要成分有丹砂、黄金、白银、灵芝、玉、云母、明珠、雄黄、石桂、石英、石脑、硫磺、松脂、曾青等[20]，除五石散外，还可炼制成名目繁多的仙丹，其中有华丹、神丹、炼丹、柔丹、伏丹、寒丹……，服之可“令人寿无穷已，与天地相毕，乘云驾龙，上下太清”[21]。可是服丹成仙亦并非易事，据《抱朴子》云：须将丹药“藏之石室，合之，皆斋戒百日，不得与俗人相往来，于名山之侧，东流水上，别立精室，百日成，服一两仙；若未欲去世且作地水仙之士者，但斋戒百日矣；若欲升天，皆先断谷一年乃服之也”，成仙须斋戒百日，升天要断谷一年，且不得与俗人相往来，这对于“出则车舆，入则扶持”，“体羸气弱，不耐寒暑”的贵游弟子来讲真可谓太难矣！然《抱朴子》又云：“若服半两，则长生不死，万害百毒，不能伤之，可以畜妻子，居官秩，在意所欲，无所禁也”[22]。这样一来，真是两全其美了，既可以居官秩、畜妻子，又可以长生不死，难怪在当时的世家大族中服食丹散蔚然成风了。东晋的王羲之“雅好服食养性”，与“道士许迈共修服食，采药不远千里”[23]。至南朝，贵游弟子仍好服食丹散，然为此送命的也大有人在。如刘宋时的秘书监中书侍郎王微“生平好服上药，起年十二病虚耳”，“年三十九卒”，其弟宋太子舍人王僧谦因“服药失度，遂卒”[24]。据《博物志·药论》引《神农经》曰：“上药养命，谓五石之练形，六芝之延年也。”服了上药非但没有养命延年，反而送了性命，岂不是一个绝妙的讽刺？又据《抱朴子·仙药篇》云：“松脂……炼之服可以长生不死。”“长服松脂，身体转轻，气力百倍，登危越险，终日不及。”而梁时的“王爱州在邺学服松脂，不得节度，肠塞而死”[25]。值得一提的是北魏的太祖拓跋珪，“好老子之言，诵咏不倦，天兴中仪曹郎董谧因献服食仙经数百篇，于是置仙人博士，立仙坊，煮炼百药，封西山以供其薪蒸，令死罪者试服之，非其本心，多死无验”[26]。可见服食丹散非唯不能成仙，还往往为此而丧生，正所谓“服食求神仙，多为药所误”[27]。尽管如此，服食丹散仍充斥在世家大族的生活中，这正是这些贵游弟子对腐朽生活的迷恋而乞灵仙丹渴望成仙的虚妄心理的反映。

虽然饮酒和服药都是很时髦的事情，但是酒含乙醇，药含金、银、汞、硫磺、石英、云母等。即使饮酒没饮到“呕血数升”、“酒果穿腹”，服药也没服到“失度”、“肠塞而死”，长此以往，也会慢性中毒的。除酒药之外，贵游弟子“坐死仓猝”的另一个重要原因就是淫乱无度。

首先是早婚。梁武帝作《河中之水歌》中即有“河中之水向东流，洛阳女儿名莫愁，莫愁十三能织绮，十四采桑在陌头，十五嫁为卢家妇，十六生儿字阿侯”，著名的叙事长诗《孔雀东南飞》中也有类似的记载，只不过刘兰芝出嫁的年龄比莫愁大两岁：“十七为君妇，心中常苦悲。”据《晋书·列女传》记载，杜有道妻严氏，皮京妻龙氏，出适时都是“年十三”；梁武帝纳丁贵嫔时，丁亦是“年十三”[28]。同样，男子成婚的年龄也很小，如梁张缵年十一时，“尚高祖第四女富阳公主”[29]；刘宋的郭世道年十四时“因家贫无产业，佣力以养继母，妇生一男，夫妻共议曰：‘勤身供养，为养犹不足，若养此儿，则所费者大’，垂乃泣瘗之”[30]。据《王兴之墓志》载：王兴之死时年三十一，已有四男一女；南京张家库出土的梁《桂阳王肖融墓志铭》载：肖融嗣子肖象年十七，其子肖悎已两岁，可见在当时男女都是十几岁便婚嫁了。早婚的现象，在东汉时已有之，故王充的《论衡·齐世篇》云：“礼虽言男三十而娶女二十而嫁，法制张设未必奉行。何以效之？以今不奉行也”。然而早婚能致人夭寿，这一点早为人所知。如北魏废太子恂十三四岁时，“（孝文）帝将为其娶司徒冯诞长女，以其年幼，待年长先为聘彭城刘长文、荥阳郑懿女为左右孺子，崔光言：‘孔子称血气未定，戒之在色。太子尚以幼年涉学之日，不宜于正昼之时，舍书御内，又非所以安柔之体，固永年之命’”[31]。正所谓“夫妇，人伦大纲。夭寿之萌也。世俗嫁娶太早，未知为人父之道而有子，是以教化不明而民多夭”[32]。

其次是多妻妾。北魏临淮王的曾孙孝友尝奏表曰：“古诸侯娶九女，士有一妻二妾，《晋令》：诸王置妾八人，郡公侯六人，……请以王公第一品娶八，通妻以备九女，二品备七，三品四品备五，五品六品则一妻二妾。限以一周悉令充数……其妻无子而不娶妾，斯则自绝，无以血食父母，请科不孝之罪”[33]。其时贵游弟子皆可肆意地娶妻纳妾，如温峤“初娶高平李暅女，中娶琅邪王诩女，后娶庐江何邃女”[34]；也有为娶妾而不择手段的，如“谢仁祖妾阿纪有国色，善吹笛，仁祖死，阿纪誓死不嫁。郗昙时为北中郎将，设权计遂得阿纪为妾”[35]。《宋书·胡蕃传》记载：“藩庶子六十人，多不遵法度。”可想见其妾不在少数。《颜氏家训·后娶篇》云：“江左不讳庶孽，丧室之后，多以妾媵主家事，……河北鄙于侧出，不预人流，是以必须重娶，至于三四，母有少于子者。”至于帝王，那就更多了，晋武帝曾“采择良家女子，露面入殿，帝亲简阅，务在姿色”[36]，宋废帝有“六宫万数”[37]，梁鄱阳王肖恢有“男女百人，男封侯者三十九人，女主三十八人”[38]。从帝王到世家大族，都过着腐朽糜烂的生活，他们“金玉满堂，妓妾溢房，商贩千里，腐谷万庾”[39]，贵游弟子们“饱食终日，复未必能勤儒墨之业，治进德之务，但共逍遥遨游，以尽年月，……或飞黄走苍于中原，或留连杯觞以羹沸，或以美女荒沉丝竹，或耽沦绮纨，或控弦以瘦筋骨”[40]。除世家弟子外，当时贵族女子亦多淫姿，宋山阴公主“淫姿过度，谓帝曰：‘妾与陛下，虽男女有殊，俱托体先帝。陛下六宫万数，而妾唯驸马一人，事不均平，一何至此’，帝乃为公主置面首左右三十人”[41]；齐郁林王肖昭业即位后，尊文安王皇后为“皇太后，称宣德宫，置男左右三十人”[42]。可见六朝时期纵情声色淫奢极欲者，非唯男子，女子亦然。正所谓“禁疏则上宫有穿窬之男，网漏则桑中有奔随之女，……然而俗习行惯，皆曰此乃京城上国公子王孙贵人所共为也”[43]。

当然，六朝时期的贵游弟子并非每个人都是短命的，但是，如果短命者仅是个别现象，也就不能称之为“坐死仓猝者，往往而然”了。“在阶级社会中，每个人都在一定的阶级地位中生活，各种思想无不打上阶级的烙印”[44]，那么，贵游弟子的酗酒、服药及荒淫无耻，也正是世家大族恣情纵欲的享乐思想和悲观颓废的厌世思想在社会生活中的反映。是谓“凡生之难遇，而死之易及，以难遇之生俟易及之死，可孰念哉，……为欲尽一生之欢，穷当年之乐，唯患腹溢而不得恣口之饮，力惫而不得肆情于色，不遑忧名声之丑，性命之危也”，况且“十年亦死，百年亦死，仁圣亦死，凶愚亦死，生则尧舜，死则腐骨，腐骨一矣，孰知其异？且趣当生，遑恤死后”[45]？贵游弟子沉溺酒色、荒诞无稽的生活，显然是受到这种腐朽没落的思想的支配，而正是因为这种沉溺酒色、荒诞无稽的生活，导致了许多贵游弟子“肤脆骨柔，不堪步行，体羸气弱，不耐寒暑”，以至“坐死仓猝者往往而然”了。

二 老女不嫁 塌地呼天

——兼谈魏晋南北朝时期的婚姻制度

“驱羊入谷，白羊在前。老女不嫁，塌地呼天”，是北朝乐府中一首很有名的《地驱乐歌辞》。游国恩等先生主编的《中国文学史》云：“北朝有关爱情婚姻的民歌并不多，但其中有两三首提到‘老女不嫁’的事，这可能和战争频繁丁壮死亡过多有关。”而胡国瑞先生编著的《魏晋南北朝文学史》中又是另一种看法：“不嫁的老女中有的或甚至是奴隶，因此，她们虽年过婚时，却不让出嫁，所以径自提出要求，乃至悲观地‘塌地呼天’了。”历来治文学史的人往往好望文生义，而不避贻笑大方之嫌。南北朝之际，虽有拓跋焘的南征和刘裕的北伐，然就整个南北朝时期来看，还是以相对稳定的对峙阶段为长。难道仅仅因为战争频繁丁壮死亡过多而无法出嫁吗？还是在这本《中国文学史》中，在谈到杜甫诗《兵车行》

时，对唐玄宗连年穷兵黩武大加鞭笞，而这首诗中恰恰就有这样几句："信知生男恶，反是生女好，生女犹得嫁比邻，生男埋没随百草。"再看看前面对"老女不嫁"的解释，岂不使人感到前后抵牾自相矛盾吗？至于说是奴隶而不让出嫁，更属牵强附会。北朝是不是奴隶制社会？奴隶又能不能"出嫁"？稍具有一点点历史常识的人便可明了，何况整首歌词中根本就看不出丝毫奴隶的痕迹，怎么能信口开河地妄加臆断呢？

无独有偶。在南京象山王氏家族墓地的王丹虎墓中，出土墓志一方，因志文不长，抄录如下："晋故散骑常侍特进卫将军尚书左仆射都亭肃侯琅耶临沂王彬之长女字丹虎年五十八升平三年七月二十八日卒其年九月卅日葬于白石在彬之墓右刻砖为识"。在同一墓地还出土了两方女子墓志，一方志文有"晋故卫将军左仆射肃侯琅耶临沂王彬继室夫人夏金虎……"另一方志文有"（王兴之）命妇西河界休都乡吉迁里宋氏名和之……"此外，在南京老虎山颜氏家族墓地也出土过一方女子墓志，上有"琅耶颜谦妇刘氏……"，可以看出，"按当时的礼教和习俗，出嫁的女子一般随同夫家合葬，而王丹虎葬在祖坟地，并在其父王彬之旁，该墓又为单人葬，由此看来，王丹虎很有可能未出嫁"[46]。故郭沫若先生云："王丹虎未言其夫家，看来是未出嫁的"[47]。令人瞩目的是前文已提到的该墓中还出土了二百余粒朱红色丸状丹药，据南京药学院化验分析，主要成分为硫化汞，这与《抱朴子·仙药篇》所记正合，看来王丹虎生前是信道服丹的。那么，会不会因为笃信道教而不婚不嫁呢？据《晋书·王凝之传》记载："王氏世事张氏五斗米教。"王丹虎的堂兄弟王羲之"与道士许迈共修服食"，却有子玄之、凝之、涣之、肃之、徽之、操之、献之；而五斗米教的创始人张陵"学道鹄鸣山中，造作道书以惑百姓，""陵死，子衡行其道，衡死，鲁复行之"[48]；与王丹虎同时的茅山上清真人许谧（长史）也有子息，"长史第三子讳玉斧，世名翽，字道翔"[49]。可见奉信道教并不像奉信佛教那样不婚不嫁，那么，究竟是什么原因使年已五十八岁的老女王丹虎至死不嫁呢？

"老女不嫁"的怪现象，南北亦然，可见其在当时并不是孤立的。它既不是因为战争，也不因为是奴隶，而恰恰是魏晋南北朝时期在严格的世族门阀制度制约下的婚姻制度中产生的一个怪胎。

魏晋南北朝之际，崇尚门阀之风极盛。唐人柳芳云："魏氏立九品，置中正，尊世胄，卑寒士，权归右姓已。其州大中正、主簿、郡中正、功曹，皆取著姓士族为之，以定门胄，品藻人物。晋宋因之，始尚姓已，然其分别贵贱，士庶不可易也。于时有司选举，必稽谱籍而考其真伪。故官有世胄，谱有世官，……善言谱者，系之地望而不惑，质之姓氏而无疑，缀之婚姻而有别"[50]。因而形成了"上品无寒门，下品无势族"[51]的政治局面，"服冕之家，流品之人，视寒素弟子，轻若仆隶，易如草芥，曾不以之为伍”[52]。

为了维护世家大族在政治上的垄断和特权，为了保持世家大族自身的望族门第和种姓贵贱的恒久不变，为了表示世家大族和寒门庶族的严格区别，姻媾则成为世家大族巩固其世族门阀制度的重要纽带。“士庶之际，实自天隔”[53]，通婚必须衡量门第，一丝不苟，如《北史·崔逞传》称崔悛“一门婚嫁，皆是衣冠之美，吉凶仪范，为当时所称”；又如东晋的丞相王导“初至江左，思结人情，请婚于玩”[54]，而陆玩自恃为江南望族，对“初至江左”还没站稳脚跟的王丞相不屑一顾，据《世说新语·方正篇》云：“王丞相初在江左，欲结援吴人，请婚陆太尉，对曰：‘培塿无松柏，薰蕕不同器，玩虽不才，义不为乱伦之始’”。

不仅世家大族之间，便是对出身低微的帝王，亦同样如此。梁金紫光禄大夫王峻的儿子王琮，“为国子生，尚始兴王女繁昌公主，不惠，为学生所嗤，遂离婚。峻谢王，王曰：‘此自上意，仆极不愿意如此’，峻曰：‘臣太祖是谢仁祖外孙，亦不籍殿下姻媾为门户’”[55]。

世家大族之间世代通婚的，更是不乏其人。东晋的宁朔将军王爽，太原王氏，其“亡祖长史（王濛）与简文皇帝为布衣之交，亡姑亡姊伉俪二宫”[56]；而王羲之娶晋太傅郗鉴女，其子献之娶郗鉴子郗昙的女儿，后离婚，又尚新安公主，王献之女神爱又嫁给晋安帝[57]。

倘若世家大族和寒门庶族或门第不清的人通婚，则会遭到时人的诋誉和排斥。如东晋的杨佺期，“弘农华阴人，汉太尉杨震后也。曾祖准，太常。自震至准七世有名德”，佺期“自云门户承籍，江表莫比”，而“时人以其过江晚，婚宦失类，每排抑之”[58]。又如东海王源嫁女与满璋之的儿子满鸾，齐御史中丞沈约认为王源曾祖位至尚书右仆射，王源本人及其父祖也都列位清显，而满璋之虽任王国侍郎，满鸾虽任莫郡主簿，但满氏的“族姓士庶莫辨”，“王满联姻，实骇物听”，玷辱世族，莫此为甚，因而上表弹劾，请革去王源官职，剔出士族，“禁锢终身”[59]。

因此，世家大族即使穷困落魄，也不愿和寒门庶族通婚。据《陈书·儒林传》记载：“王元规，太原晋阳人。八岁而孤，兄弟三人随母依舅氏住临海郡，时年十三。郡土豪刘瑱者，资财巨万，欲以女妻之。元规母以其兄弟幼弱，欲结强援，元规泣请曰：‘困不失亲，古人所重。岂敢苟安异壤，辄婚非类？’”

其时亦有寒门庶族的女子为：“门户计耳”而“屈节”为世家大族作妾者。如“周顗母李氏字络秀，淮南人也。少时在室。顗父浚为安东将军，求为妾，其父兄不许。络秀曰：‘门户殄悴，何惜一女？若联姻贵族，将来庶有大益矣”[60]。然而，也有因此被人轻觑而羞愧终生的。如“王浑后妻，琅邪颜氏女。王时为徐州刺史，交礼拜讫，王将答拜，观者咸曰：‘王侯州将，新妇州民，恐无由答拜’，王乃止。

武子以其父不答拜，不成礼，恐非夫妇不为之拜，谓为‘颜妾’，颜氏耻之，以其门贵，终不敢离”[61]。

出身寒门庶族者若想娶世家大族的女子为妻，在当时几乎是不可能的，但也偶有例外，那就是因作战有功或得皇帝的宠信而被赏赐，这是十分荣耀的。如孙骞“世寒贱，神武赐韦氏女，既士人子女，又兼色貌，时人荣之”[62]；与孙骞得到同样赏赐的还有陈元康，时“左卫将军郭琼以罪死，子妇范阳卢道虞女也，没官，神武启以赐元康为妻，元康地寒，时以为殊赏”[63]。

世家大族之间的联姻，除政治上的需要外，经济上的利益也是一个重要的原因。是谓“为子娶妇，恨其生资不足”[64]，如北齐的封述为息“娶陇西李士元女，大输财聘，及将成礼，犹竟悬违”，一息“娶范阳卢庄之女，述又经府诉云：‘送赢乃嫌脚，评田则云卤薄，铜器又嫌古废’”[65]。在婚姻上“或假财色以交权贵，或因时运以佻荣位，或以婚姻而连贵戚，或弄毁誉以合威柄器”[66]，故时人颜之推叹曰：“近世嫁娶，遂有卖女纳财，买妇输绢，比量父祖，计较锱珠，责多还少，市井无异”[67]。

至于“老女不嫁”的怪现象，则正是魏晋南北朝时期婚姻制度受到严格的世族门阀制度的制约而产生的。它只能产生在世家大族的内部，而民间女子即使想老死不嫁也是不可能的。尽管战争会使人口减少，但是，战争不仅没有造成女子老死不嫁的现象，恰恰因为当时对人口增长的需要而促成了女子的早婚和寡妇的改适。西晋泰始九年（273年）制曰：“女年十七，父母不嫁者，使长吏配之”[68]。东魏武定三年（545年）“请芒山之俘，释其桎梏，配以人间寡妇”[69]。北齐天保七年（556年）“发山东寡妇二千六百人，以配军士，有夫滥夺者，十二三”[70]，北周建德三年（574年）武帝诏曰：“自今已后，男年十五，女年十三已上，爰及鳏寡，所在军民，以时嫁娶”[71]。南朝也有类似的规定：“女子十五不嫁，家人坐之”[72]。可见，因为“战争频繁丁壮死亡过多”而形成“老女不嫁”是不足信的，民间女子到了十五岁或十七岁而不嫁，不是“家人坐之”，就是由“长吏配之”，怎么可能至老死不嫁而“塌地呼天”呢？至于“奴隶”一说，更是无稽之谈，民间女子尚如此，又何况“奴隶”呢？

王丹虎，出自“世载厥德，清源华干”的琅邪王氏家族，所谓“过江则为侨姓，王谢袁肖为大；东南则为吴姓，朱张顾陆为大；山东则为郡姓，王崔卢李郑为大；关中亦为郡姓，韦裴柳杨杜首之；代北则为虏姓，元长孙宇文于陆源窦首之”[73]。《晋书·王敦传》引东晋谚语曰：“王与马，共天下。”可见琅邪王氏在当时是显赫一时的。如前所述，魏晋南北朝时期世家大族的婚姻是受到严格的世族门阀制度的制约，那么，在其时出现“老女不嫁”的现象也就不足为怪了。因为“结婚是一种政治行为，是一种借新的联姻来扩大自己势力的机会，起决定作用的是家世的利益，而绝不是个人的意愿”[74]。王氏家族，从东晋到南朝，多与帝王联姻。无怪乎当侯景“请娶于王谢”时，梁武帝曰：“王谢门高非偶，可于朱张以下访之”[75]。由于这些世家大族“门高”，而结婚又必须讲究门第，因而高门大族的女子选择配偶的范围则显得十分狭小，稍有一点缺陷便很难出嫁，如北魏崔巨伦的姐姐“明惠有才行，因患，眇一目，内外亲族，莫有求者，其家议欲下嫁之。巨伦姑，赵国李叔胤之妻，闻而悲戚曰：‘吾兄盛德，不幸早逝，岂可令此女屈事卑族?’乃为子冀纳之，时人叹其义识”[76]。又如王丹虎的伯父王戎为其子绥“欲娶裴遁女，绥既蚤亡，戎过伤痛，不许人求之。遂至老，无敢娶者”[77]。崔巨伦的姐姐因瞎了一只眼，若不是其姑母有“义识”，差一点也嫁不出去；而裴遁的女儿因王戎的儿子夭亡老死而不能出嫁，可见世族门阀制度下的婚姻制度是多么的严格和残忍。这样，我们对这首《地驱乐歌辞》就不难理解了。“驱羊入谷，白羊在前。”这是诗歌中惯用的“比”的表现手法，用“白”来表示其清高无瑕，用“前”来表示其地位与众不同，实际上是暗喻当时的世家大族，因为世家大族亦称为“素族”[78]，《诗经·羔羊》中即有“羔羊之皮，素丝五纶。”“素”与“白”，同义也。事实上，也只有在世家大族中，才可能有“老女不嫁”的现象存在。至于王丹虎老死不嫁，是“内外亲族莫有求者”还是“不许人求之”，现在已很难说得清楚，她有没有“塌地呼天”，更是无法得知。然而，正是魏晋南北朝时期受到世族门阀制度严格制约下的婚姻制度，才是酿成这场“老女不嫁，塌地呼天”的悲剧的真正原因。

注释

① 南京市文物保管委员会：《南京人台山东晋王兴之夫妇墓发掘报告》，《文物》1965年第6期。
② 《颜氏家训·勉学》。
③ 《颜氏家训·涉务》。
④ 《世说新语·任诞》。
⑤ 《三国志·吴书·张照传》。
⑥ 《太平御览》卷八百四十六。
⑦ 《世说新语·文学》刘注引刘伶《酒德颂》。
⑧ 同④。
⑨ 同④。
⑩ 同④。
⑪ 同④。
⑫ 同④。
⑬ 《世说新语·任诞》及刘注。

⑭ 钱镛：《苏州市五龙山发现东晋墓葬》，《文物》1959 年第 2 期。
⑮ 《太平御览》卷四百九十七。
⑯ 《抱朴子·酒诫》。
⑰ 《世说新语·言语》刘注引《寒食论》。
⑱ 《世说新语·言语》。
⑲ 《抱朴子·金丹》。
⑳ 《抱朴子·仙药》。
㉑ 同⑲。
㉒ 同⑲。
㉓ 《晋书·王羲之传》。
㉔ 《宋书·王微传》。
㉕ 《颜氏家训·养生》。
㉖ 《魏书·释老志》。
㉗ 《古诗十九首·驱车上东门》，见《文选》。
㉘ 《梁书·后妃转》。
㉙ 《梁书·张缵传》。
㉚ 《宋书·孝义传》。
㉛ 《北史·废太子恂传》。
㉜ 《汉书·王吉传》。
㉝ 《魏书·临淮王传》。
㉞ 《世说新语·假谲》刘注引《温氏谱》。
㉟ 《太平御览》卷五百八十。
㊱ 《宋书·五行志》。
㊲ 《宋书·前废帝纪》。
㊳ 《抱朴子·吴失》。
㊴ 《抱朴子·吴失》。
㊵ 《抱朴子·金汋》。
㊶ 同㊲。
㊷ 《南史·文安王皇后传》。
㊸ 《抱朴子·疾谬》。
㊹ 毛泽东：《实践论》。
㊺ 《列子·杨朱》。《列子》系晋人张湛之伪作，其间流露出的正是这一时期世家大族的世界观。
㊻ 南京市文物保管委员会：《南京象山东晋王丹虎墓和二、四号墓发掘简报》，《文物》1965 年第 10 期。
㊼ 郭沫若：《由王谢墓志的出土论到兰亭序的真伪》。
㊽ 《三国志·魏书·张鲁传》。
㊾ 陶宏景：《上清真人许长史旧馆坛碑》见《茅山志》。
㊿ 《新唐书·柳冲传》。
51 《晋书·刘毅传》。

⑫ 《文苑英华》卷七百六十引《寒素论》。
⑬ 《宋书·王弘传》。
⑭ 《晋书·陆玩传》。
⑮ 《梁书·王峻传》。
⑯ 《世说新语·方正》。
⑰ 《晋书·王羲之传·王献之传·安僖王皇后传》。
⑱ 《晋书·杨佺期传》。
⑲ 沈约：《秦弹王源》见《文选》。
⑳ 《晋书·列女传》。
㉑ 《世说新语·尤悔》。
㉒ 《北史·孙骞传》。
㉓ 《北史·陈元康传》。
㉔ 《颜氏家训·归心》。
㉕ 《北齐书·封述传》。
㉖ 同㊸。
㉗ 《颜氏家训·治家》。
㉘ 《晋书·武帝纪》。
㉙ 《魏书·孝静帝纪》。
㉚ 《北史·齐文宣帝纪》。
㉛ 《周书·武帝纪》。
㉜ 《宋书·周朗传》。
㉝ 同㊿。
㉞ 恩格斯：《家庭、私有制和国家的起源》，人民出版社，1972年。
㉟ 《南史·侯景传》。
㊱ 《北史·崔辨传》。
㊲ 《世说新语·伤逝》刘注引王隐《晋书》。
㊳ 唐长孺：《魏晋南北朝史论拾遗·素族》，中华书局，1983年。

原载《南京博物院集刊（7）》，1984年。

刘宋《明昙憘墓志铭》考略

1972年，南京太平门外甘家巷北的一座小山上发现六朝墓葬一座，南京市博物馆对该墓进行了清理，随葬遗物中有一方石质墓志，这就是令人瞩目的刘宋《明昙憘墓志铭》①。刘宋墓志迄今为止仅此一方，志文清晰，且其载明氏谱系及其姻媾甚详，尤为珍贵。志长65.0、宽48.0厘米，文凡30行，满行22字，直行右读（图一）。其文如下（标点系笔者后加）：

宋故员外散骑侍郎明府君墓志铭

祖俨，州别驾，东海太守；夫人清河崔氏，父逞，度支尚书。父歆之，州别驾，抚军，武陵王行参军，枪梧太守；夫人平原刘氏，父奉伯，北海太守；后夫人平原杜氏，父融。伯恬之，齐郡太守；夫人清河崔氏，父丕，州治中；后夫人勃海封氏，父懊。第三叔善盖，州秀才，奉朝请；夫人清河崔氏，父模，员外郎。第四叔烋之，员外郎，东安东莞二郡太守；夫人清河崔氏，父谭，右将军，冀州刺史。长兄宁民，早卒；夫人平原刘氏，父季略，济北太守。第二兄敬民，给事中，宁朔将军，齐郡太守；夫人清河崔氏，父凝之，州治中。第三兄昙登，员外常侍；夫人清河崔氏，父景真，员外郎。第四兄昙欣，积射将军；夫人清河崔氏，父勲之，通直郎。君讳昙憘，字永源，平原鬲人也。载叶联芳，懋兹鸿丘。晋徐州刺史褒七世孙，枪梧府君歆之第五子也。君天性凝彻，风韵标秀。性尽冲清，行必严损。学穷经史。思流渊岳。少摈簪缙，取逸琴书。非皎非晦，声逖邦宇。州辟不应，征奉朝请。历宁朔将军、员外郎、带武原令。位颁郎戟，志钧杨冯。运其玖懔，颇亦慷慨。值巨猾，锋流紫闼，君义裂见危，身入妖镝，概深结缨，痛嗟朝野。春秋卅，元徽二年五月廿六日丙申。越冬十一月廿四日辛卯，窆于临沂县戌辟山。启奠有期，幽穸长即。兰钉已芜，青松无极。仰图芳尘，俯铭泉侧。其辞曰：斯文未遂，道散群流，惟兹胄彦，映轨鸿丘。伃艳润徽，皓詠凝幽。测灵哉照，发誉腾烋。未见其心，日茂其犹。巨沴于记，侈俣陵浸。金飞辇路，玉碎宸孃。霜酸精则，气恸人游。镌尘玄穸，志扬言留。夫人平原刘氏，父乘民，冠军将军，冀州刺史；后夫人略阳垣氏，父阐，乐安太守。

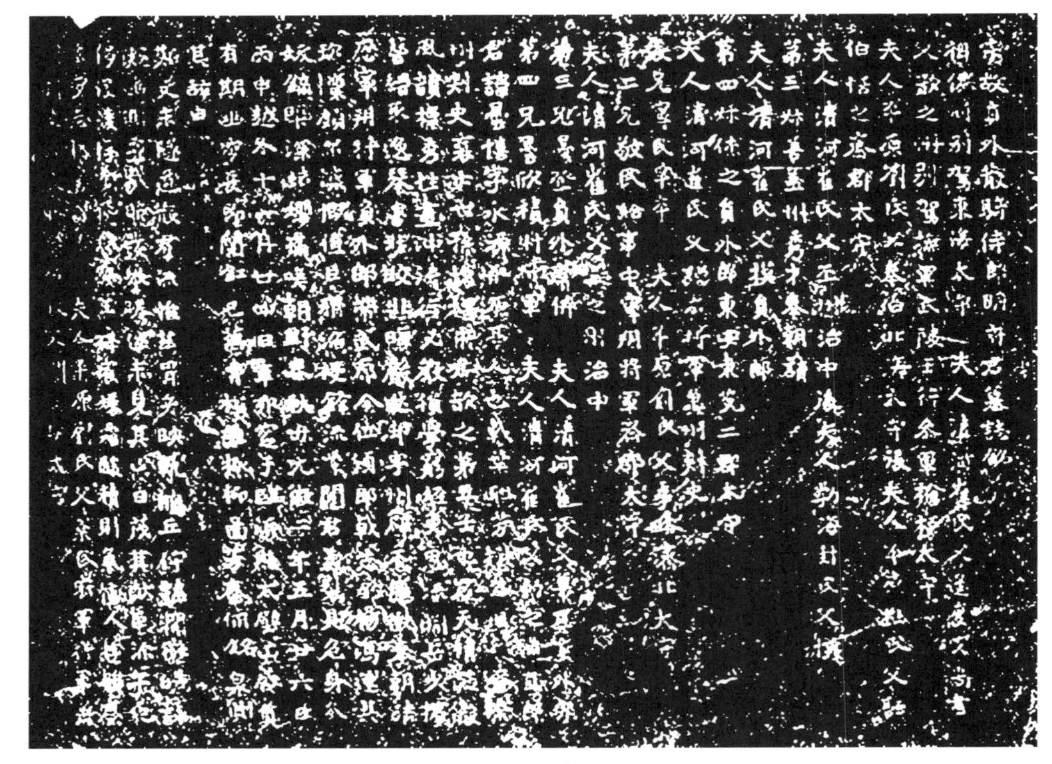

图一 《明昙憘墓志铭》拓片

明氏为平原鬲人。平原郡，属冀州，领广宗、平原、鬲、安德、平昌、般、茌平、高堂八县[2]。明氏诸人均不见史籍，平原鬲县明氏见诸记载的有刘宋的明玩，州治中；明略，给事中；明僧胤，冀州刺史；明僧暠，青州刺史；员外散骑常侍明昙徽和宋齐时的高逸明僧绍等，当为明昙憘族人无疑。

据墓志所载，明昙憘家族谱系如下：

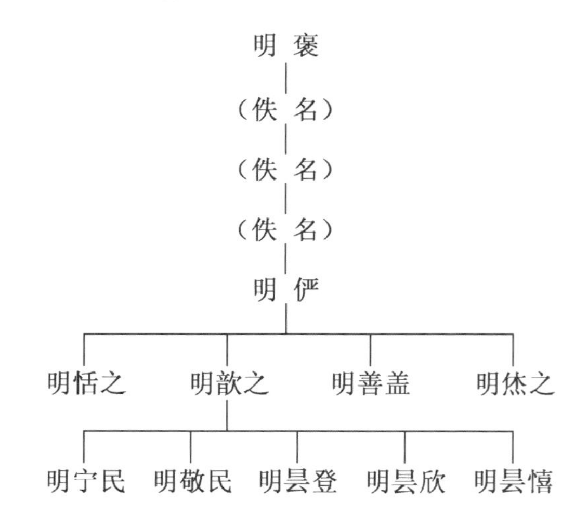

明褒，徐州刺史。徐州领彭城、沛、下邳、兰陵等十五郡。刺史，每州各一人，领兵者四品，有领兵者五品[3]。

明俨，州别驾，东海太守。东海郡领襄贲、赣榆二县，属徐州。州别驾，刺史有别驾从事史，别驾主吏及选举事。太守治民，丞佐之，五品。

明恬之，齐郡太守。齐郡领临淄、西安、安平、益都等七县，属青州。

明歆之，州别驾，抚军，武陵王行参军，枪梧太守。抚军即抚军将军，比四镇，三品。武陵王，即刘赞，字仲敷，明帝第九子也，泰始元年（公元470年）生，升明二年（公元478年）薨，时年九岁，国除[④]。刘宋封武陵王仅此一人。行参军，即行参军事，王前多有行参军。《宋书·沈攸之传》："沈攸之父叔仁，为衡阳王义季征西长史，兼行参军。"枪梧郡领广信、猛陵、怀熙、思安等十一县，属广州。

明善盖，州秀才，奉朝请。秀才，诸州岁举一人，江左扬州岁举二人，随州大小，并对策问。奉朝请，无定员，亦不为官，奉朝请者，奉朝会请召而已。

明烋之，员外郎，东安、东莞二郡太守，员外郎，即员外散骑侍郎，亦无定员。东安郡领盖、新泰、发干三县，东莞郡领莒、诸、东莞三县，二郡皆属徐州。

明宁民，早卒。

明敬民，给事中，宁朔将军，齐郡太守。给事中，五品，无定员。宁朔将军，四品。齐郡太守，同明恬之。

明昙登，员外常侍。员外常侍，即员外散骑常侍，无定员。

明昙欣，积射将军。积射将军与强弩将军多以军功得此官，自骁骑至强弩将军，各置一人。积射将军，五品。

明昙憘，州辟不应，征奉朝请，历宁朔将军，员外郎，带武原令。征与辟，皆为选举的一种方式，即征召未仕的士人为官，朝廷诏聘为征，三公以下请召为辟。《晋书·王裒传》："于是隐居教授，三征七辟皆不就。"州辟，《宋书·自序》："文帝敕州辟沈邵弟亮，邵以从弟正蚤孤，乞移恩于正，上嘉而许之。"征，《宋书·王敬弘传》："武帝初，……征弘之为庶子，不就。文帝……元嘉四年，征为通直散骑常侍，又不就。"明昙憘为何"州辟不应，征奉朝请"，《宋书·王敬弘传》云："王敬弘，子恢之，被召为秘书郎，敬弘为求奉朝请，与恢之书曰：'秘书有限，故有竞，朝请无限，故无竞，吾欲使汝处于不竞之地'"，殆与此同。宁朔将军，同明敬民。员外郎，同明烋之。带武原令，武原县，属南徐州南彭城郡，令，县令。带，《宋书》无载。《南齐书·垣荣祖传》："平西谘议，带江陵令"，《南齐书·沈宪传》："左军司马，带山阴令"。为何要"带"，《隋书·食货志》："自侯景之乱，国用常褊，京官文武，月别唯得禀食，多遥带一郡县官而取其禄秩焉。"由此可知，"带"职取禄，刘宋已行。

"位颁郎戟，志钧杨冯，运其玖懔，颇亦慷慨。值巨猾滔祲，锋流紫闼，君义裂见危，身入妖镝，概深结嫛，痛嗟朝野。春秋卅，元徽二年五月廿六日丙申。"

"位颁郎戟"，笔者疑为"执戟郎"，主宿卫之事。"巨猾"，当指桂阳王刘休范。"紫闼"，宫中禁门，《汉书・霍光传》："出入禁闼二十余年，小心谨慎，未尝有过。""概深结婴"，"概"，风度，节操；"结婴"，即结缨，结缨而死，喻慷慨捐躯[5]。江淹《狱中上建平王书》："常欲结婴伏剑。"此段实指桂阳王造反事。《宋书・后废帝纪》："元徽二年五月壬午，太尉、江州刺史、桂阳王休范举兵反，……壬辰，贼奄至，攻新亭垒，……贼党杜黑蠡、丁文豪分军向朱雀航，刘勔拒贼败绩，力战死之。右将军王道隆奔走遇害，张永溃于白下，沈怀民自石头奔散。甲午，抚军典籤茅恬开东府纳贼，贼入屯中堂，羽林监陈显达击，大破之。丙申，张敬儿等破贼于宣阳门、庄严寺、小市、进平东府城，枭擒群贼。"这次叛乱从五月壬午（十三日）始，至丙申（二十六日）张敬儿破贼，计 14 天。明昙憘卒于丙申日，正是平叛之时，锋流紫闼，身入妖镝，显然死于桂阳王之乱。铭辞有"巨沴于记，侈俣陵浸"，沴，陵乱也。庾信《哀江南赋》："况以沴气朝浮，妖精夜陨。"侈，广也；俣，大也；陵浸，即侵陵。《史记・五帝本纪》："炎帝欲侵陵诸侯。"亦即指桂阳王之乱。

越冬十一月廿四日辛卯，窆于临沂县**戎**辟山。临沂县，侨县，治所约在今栖霞山一带。戍辟山，又见于梁《肖融墓志铭》："窆于戍辟山。"梁肖融太妃《王慕韶墓志铭》："袝窆戍辟里戍辟山。"**戎**，不识。原报告释弌，不确。魏高宗嫔《耿寿姬墓至铭》有戍，《增补碑别字》："**戎**，戍也"，又《孔宙碑》亦有**戎**，《字汇补》："**戎**，与戎同。"疑**戎**即戍。肖融夫妇墓在甘家巷北张家库附近，可见南朝之际今甘家巷北一带名戍辟山，属临沂县戍辟里。

与明氏有姻媾关系的有清河崔氏、平原刘氏、平原杜氏、勃海封氏和略阳垣氏。

崔逞，度支尚书。《魏书・崔逞传》："崔逞，字叔祖，清河东武城人也，魏中尉琰之六世孙。……及慕容驎亡，逞携妻子亡归太祖，……拜为尚书，任以政事，录三十六曹，别给吏属，居门下省。"志文为度支尚书，传中无此官职，然《北史・崔逞传》："道武攻中山，未剋，六军乏粮，问计于逞。"度支尚书领度支、金部、仓部和起部，六军乏粮，问计于逞，可证。

崔丕，州治中。州刺史下有治中从事史，治中主众曹文书事。崔丕事迹不详。

崔模，员外郎。员外郎即员外散骑侍郎。《北史・崔逞传》："逞宗人模，字思范，琰兄霸之后也。……仕宋为荥阳太守，神䴥中，平滑台，归降，后赐爵武城男。"

崔諲，右将军，冀州刺史。《魏书・崔逞传》："逞七子，二子早亡，第三子义，义弟諲，諲弟祎，祎弟严，严弟赜。""世祖闻刘义隆以諲为冀州刺史，乃曰：'义隆知用其兄，我岂无冀州地也’，乃以赜为平东将军，冀州刺史。”《宋书·崔谨传》：“先是，清河崔谨亦以将吏见知高祖，永初末，为振威将军，东莱太守。少帝初，亡命司马灵期，司马顺之千余人围东莱，谨击之，斩灵期等三十级。太祖元嘉中，至青州刺史。”故《北史·崔逞传》云：“休字惠盛，曾祖谨，仕宋位青、冀二州刺史。”

崔凝之，州治中。事迹不详。

崔景真，员外郎。《南史·崔祖思传》：“崔祖思，字敬元，清河东武城人。……祖谨，宋冀州刺史。……叔父景真，位平昌太守，有惠政。”可知崔景真乃崔谨之子。

崔勳之，通直郎。通直郎，即通直散骑侍郎。勳之乃崔逞孙，崔祎子也。《北史·崔逞传》：“彧字文若，颐兄祎之孙也。父勳之，字宁国，位大司马，外兵郎，赠通直郎。”

志文中所涉崔氏诸人谱系如下：

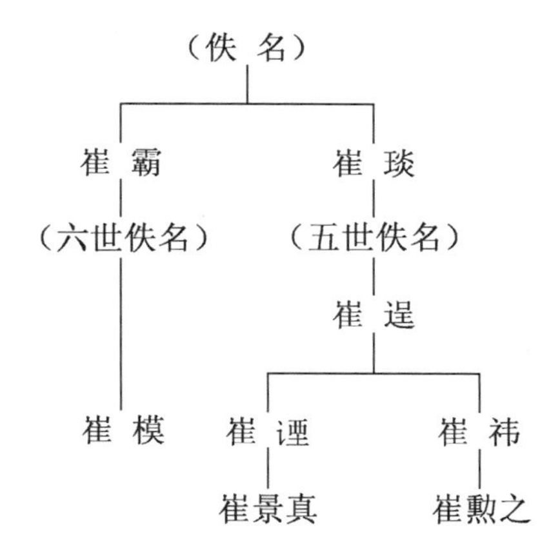

刘奉伯，北海太守。北海郡，属青州，领都昌、胶东、剧、即墨等六县。《北史·刘休宾传》：“刘休宾，字处干，本平原人也。……父奉伯，宋北海太守。”《南齐书·刘怀珍传》：“刘怀珍字道玉，平原人。……伯父奉伯，宋世为陈，南顿二郡太守”。

刘季略，济北太守。济北郡属兖州，领蛇丘、卢、谷城三县。事迹不详。

刘乘民，冠军将军，冀州刺史。冠军将军，三品。冀州刺史，同崔谨。《南齐书·刘怀慰传》：“刘怀慰字彦泰，平原人也……祖奉伯，元嘉中为冠军长史。父乘民，冀州刺史。”

平原刘氏诸人中，奉伯与乘民乃父子也。

杜融，未仕。事迹不详。平原杜氏亦不见记载。

封惧，未仕。事迹不详。勃海封氏见诸记载的有北魏的都坐大官、进爵为侯的封懿，侍中、车骑大将军、司空公、定州刺史封回，开府仪同三司、齐州刺史、安德郡开国公封隆之等，勃海封氏显然系望族，以上俱见《魏书·封懿传》。

垣阐，乐安太守。乐安郡属青州，领千乘、临济、博昌三县。垣阐事迹不详。略阳垣氏亦系望族，《南史·垣护之传》："垣护之，略阳桓道人，族姓豪强。"

《明昙憘墓志铭》共分三个部分，一、明氏谱系及姻媾；二、明昙憘传略；三、铭辞。铭辞用典、谐韵且多溢美之词，然意义不大，而明系谱系和明昙憘传略实为补史之阙、正史之误的珍贵资料。

六朝之际，谱牒之学大兴，"贾弼之撰《姓氏簿状》，十八州百十六郡，合七百一十二篇，甄析士庶无所遗"⑥，晋宋时，"始尚姓已，然其别贵贱，分士庶，不可易也。于是有司选举，必稽谱籍，而考其伪真，故官有世胄，谱有世官⑦"，如明恬之与明敬民同为齐郡太守，明敬民与明昙憘同为宁朔将军等。而世家大族之间相互联姻，则成为巩固士族门阀制度的重要纽带。《北史·崔逞传》云：崔氏"一门婚嫁，皆是衣冠之美，凶吉仪范，为当时所称"，山东王崔卢李郑，为当时的望族，而明氏和刘氏亦为平原大姓。《南史·明山宾传》："明氏南渡虽晚，并有名位，自宋至梁为刺史者六人。"《南齐书·刘怀珍传》："刘怀珍北州旧姓。"从史书中仅可见清河崔氏与平原刘氏有姻媾关系，而墓志的出土使我们清楚地了解到明氏、崔氏和刘氏三家世代联姻的情况。

又《宋书·后废帝纪》："元徽二年五月壬午"，各本俱作"壬子"，而是月辛未朔，无壬子，中华书局本据《南史》、《建康实录》和《资治通鉴》改为壬午。另"甲午"，各本俱作戊午，中华书局本据《南史》、《建康实录》改为甲午。墓志云明昙憘卒于五月廿六日丙申，志文为当时所撰，不致有误，以廿六日丙申向前推，廿四日甲午，十三日壬午。可见《宋书》各本俱误，而校勘后的中华书局标点本据《南史》等已作了改正，墓志的出土为勘误提供了最可靠的依据。

墓志中明确地记载了葬地的地名为戍辟山，属临沂县，为历史地理和侨郡县制度的研究亦提供了可靠的依据。

注释

① 南京市文物保管委员会：《南京太平门外刘宋明昙憘墓》，《考古》1976年第1期。

② 文中凡涉州郡者俱见《宋书·州郡志》，下同，不注。

③ 文中凡涉职官者俱见《宋书·百官志》，下同，不注。

④ 《宋书·武陵王赞传》。

⑤ 见《左传·哀公十五年》。

⑥ 见《廿二史劄记》。

⑦ 《新唐书·柳冲传》。

原载《东南文化》1993年第2期

梁代的井阑铭刻

南朝先后历宋、齐、梁、陈四代，其间恐多有掘井立阑之举，然梁代的井阑多有铭刻，为宋、齐、陈三代所不及。今见井阑铭刻，皆为梁武帝之时，这是否反映了当时的社会时尚，耐人寻味。现按年代先后介绍如下：

一　天监三年（504 年）井阑

据《光绪续纂句容县志·金石志》载："陶隐居井铭，天监三年陈懋宣书，在华阳观。"其井阑及铭文拓本今皆不见，铭刻内容不详。

二　天监十五年（516 年）井阑

据《光绪续纂句容县志·人物志》载，孙星衍"乾隆时任句容校官"，"梁井堙于断壁，葛碑仆于荒榛，（孙星衍）胥访得之，拓数百本，远饷同好，一时韵士骚人来游来歌，称盛事焉"。今所见天监十五年井铭拓本，很可能为孙氏所拓。据《光绪续纂句容县志·金石志》载，"梁石井阑题字，正书，今存"。井铭为"梁天监十五年太岁丙申皇帝愍商旅之渴乏乃诏茅山道士□永若作井及亭十五口"，"井在句容城守署，阑刻三十五字，乾隆甲辰阳湖孙观察星衍始访得之"，"阑高二尺，口围七尺，下围九尺，字迹漶漫，隐约可辨，笔意似《瘗鹤铭》，现存学宫"。以拓本与县志所载内容相校，"梁、皇、旅、乃、诏、□、永、若、及、井"等数字均模糊甚至不可辨，井铭最后应为"作亭及井十五口"而不是"作井及亭十五口"，县志有误。井阑今不知所终（图一）。

图一　梁天监十五年井阑刻铭拓片

三　天监十六年（517年）井阑

该井原为东晋真人许长史旧井。《乾隆句容县志》卷三：“许长史井在茅山玉晨观内”。许长史，名谧，“少以博学知名，仕为郡主簿，王导、蔡谟辟从事，不就，后官至散骑常侍”。该井阑原在句容茅山玉晨观内，后移至句容博物馆。井阑铭为“此是晋世真人许长史旧井天监十四年更开治十六年安阑”。关于此井，历代皆有题咏。唐徐铉作《上清真人许长史丹井铭》：“长史含道，栖神九天人非邑改，丹井存焉。射兹谷鲋，洌彼寒泉。分甘玉液，流润芝田。我来自西，寻真紫阳。若爱召树，如升鲁堂，敬刊翠琰，永识银床。噫嗟后学，挹此余光”。元赵世延作《许长史井》：“因观长史阴阳井，始悟混元玄牝门；一勺三亩勤灌溉，无根灵草自春温。”

天监十五年与十六年井阑均存句容，两井仅相差一年。从字体及书风来看，可能为一人所书，如“天”字皆撇短捺长，十分开张；“监”字最下一横左低右高，左长右短；“十”字横长竖短等。井铭皆未见书者，从书风来看，似与镇江焦山的《瘗鹤铭》相似，可能为梁时的“山中宰相”陶弘景所书。清·江砥《井铭诗》：“句曲山城茅山下，城根古井甃古瓦；石阑有字似二王，前人未识谁书者。眼昏石老点画蚀，口诵意唯指空写；前存天监十三（五）年，后存茅山道士作亭也，中间数行不成句，反复玩味不能舍，细观酷似陶贞白，较瘗鹤铭同潇洒。世间伪本锦为囊，好事竟传充典雅，可怜遗此荒城根，岁岁频增风雨痕。相看不觉声欲吞，千秋金石谁能存?”江砥诗虽云天监十五年井铭，然十六年井铭较之更为潇洒，更近似《瘗鹤铭》，亦可知在清代即有学者认为《瘗鹤铭》为陶弘景（贞白）所书（图二）。

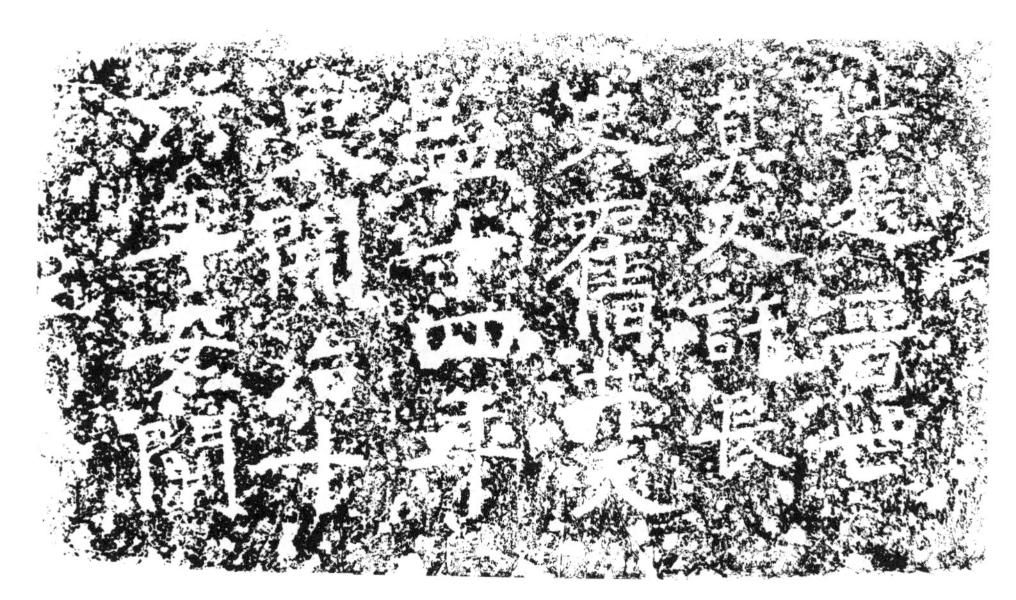

图二　梁天监十六年井阑刻铭拓片

四　大同九年（543年）井阑

井阑今不知所终，仅见拓本。井铭为“梁大同九年皇帝自舍身同泰寺为僧众讲经诏开此井以供寺僧太岁癸亥四月八日井□□”。拓本后有跋：“此迹于廿年前在金陵出土系乡农掘地得之初不知为何物旋经考古学家细辨铭文确为梁代古物无疑自发现后两京人士咸来拓取此系初拓恐再越寒暑则漫灭日甚矣峨嵋山人曼球志于金陵”，下钤一印，印文为“楞严精舍”。从跋文内容来看，此井阑应在南京，发现时间大约为清末至民国初。从书法风格来看，与天监井阑迥异，天监井阑的书风潇洒开张，而大同井阑则严谨秀逸。再进一步分析，天监井阑代表了当时的道家书风，而大同井阑则代表了当时的佛家书风（图三）。

往事越千年，井阑上铭刻能流传至今，实属不易。其不仅在一定程度上反映了当时的社会生活和社会习尚，同时也是罕见的晋唐之间的书法艺术珍品。

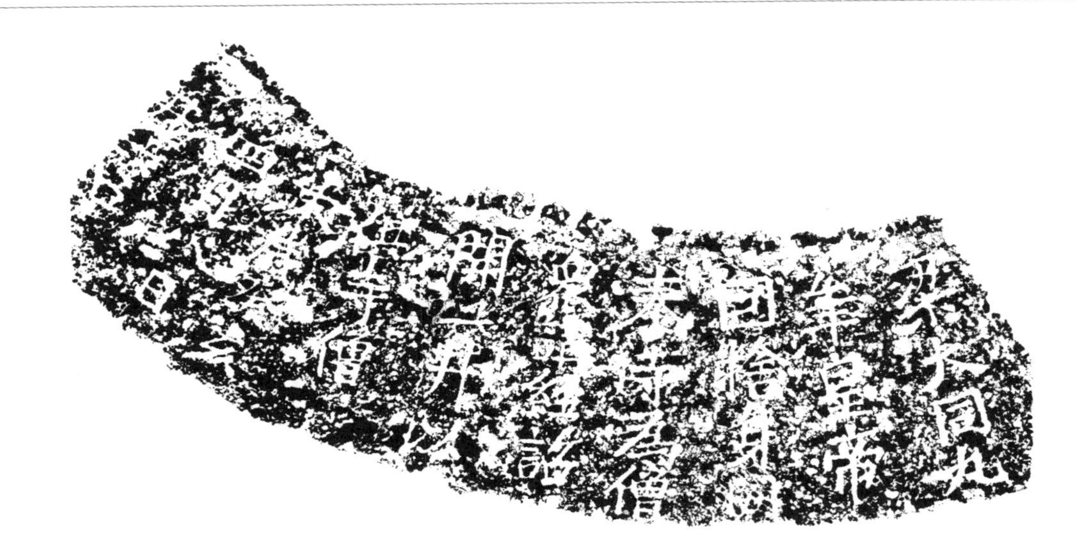

图三 梁大同九年井阑刻铭拓片

原载《东南文化》2000年第6期

梁代的井阑刻铭书风之管见*

一　梁代井阑概况

宋、齐、梁、陈，史称南朝。南朝是晋唐书法承前启后的重要时期。

南朝时期的铭刻书法主要有墓碑、墓志和摩崖石刻。刘宋时期有《明昙憘墓志》；南齐时期有《王宝玉墓志》、《刘岱墓志》；南梁时期有《萧憺碑》、《萧融墓志》、《王慕韶墓志》、《萧象墓志》以及萧景墓神道柱额刻铭和焦山摩崖石刻《瘗鹤铭》等。

与墓碑、墓志和摩崖石刻不同的是，井阑铭刻似乎属碑学中的另类而往往被忽视。

南朝的井阑铭刻仅见于梁，而梁代井阑铭刻又仅见于梁武帝时期，且均有年号。其中天监井阑三（三年、十五年、十六年），均发现于句容；大同井阑一（九年），发现于南京。

梁武帝在位 48 年，年号先后有天监（18）、普通（8）、大通（3）、中大通（6）、大同（12）、中大同（2）、太清（3），因此天监井阑应属梁武帝早期，而大同井阑则属梁武帝晚期。兹按井阑的年代顺序介绍如下：

1. 天监三年（504 年）井阑

清·光绪《续纂句容县志·金石志》载："陶隐居井铭，天监三年陈懋宣书，在华阳观。"梁天监三年井阑仅见记载，井阑及拓本今俱不见，虽几经查询，然竟无所获，铭刻内容至今不详。

2. 天监十五年（516 年）井阑

清·光绪《续纂句容县志·人物志》载：乾隆时孙星衍任句容校官，"梁井堙于断壁，葛碑仆于荒榛。胥访得之，拓数百本，远饷同好，一时韵士骚人来游来

* 原附 3 幅插图与《梁代的井阑铭刻》相同，故略去。

歌，称盛事焉。”

孙星衍，常州武进人，好搜集古代碑刻，梁井、葛碑皆为孙星衍访得，有著名的《寰宇访碑录》传世。

梁井，即天监十五年井阑，葛碑，即孙吴《葛府君碑》。康有为《广艺舟双楫·宝南》称，“南碑当溯于吴，……《葛府君碑》尤为正书鼻祖。……其余若……《石井阑题字》，皆有奇逸”。

今所见天监十五年井铭拓本，极有可能为孙氏所拓。清·光绪《续纂句容县志·金石志》载：“梁石井阑题字，正书，今存。井铭为：‘梁天监十五年太岁丙申，皇帝愍商旅之渴乏，乃诏茅山道士□永若，作井及亭十五口。’井在句容城守署，阑刻三十五字，乾隆甲辰阳湖孙观察星衍始访得之，……阑高二尺，口围七尺，下围九尺，字迹漶漫，隐约可辨，笔意似《瘗鹤铭》，现存学宫。”井铭最后一句与拓本相校，应为“作亭及井十五口”，而不是“作井及亭十五口”。

清·江砥《井铭诗》：“句曲山城茅山下，城根古井甃古瓦；石阑有字似二王，前人未识谁书者。眼昏石老点画蚀，口诵意唯指空写；前存天监十三［五］年，后存茅山道士作亭也，中间数行不成句，反复玩味不能舍，细观酷似陶贞白，较《瘗鹤铭》同潇洒。世间伪本锦为囊，好事竟传充典雅；可怜遗此荒城根，岁岁频增风雨痕。相看不觉声欲吞，千秋金石谁能存?”

以拓本与县志内容相校，“梁、皇、旅、乃、诏、口、永、若、及、井”等数字均模糊甚至不可辨。

天监十五年井阑今不知所终，据《句容县志》载，井阑于1922～1924年间流入日本。此拓本现存南京博物院。

3. 天监十六年（517年）井阑

原为东晋真人许长史旧井。明弘治《句容县志》：“许长史井在茅山玉晨观内，尚书徐铉有铭。”清·乾隆《句容县志》：“许长史旧井在茅山玉晨观内。”

许长史，名谧，东晋时曾任护军长史，故称“许长史”。“少以博学知名。仕为郡主薄，王导、蔡谟辟从事，不就；后官至散骑常侍。”曾在玉晨观建馆修道。

井阑刻铭为：“此是晋世真人许长史旧井，天监十四年更开治，十六年安阑”。

此井历代皆有题咏。唐徐铉作《上清真人许长史丹井铭》：“长史含道，栖神九天。人非邑改，丹井存焉。射兹谷鲋，冽彼寒泉。分甘玉液，流润芝田。我来自西，寻真紫阳。若爱召树，如升鲁堂。敬刊翠琰，永识银床。噫嗟后学，挹此余光。”元赵世延作《许长史井》：“因观长史阴阳井，始悟混元玄牝门；一勺三亩勤灌溉，无恨灵草自春温。”

天监十五年与天监十六年井阑俱存句容，相差一年，字体及书风相近，如“天”字皆撇短捺长，十分开张；“监”字最下一横左低右高，左长右短；“十”字横长竖短等。

天监十六年井铭未见书者，书风与《瘗鹤铭》相似，可能为同一人所书。

该井阑原在句容茅山玉晨观内，1981年发现于茅山镇农户家中，后移至句容博物馆，此拓本为笔者在句容博物馆所拓。

4. 大同九年（543年）井阑

井阑不知所终，仅见拓本。

井铭为：“梁大同九年，皇帝自舍身同泰寺，为僧众讲经，诏开此井，以供寺僧。太岁癸亥四月八日，□井一口。”拓本后有题跋：“此迹于廿年前在金陵出土，系乡农掘地得之。初不知为何物，旋经考古学家细辨铭文，确为梁代古物无疑。自发现后，两京人士咸来拓取，此系初拓，恐再越寒暑，则漫灭日甚矣。峨眉山人曼球志于金陵。”下钤一印，印文为“楞严精舍”。根据跋文，此井阑发现于南京，时间大约为清末，题跋时间大约在民国初。

同泰寺为南朝名刹，建于梁武帝普通二年（521年），寺内有楼阁台殿、九级浮图，后又有十方佛之金铜像。梁亡陈兴，遂成废墟。

大同九年井阑今也不知所终，此拓本现存南京博物院。

二　梁代井阑反映的道家书风与佛家书风

天监井阑一在茅山华阳观，一在句容城守署，一在茅山玉晨观，均发现于句容。

句容东南有茅山，古名句曲山。传汉代茅盈与其弟茅衷、茅固得道于此，世号三茅君，因名茅山，为道教名山。主峰为大茅峰，山有蓬壶、玉柱、华阳三洞，由于许迈、葛洪和陶弘景先后修道于茅山，因此道教在句容有深厚的基础。

许迈，生卒年无考。《晋书·许迈传》：“许迈，字叔玄，一名映，丹阳句容人也。家世士族，而迈少恬静，不慕仕进。……谓余杭悬溜山近延陵之茅山，是洞庭西门，潜通五岳，……于是立精舍于悬溜，而往来茅岭之洞室，放绝世务，以寻仙馆，……玄自后莫测所终，好道者皆谓之羽化矣。”《建康实录》卷八：“迈……世家冠族。祖上，侍中，散骑常侍；父副，秘书监，封西城侯。生七子，迈与穆皆得道，天降玉板，署上清真人。”明·弘治《句容县志》：“华阳洞在大茅山，……二许（许迈、许穆）俱得道于此。”

葛洪（281？～341年），《晋书·葛洪传》：“葛洪，字稚川，丹阳句容人也。祖系，吴大鸿胪。父悌，吴平后入晋，为邵陵太守。洪少好学，……遂以儒学知名。……从祖玄，吴时学道得仙，号曰葛仙公，以其炼丹秘术授弟子郑隐。洪就隐学，悉得其法焉。……自号抱朴子，因以名书。”著有《抱朴子》、《金匮药方》、《肘后要急方》等。

陶弘景（456～536年），《梁书·陶弘景传》：“陶弘景，字通明，丹阳秣陵人也。……年十岁，得葛洪《神仙传》，昼夜研寻，便有养生之志。……善琴棋，工草隶。未弱冠，齐高帝作相，引为诸王侍读，除奉朝请。永明十年，上表辞禄，诏许之，……于是止于句容之句曲山。……乃中山立馆，自号华阳隐居。……善辟谷导引之法，年逾八十而有壮容。……曾梦佛授其菩提记，名为胜力菩萨。乃诣鄮县阿育王塔自誓，受五大戒。”陶弘景曾佐萧衍夺齐帝位，建立南梁，因梁武帝每逢军国大事必问而书信往来不绝，时谓“山中宰相”。著有《真灵位业图》、《真诰》等道教经籍。谥贞白。

天监井阑皆与道教或道士有关。天监三年井阑为“陶隐居井铭”；天监十五年井阑由梁武帝诏茅山道士所作；天监十六年井阑原为晋真人许长史炼丹井，重新开治安阑。

天监三年井阑今已不见。

天监十五年井阑，七行，三十四字，每行四至五字不等，由于字迹漶漫，姑且不论。

天监十六年井阑，六行，二十四字，每行四字，布白有纵行无横列。井铭的字形长短不一，第三行“旧”字与第四行“十、四”二字几乎等长，而第四行“年”字又几与第三行“井、天”二字等长，“井、年、十、安”等字的长横中部微向上弧，而“人”、“天”等字皆撇短捺长。井阑的书风潇洒开张，恣意奔放，“是、人、史、天、更”等字的捺不拘一格，“开、阑”二字“门”的写法各不相同，通篇文字既有内敛，又有开张，错落有致，极富变化。

江砥《井铭诗》云“天监井阑笔意似《瘗鹤铭》”，而清·王昶的《金石萃编》和康有为的《广艺舟双楫》等俱称《瘗鹤铭》为陶弘景所书。

由于《瘗鹤铭》未言书者，是否为陶弘景所书尚有待研究与考证，但天监井阑皆为道士安阑，皆与道家有关，因此，天监井阑刻铭应为南朝时期的道家书法。

“南朝四百八十寺，多少楼台烟雨中。”佛教在南北朝时期迎来了发展的高潮，北方的洛阳，南方的建康，都是当时传布佛教的重镇。宋文帝推崇佛教，延请名僧参与朝政，鼓励朝臣宣传佛法，利用佛教以助政教。齐武帝之子萧子良自名净住持，手抄佛经七十一卷，多次在府邸设斋，大集朝臣众僧讲论佛法。梁武帝以佛教为国教，大量建寺造像度僧。郭祖深曾上疏梁武帝云："都下佛寺五百余所，穷极宏丽，僧尼十余万，资产丰沃，所在郡县，不可胜言。"（《南史·郭祖深传》）

《南史·梁纪》："癸巳，（梁武帝）幸同泰寺，设四部无遮大会。"在"四部众"（佛弟子比丘、比丘尼、优婆塞、优婆夷四众）法会上，梁武帝曾四次舍身同泰寺为奴，再由群臣花巨资将其赎回。唐·李群玉《龙安寺佳人阿最歌》之五："何须同泰寺，然后始为奴。"宋·曾极《同泰寺》："在萨开斋涕泗挥，大通基在昔人非。此身终属侯丞相，谁办金钱赎帝归？"清·赵翼《梁制观世音像歌》："同泰寺中频舍身，帝王有价可钱赎。"

大同井阑即梁武帝四次舍身同泰寺的井阑，十行，三十八字，每行三至四字不等，布白有纵行无横列。井铭的书风则严谨秀逸，形体瘦硬，"梁、大、年、皇、帝"等字的长横皆左低右高，几与字形同宽，而"大、泰"等字皆撇长捺短，粗细顿宕变化明显。通篇文字张弛有度，书势险峻，行笔流出沉着之力，逸气宕于庄严之中。

大同井阑为梁武帝"诏开此井，"显然大同井阑与佛寺有关，大同井阑刻铭同样不知书者，但大同井阑为佛寺用井，因此，大同井阑刻铭应为南朝时期的佛家书法。

梁武帝在位 48 年，天监、大同俱为梁武帝年号，天监井阑与大同井阑同为梁武帝时代，然天监井阑字形如行云舞鹤，飘逸欲仙；而大同井阑字形峻拔清秀，劲涩沉雄，两者书风迥异。

从陶弘景早年隐于茅山华阳洞修道到晚年皈依佛教，可能反映了梁武帝时期的社会时尚；天监井阑代表了南朝时期的道家书风，而大同井阑则代表了南朝时期的佛家书风。梁代井阑刻铭从道家书风向佛家书风的转变，是否也反映了梁武帝时期的社会时尚，耐人寻味。

原载《全国第二届碑帖学术研讨会论文集》，文物出版社，2012 年。

补记：《梁代的井阑铭刻》原刊于《东南文化》，由于刊物的性质决定读者对象，因此梁代井阑铭刻在碑帖学界影响不大。

2012 年，全国第二届碑帖学术研讨会在镇江召开，应文物出版社《书法丛刊》编辑部和镇江焦山碑刻博物馆邀请参加该次碑帖学界的盛会，考虑到镇江具有影响的碑刻除摩崖石刻《瘗鹤铭》外便是梁代井阑铭刻，因此在《梁代的井阑铭刻》的基础上，增加了部分内容，草成此文。

仪征古井阑*

1982年我们在江苏仪征县胥浦乡的仪征化纤厂工地发现过大量的汉代水井，并清理了其中的一部分，除陶井圈之外，井底还有泥质灰陶和泥质黑陶汲水罐。1984年，在文物普查中，对全县数百口水井做了一次调查，今按朝代择其一二，略加介绍，以期引起有关部门或有关同志的重视，并能采取有效的措施，将其中的一部分有文物价值的井阑给予妥善的保护。

汉代的水井虽然发现过很多，但汉井多为枯井，且全无井阑，估计可能原是木质井阑。然本文着重介绍现存的石质井阑，故将汉井略去。

一　六朝井阑

六朝井阑共发现3座，一在古井镇街上，一在古井乡袁井村，一在胥浦乡卫生院内。

古井镇原属甘泉县，镇即由此井而得名。井现已枯竭不用，井阑为赭色红火成岩制成，含有许多小孔，当地群众称为“麻石”，井阑为圆形，壁较厚，方沿，沿下凹进一周，凹槽下有相对的两个方穿。井阑外径上部62.0、外径下部69.0、内径上部39.0、内径下部50.0、通高39.0、沿高5.0、方穿5×5.5厘米。井阑上原有题铭，笔者前去调查时曾清楚地见到“元康七年二月”等字样，然县文物普查办公室征集后将此井阑用拖拉机运至县文化局途中，由于经验不足，不慎将题铭破坏，甚为可惜。现题铭残存九字，楷隶，已不可通读。残存字样如下：

世□□□□

□□□□□

□□□□□

□□□□□

土□於岁三

记祈六四

* 原有插图2幅，图版1版，现略去。

在题铭的左侧，另有清人题记三行，是将井阑壁修平一小块后，再刻上去的，计有二十五字，直行楷书：

大清咸丰十六年七月十二日

倡修古井深五丈井立人

孙普中

袁井村古井阑形同古井镇井阑，唯形体较小，无题记。

胥浦乡卫生院内古井虽已无人使用，然至今尚未枯竭。井阑与古井镇井阑大致相同，唯体形更大一些，沿作圆唇，无穿，沿下凹槽上有一直系，无题铭。井阑外径上部86.0、外径下部102.0、内径上部60.0、内径下部85.0、通高46.0、沿高6.0厘米。

除仪征县外，发现六期井阑较多的还有和仪征仅一江之隔的句容县。该县图书馆现藏有原茅山玉晨观梁天监十六年井阑，笔者曾在句容县大卓乡光里庙村和句容县粮食局车队门口各发现六朝井阑1座，与仪征发现的井阑一样，都为赭红色火成岩制成。句容这三座井阑造型风格完全相同，应同为南朝井阑，其主要特征是圆形，上小下大，口沿作圆唇，沿下凹进一周，有二至四个圆穿。而仪征古井镇元康七年井阑作方沿方穿，与之相比显得更加古朴。历史上用“元康”作年号的有西汉宣帝刘询和西晋惠帝司马衷，而汉宣帝在元康五年时即改元为神爵，不可能有元康七年；另外此井内是用砖砌成圈，不同于汉代的陶井圈，因此可以断定该井阑的时代应为西晋元康七年（公元297年），当为目前已知最早的有明确纪年的石井阑。袁井村的古井阑与古井镇井阑完全相同，也应定为西晋井阑。胥浦乡卫生院内的井阑作圆唇直系，可能要晚于古井镇井阑，推测其时代大致为东晋至南期早期。

二　宋代井阑

宋代井阑在仪征城内共有十余座，其中以城南商会街“状元井”阑为最精。此井现仍在使用，水质极佳。井阑为青石制成，平面外做正八角形，内为圆孔，上下一般大小，中部微鼓，角与角之间长49.0、边与边之间长45.5、每边长18.0、中间圆孔径28.0、高31.3厘米。八个面上雕刻着八组图案，其中被后人铲凿去四组，并在相对的两个面上打了两个直径6.0～7.0厘米的圆穿，其中一个穿的左下部还有一角未被铲去，共残存画面四组半。画面为高浮雕，人物面部及衣纹褶皱用线雕，雕刻技法十分细腻娴熟，内容为新科状元骑马游街的场景，是一幅不可多得的宋代风俗画。分述如下：

第一组：画面上一人神采奕奕，气宇轩昂，头戴展脚幞头，身着圆领朝服，大袖襕袍，足蹬乌皮靴，骑高头大马，左手执缰，右手举策，马缓缓而行，表现了新科状元骑马游街的得意形象。

第二组：在马的前面有一童子，束发，身着短衣长裤，足蹬圆头履，双手执伞柄将一华盖伞斜扛在右肩上，为状元开道。华盖上线刻三组垂帘纹。

第三组：在童子的前面，画面上部被后人打穿而毁坏，左下角有一只白鹤，昂首引颈，振翅欲飞。据《淮南子·说林》云："鹤寿千岁"，鹤应为长寿的象征。

第四组：画面上一人头戴展脚幞头，身着大袖宽衫，腰束革带，足蹬方头履，双手捧一长方形盘，盘内置小鹿一只，面部表情恭敬而虔诚。鹿与禄谐音，喻官高禄丰之意。

第五组：画面上一人头戴五梁进贤冠，冠后有绶带，身着曲领大袖宽衫，足登方头履，左手持一折扇，右手举一七叶瑶草，面部表情卑谦而严肃。亦表现祥瑞的意思。

从人物的服饰来看，头戴展脚幞头或进贤冠，衣着大袖宽衫，与《宋史·舆服志》所记正合。此外，笔者以此井阑画面上的服饰与《中国历代服饰》一书中所著录的宋代服饰相比较，朝服、常服及童子身着的短服都与之相同，因而可将该井阑定为宋代。据《光绪重刻仪征县志》记载，真州在北宋末年已失陷为金人所据，因而不可能是南宋井阑。北宋时真州共有八人中过进士，其中吴敏在"大观元年试辟雍首选，蔡京喜其文，欲妻以女。"北宋时期真州得此殊荣仅吴敏一人，因而此井阑极有可能为吴敏家私井，至今仍被附近的一些老人称作"状元井"，其时代当在北宋大观元年（1107年）之后。在仪征城内，此井阑为时代最早雕刻最精美者，可称之"真州第一井"。

三　元代井阑

元代井阑在仪征城内为数较多，据我们调查所见有数十座之多。现举城中小市解放路元代井阑为例：井阑作圆形，青石制成，上小下大，圆唇，无穿，无任何花纹装饰。此井现仍在使用，水质清洌，为周围许多水井所不及。井阑外径上部53.0、外径下部59.0、内径上部32.0、内径下部41.0、高39.0厘米。井阑上有两行题记，每行十字，直行楷书：

元统二年岁次甲戌重阳

后有四日命工开泉谨题。

历史上用元统做年号的有辽耶律留哥和元惠宗妥欢帖睦尔，而耶律留哥的元统二年和妥欢帖睦尔的元统二年同为甲戌年。但辽的元统二年正是金宣宗的贞祐二年，辽的势力无论如何也达不到真州，因而此井阑的时代应为元代，即元元统二年（1334年）农历九月十三日。

四 明代井阑

明代井阑在所调查的井阑中是为数最多的。井阑亦多做八角形，然与宋代井阑有着明显的不同。宋代井阑基本上为正八角形，而明代井阑则是正方形抹去四个角而形成的八角形，因而四个面较大，有花纹图案或题记等，另外四个抹角的面积小，亦不在上面雕刻花纹或题记。现举两座井阑为例：

1. 河西街井阑

井在仪征县城南河西街，现仍在使用。井阑为青石制成，平面呈八角形，中有圆孔，上下一般大小，角与角之间长56.0、面与面之间长41.5、中间圆孔径33.0、四个长边每边长28.0、四个短边每边长16.0、高33.0厘米，无穿。井阑四个较大的面上有四组高浮雕花纹图案，细部用线雕，图案与明代建筑花格门的障水板上的花纹极为相似，分别为变体的灵芝、牡丹花、宝相花和海石榴花。

2. 胥浦乡功德井

井在胥浦乡供销社大院内，现已枯竭。井阑的形制与河西街井阑完全相同，亦为青石制成。角与角之间长56.0、面与面之间长51.0、中间圆孔径32.0、四个长边每边长23.0、四个短边每边长20.0、高38.0厘米，无穿。其中一个较大的面上有题记三行，直行楷书，计十七字：

邑人陈文炳同

妻潘氏

崇祯六年蒲月吉日

俗称农历五月为蒲月。该井阑是明崇祯六年（1633年）农历五月所立。此井原在胥浦镇上，似为公井，而立井人为仪征人陈文炳及其妻潘氏。犹如造桥修路一样，开掘此井的目的也是为了积德，以求赐福或庇荫子孙。因而此井应为明代的“功德井”。

五 清代井阑

仪征的古井以元明两代为多，因水井一直沿用，故清代井阑极少，清以后的水井更是鲜见。清代井阑无自身的特色，多仿自明代。今举“古慧日泉”为例：

“古慧日泉”现在仪征县真州粮站销售部大院内，现仍在使用。井的南面约

100 米即天宁寺塔，原可能为天宁寺内水井。井阑为青石制成，平面也是正方形抹去四个角而形成的八角形。角与角之间长 60.0、面与面之间长 54.0、中间圆孔径 33.0、四个长边每边长 27.0、四个短边每边长 20.0、高 33.0 厘米。原无穿，现有后人凿的两个圆穿，其中一个穿把"古"字右上部凿去。井阑上除"古慧日泉"四个隶书大字外，还有两面有题记：一面为"光绪戊子年嘉平月"，一面为"知仪征县事李清平谨志"，其左下还有一行小字："王志义镌"，都是直行楷书。嘉平月为腊月。据《史记・秦始皇本纪》记载："三十一年十二月，更名腊日嘉平"，此井阑的时代应为清光绪十四年（1888 年）农历腊月。

以上所介绍的仅仅是仪征县现存古井阑中的一小部分，然管中窥豹，亦可略见一斑。通过调查，我们得出如下几点认识：

1. 六朝以前称作井，宋以后的井则多雅称为泉，如元统二年井阑上"命工开泉"和"古慧日泉"是也。

2. 圆形、上小下大，沿唇下有一道凹槽、有穿的井阑为六朝井阑。平面呈正八角形无穿的井阑为宋代井阑。圆形无穿无任何花纹图案的井阑为元代井阑。平面如正方形抹去四角而成八角形的井阑为明清井阑。

3. 在仪征乡间，人们的饮用水源主要为天然的河水塘水，而城镇由于居住人口密集，饮用天然水源不方便，只好开掘水井饮用之。因而，根据古代水井的分布情况，我们对仪征历代县治所处的具体位置有了一定的了解。在胥浦乡一带我们发现过大量的汉井，同时也发现了六朝井，因而我们推测汉至六朝时的舆县应在胥浦乡一带。古井乡一带属蜀岗小丘陵，可能是六朝时广陵郡的一部分。隋唐五代的水井，目前还没有一口可以确定，那么隋的江阳县、唐的扬子县和五代时的永贞县的具体位置现在也还无法确定。在仪征县城内，最早的水井为北宋时的，此外，还有大量的元、明、清代水井，因此可以肯定，现在的仪征城即北宋时的真州城所在，历金、元、明、清，一直沿用至今。

原载《东南文化》第一辑，江苏古籍出版社，1985 年。

补记：本文刊于《东南文化》第一辑，即创刊号。原第一小节被删去，因年代久远，原稿亡佚。现根据记忆将第一小节补充如下：

"仪征，汉晋时为舆县；唐时为扬子县；北宋时升为真州，岳飞与金兀术曾大战于此；明初废真州，置仪真县；清初改为仪征县。

隋开运河后，仪征遂成为扼守江南的水陆要冲。北宋之后由于历代战乱，现存的历史文物除明代的天宁寺塔和清代的鼓楼外，悉毁于兵燹；而散见于街巷和乡里的石质井阑，无疑是见证仪征历史的重要的地面文物而亟待引起重视。"

《泰州重展筑子城记》浅识

南唐升元二年（938年）《泰州重展筑子城记》刻石，现藏泰州市博物馆。历代方志中，均无著录。石长46.0、宽45.5厘米，近似正方形。现已断为两截，且右下角缺损，表面亦稍有涣泐，然基本可读（图一）。记文共二十三行，满行二十三字，凡四百三十五字。标点抄录如下：

泰州重展筑子城记

盖闻乾列星曦，斡运三皇之力；坤浮岳渎，镇流九禹之□。□
知福地会时，神州有主，其为盛矣，可略言乎。竊以当□□□
朝，旧海陵封邑也，自丁酉岁仲冬月奉
勑旨改为是郡，莫不　　　天文煖举，光数百载之镃基；地
趴利显分，富一千里之黔庶。咸醝赡溢，职赋殷繁，可谓水陆要
津，咽喉剧郡，以兹升建，为属勋贤
当今皇帝以鎭早事
圣明素德，廉洁特飞，　　　鸾诏委授鱼符。对五马而愧此
叨荣，向六条而虑其疎失，岂敢以爱憎徇性，岂敢以富贵安
身。但缘　　　王事疚心，鼎彝击抱，将欲整齐士旅，是宜固
护严城。今则上奉
天书，旁遵　　　王命，改更旧垒，别创新基。以时之务，不劳
民量力，而人无倦色，功徒蚁聚，畚锸云屯。曾经五旬，俨全四
面。城高二丈三尺，环回四里有余，其濠深一丈已来，广阔
六步不啻，中存旧址，便为隔城，上起新楼，以增壮贯。仰望而
叠排雉翼，俯窥而细甃龙鳞。瑞气朝笼，祥烟暮集，虽此时之良
画尽合玄机，在千古之英声。愿标青史，辄刊翠琰，用纪厥功。时
有唐升元二年龙集戊戌暮春月二十五日壬申记
知泰州军州事兼盐铁两监都院使本州都指挥使
东都东南东北面都游奕使金紫光禄大卿检校司
空行□□□南将军充本州屯田使兼御史大宪上

柱国河南□□□男食邑□百户褚𫊸

图一 《泰州重展筑子城记》拓片

泰州，南唐以前为海陵县。《旧唐书·地理志》云："海陵，汉县，属临淮郡，至隋、唐属南兖州，武德二年，属扬州。"南唐"升元元年……十一月……己未，升东都海陵县为泰州，割盐城、泰兴、如皋、兴化县属焉，以海陵制置使褚规为刺史"[①]；记文中有"旧海陵封邑也，自丁酉岁仲冬月奉旨改为是郡，"据《十国纪元表》[②]南唐升元元年即丁酉岁，与之正合，然褚规与记文中褚𫊸不合。按马令《南唐书》卷一有"以扬州海陵县为泰州，……以海陵制置使褚仁规为刺史；"卷十九有褚仁规传："褚仁规，字可则，广陵人也。始为军中小吏，勤干敏给，可被繁使，累除右职，出为海陵盐监使，……及以海陵为泰州，迁仁规为刺史"，可见

《十国春秋》中褚规即褚仁规之脱漏，而记文中“㧓”一字，从《说文》至《康熙字典》俱不见，疑为“仁规”二字的合文，亦即一种画押文字。褚仁规为南唐时的酷吏，马令《南唐书》言其“掊克不已，多入私门，刑罚滋累，加以奢纵”[③]，因而被“宣徽使陈觉……密启其状，御使王仲连亦劾之”，后被“收付大理，赐死”，故康熙府志不入《名宦》。至于褚仁规筑城之事，崇祯《泰州志》云：“南唐升元元年置泰州，以仁规为刺史，开筑城濠”[④]；又云：“州城自南唐升元元年升海陵县为泰州，以褚仁规为刺史，筑罗城二十五里，濠广一丈二尺”[⑤]，道光《泰州志》与之同[⑥]。而筑子城之事，除记文外，不见记载。综合方志与记文，使我们基本上了解到南唐时泰州城的情况：它由罗城和子城组成，罗城周“二十五里”，外有“广一丈二尺”的城濠；子城“环回四里有余”，城濠“广阔六步不啻”。子城中利用原存的“旧址”为“隔城”，城上还砌了“新楼，以增壮贯。”子城的高度为“二丈三尺，”罗城虽不清楚，推测其高度应与子城相当。李昪以建康为西都，扬州为东都，升海陵县为泰州，辖盐城、泰兴、如皋、兴化、海陵五县。对于偏据江左的南唐小朝廷来讲，泰州的地理位置显得十分重要。记文中称之“天文煖举，光数百载之镃基；地利显分，富一千里之黔庶。咸醝赡溢，职赋殷繁，可谓水陆要津，咽喉剧郡，”故“以兹升建。”明代陈基也有诗赞曰：“吴陵古名邦，利尽扬州城。旧城虽邱墟，新城如铁石。昔为渔盐聚，今为用武国。地经百战余，士耻一夫敌。……”[⑦]从升元元年十一月升海陵为泰州之后开筑罗城至升元二年暮春月展筑子城竣工，历时五个月（其中筑子城仅五十天），共筑城近三十里，开濠亦三十里，记文中有“功徒蚁聚，畚锸云屯，”可窥当时筑城场面之一斑。至于筑城的目的，记文中有“今则上奉天书，旁遵王命，改更旧垒，别创新基”，“将欲整齐士旅，是宜固护严城”，其意自明，毋庸赘述。

值得一提的是，泰州开筑罗城和筑子城的时间为南唐升元元年至二年，即唐亡后的二十年，亦即李昪代吴改元的第一年。李昪初“国号大齐，”第二年即“复姓李，改名昪，国号大唐，遂考服属，当建王恪后，建唐庙祀高祖太宗以下如唐旧典”[⑧]，如此看来，南唐泰州城的设置很有可能沿袭唐制。从唐武德二年至南唐升元元年，三百余年间海陵县一直隶属扬州，确切一点来说，泰州城的新创，更有可能模仿唐代的扬州城。遗憾的是，有关唐、五代泰州城的实勘与考古工作，还有待于今后。然这方《泰州重展筑子城记》刻石，毕竟为研究南唐泰州城提供了一个不可多得的佐证。

注释

① 吴任臣：《十国春秋》卷十五。

② 吴任臣：《十国春秋》卷一百九。

③ 马令：《南唐书》卷十九。

④ 崇祯《泰州志》卷四。

⑤ 崇祯《泰州志》卷二。

⑥ 道光《泰州志》注明引马令《南唐书》，而今见啸园沈氏校本无，疑有脱漏。

⑦ 陈基，字敬初，临海人，元学士院学士，明洪武二年修元史，征为纂修官。诗引道光《泰州志》卷三十三。

⑧ 马令：《南唐书》卷一。

原载《文博通讯》1983年第3期

与考古学相关的杂文杂谈

青墩陶器杂谈

一

青墩是我踏上考古之路的地方。她不仅给我留下许多深刻的回忆，也使我产生过许多美好的憧憬和遐想。俯仰之间，离开青墩已20余载，虽说相隔这么多年再也没去青墩，然而青墩在我的脑海里非但未能抹去，反而越来越清晰：一排排整洁的青砖瓦房，一片片绿油油的麦苗，碧波荡漾的绿水环绕四周，不时从水上漂过一叶小舟，偶尔惊起一两只水鸟掠过头顶，留下委婉凄厉的鸣声……

这就是我印象中的青墩——静谧，美丽，令人神往……

20多年过去了，在这期间，我参加主持过数十次大大小小的考古发掘，每当编写完考古发掘报告之后，也就将发掘过的遗址或墓葬渐渐地淡忘了，除高邮龙虬庄遗址外，久久不能忘怀的便是海安青墩。1999年春，我在《龙虬庄——江淮东部新石器时代遗址发掘报告》的“后记”中这样写道：“我的考古生涯始于江淮东部，这也是我对江淮大地怀有特殊感情的又一缘故。1979年春，我参加了海安青墩遗址的发掘，第一次目睹了原始先民的墓地、房屋建筑、陶器、玉石器、骨角器、炭化稻……似乎每一次发现都令人惊讶和兴奋不已。从那时起，能够认真地系统地研究江淮东部的原始文化，遂成为我的一大夙愿。”也就是从那时起，我认识了辅导我们考古实习的知识渊博、经验丰富的纪仲庆老师。

岁月如歌。当年一同参加青墩遗址发掘的同学，大多离开了考古，或从事教学，或从事科研，或从事行政，而至今仍在从事田野考古工作的仅剩下我一人；当年在考古工地对我们进行谆谆教诲的纪仲庆先生，现已白发苍苍，而我则早已过了知天命之年。世事沧桑，感慨万千。忽接纪仲庆先生约稿之命，欣然应允，不知是青墩遗址产生的影响太大给我留下遗憾太多，也不知是这20多年来尤其是发掘龙虬庄遗址以后产生新的想法，总之，作为青墩遗址的参与发掘者，有责任和义务谈谈对青墩遗址的看法。

青墩遗址的文化内涵实在太丰富了，厚厚的贝壳层，整齐的干栏式建筑，排列有序的氏族墓葬，大量的动物遗骸，成团的炭化稻谷，精美的玉石器和骨角器，造型各异的陶器，刻有“原始八卦”的麋鹿角……真不知从何处谈起。我想，反映一个考古学文化的最基本的文化遗存应是陶器，而纪仲庆先生也嘱我写有关陶器方面的认识或感想，那么就从陶器谈起吧。

二

海安青墩遗址出土的文化遗物中，数量最多的便是陶器。陶器中除生活用品外，大量的是随葬品。对于出土陶器的研究，首先需要解决的便是年代问题。

判断文化年代的基本方法，目前主要采用的是考古学的分期断代和^{14}C年代测定。

青墩遗址在发掘中，根据地层的堆积情况，共分为6层，其中第三至第六层为新石器时代文化层，发掘报告中将其分为上、中、下三个文化层，即第三层为上文化层，第四层为中文化层，第五、第六层为下文化层。由中国社会科学院考古研究所测定的^{14}C年代数据有两个：中文化层，距今5015±85年，树轮校正年代为5645±110年；下文化层，距今5035±80年，树轮校正年代为5625±110年。纪仲庆先生在发掘报告中认为：“这两层文化面貌有较明显的差异，不可能早晚只相差20年，其中至少有一个数据有较大的误差。”

在龙虬庄遗址发掘之后，发现青墩遗址所测定的年代数据并无太大的误差，基本与青墩遗址的下文化层和中文化层的实际年代相符。通过横向比较，青墩遗址下文化层所出土的陶器，如内壁出鋬的陶釜、陶三足盉等，在龙虬庄遗址的第四层中即有发现。龙虬庄遗址分为八层，第四至第八层为新石器时代文化层，龙虬庄遗址的第八、第七层为第一期，第六至第四层为第二期，另外在龙虬庄遗址的东部边缘还发现晚于第四层的文化堆积，即龙虬庄遗址的第三期。也就是说，青墩遗址的下文化层与龙虬庄遗址的第二期年代相当；再将青墩遗址的下文化层与中文化层进行比较，也不难看出两者的陶器不存在明显的差异。从地层学的逻辑关系来看，下文化层的相对年代比中文化层要早，但是从绝对年代来看，下文化层与中文化层应该是相一致的，即同属于一个文化年代。参照龙虬庄遗址，青墩遗址下文化层不应早于距今6000年，中文化层也不应晚于距今5500年，也就是说，青墩遗址的下、中文化层可以合并为同一期，其年代大致在距今6000～5500年；而上文化层的年代则与龙虬庄遗址的第三期相一致，大致可定为距今5500～5000年。

再从考古类型学来分析，青墩遗址下、中文化层的陶器与龙虬庄遗址第二期的陶器，无论是从器类还是组合，都存在着极大的相似性，并且与龙虬庄遗址第一期有着明显的承继关系。因此，青墩遗址的下、中文化层可以归为江淮东部原始文化的中期，亦即江淮东部原始文化最繁荣的发展阶段；而青墩遗址的上文化层则可归入江淮东部原始文化的晚期，处于江淮东部原始文化的衰落阶段。

从目前在江淮地区进行的考古发掘来看，显然青墩遗址不是江淮东部最早的新石器时代遗址。

三

尽管青墩遗址不是江淮地区最早的新石器时代遗址，但是青墩遗址在江淮东部却有着极为重要的地位，尤其遗址的发掘在江淮地区有着划时代的意义。

江淮东部地区是全国最早发现新石器时代遗址的地区，早在 1950 年即发现了淮安青莲岗遗址。之后在江淮地区又陆续发现了淮安茭蒌集、阜宁梨园、高邮龙虬庄等重要的遗址，但是很多年来对江淮东部地区的原始文化面貌始终没有一个清晰的认识。直到青墩遗址发掘之后，人们才第一次目睹了令人惊讶的江淮东部地区原始文化的风采，也第一次认识了江淮东部的原始文化。青墩遗址出土的文化遗物，无论是陶器、石器，还是玉器、骨角器，器形都是那样的先进，工艺都是那样的发达；同样，出土的大量的动物骨骼、植物标本也表明江淮东部地区的原始先民有着发达的渔猎、采集、饲养和稻作农业经济。尤其重要的是在青墩遗址的陶器中，既有江淮地区的文化因素，又有长江以南的宁镇地区和太湖地区文化因素，表明江淮地区的原始先民在其自身的发展过程中，曾与长江以南不断地发生过相互交往。

在对青墩遗址的陶器进行文化因素的分析之后，可以看出，在青墩遗址的中、下文化层中，宁镇地区的文化因素较多；而上文化层中，则太湖地区的文化因素较多。

在青墩遗址的下、中文化层中，有许多陶器与宁镇地区的相一致，如三足折腹罐、口沿外侧涂红彩的碗、高柄杯、深腹筒形匜、钵形匜、高圈足壶等；除陶器外，两者的石器也非常一致，如舌状穿孔石斧、长方形或长条形石锛、石凿、方孔或椭圆形孔的“风”字形石钺、多孔石刀等。再进一步分析，还可以发现一个有趣的现象：即青墩遗址与宁镇地区常见的陶器，如鼎、豆、罐等，反而在造型上存在着较大的差异；再从两者相同的器类来看，石器则都是宁镇地区的常见器形，陶器在宁镇地区则无渊源可寻；同样，石器在江淮地区也无渊源可寻，而陶器在江淮东部却是较常见的器形，并且明显有着从第一期发展到第二期的承继关系。换言之，可以这样认为，宁镇地区向江淮东部地区输入石器，而江淮东部地区则向宁镇地区输入某些特殊的陶器，两者之间呈相互交流。

然而，在青墩遗址的上文化层中，却出现了另外一种情形。首先是宁镇地区的文化因素急剧下降，而太湖地区的文化因素明显上升；在青墩遗址中，可以见到太湖地区常见的陶器、石器和玉器，尤其是墓葬中随葬太湖地区常见的兽面纹琮形玉器、贯耳矮圈足陶壶、圆形间三角形镂孔的大圈足陶豆、高领陶壶、花瓣足陶杯，甚至在炊器中出现了太湖地区常见的折腹罐形陶鼎或盆形陶鼎、深腹筒形陶釜等。可以看出太湖地区各种文化因素对江淮地区的渗透不仅进入生活、生产领域，而且已进入意识形态领域；再反观太湖地区，我们很难见到江淮东部的各种文化因素。可以这样认为，太湖地区与江淮地区的交流是单向的，即两者之间呈单向输入。

再从文化发展的态势来看，在青墩遗址下、中文化层时期，江淮地区与宁镇地区呈现出相同的发展水平，所以两者之间的相互交流是双向的，是平等的；而到了青墩遗址上文化层时期，太湖地区已发展成为强势文化，强势文化向弱势文化输出，相互之间的交流呈单向的输出和输入，也就成为必然。

文化交流实际上是一种由经济贸易关系而产生的文化交流，在原始社会也同样是由强势经济文化区流向弱势经济文化区。在江淮地区出现的不同时期宁镇地区和太湖地区文化因素的消长，也恰好反映了江南宁镇地区和太湖地区原始文化由繁荣至衰亡和由平稳发展至逐渐强盛的过程。至于江淮地区与江南地区原始先民相互交流中的贸易过程、贸易渠道和等价关系等，显然应成为今后研究的重要课题。

四

以上分析并不是说以青墩遗址为代表江淮地区没有自身的文化特征，而是在分析了外来文化因素之后，才能够更清晰地看出江淮东部所特有的文化面貌和文化特征。

青墩遗址出土的陶器中，具有明显地域特征的陶器显然是青墩文化遗存的主体。虽然在不同时期不同程度地出现过江南宁镇地区和太湖地区的文化因素，但是江淮地区的文化因素在青墩遗址中还是占有绝对量的一半以上，因此，青墩遗址的主要文化内涵还是以江淮东部的文化遗存为主，青墩遗址的文化遗存可以作为距今6000～5000年的江淮地区原始文化的代表。

根据青墩遗址出土的陶器，可以归纳出以下几点具有代表性的特征：

1. 陶器中有一些为模型器，尤其令人瞩目的便是陶斧模型。陶斧的器形与宁镇地区和江淮东部地区常见的舌状穿孔石斧相同，但是陶斧有柄，根据陶斧的形态，可以了解原始先民在使用石斧前是如何装柄的。青墩遗址的陶斧出土之后，立即引起许多学者的关注。因为石斧是我国原始社会中最常见的生产工具，而在考古发掘中出土石斧多没有木柄，主要原因是木质器物在埋入泥中数千年后多已腐烂。石斧的装柄虽然是考古学研究的课题，但也涉及民族学、民俗学、物理学等其他学科。青墩遗址的陶斧模型的出土基本上解决了困扰学术界多年的“石斧装柄”这一学术课题。

2. 在青墩遗址出土的一件陶豆的圆形柄上，刻有一圈两方连续的图案，令人瞩目的是这圈图案分为五组，而且每组均为等距。在原始社会中，器物上的装饰图案一般为两组、三组或四组，亦即二等分圆、三等分圆或四等分圆，而五等分圆显然要比二、三、四等分圆要复杂得多。青墩遗址是我国第一次发现的五等分圆的实例，代表我国原始社会史上数学或几何学研究的最高水平。

3. 水器也是江淮地区的一大特色。在青墩遗址中，尤其具有地方特征的是陶盉和陶匜，无论是从器物的造型还是从器物的使用功能上来看，都是同一时期诸考古学文化中的佼佼者，代表了这一时期的最高水平。

4. 炊器中的陶鼎，尤其是江淮地区特有的带盖罐形鼎，从器身到鼎足，无不透出一种特有的灵气，无不洋溢着一种水乡原始先民的审美情趣。

5. 陶器的装饰也同样颇具地方特色，尤其是青墩遗址出土的许多夹砂陶器上都有形态各异的附加堆纹和手捏纹、手捺纹，附加堆纹有弯曲的条形、圆点形等，手捏纹有花边形、花瓣形等，手捺纹既有捺窝形，又有浅槽形等。

五

如今江淮地区已发现的新石器时代遗址已不止一个青墩。在青墩遗址发掘之后，又先后发现或发掘了海安吉家墩，东台开庄，兴化王家舍和南荡，高邮龙虬庄、唐王墩、周邶墩，姜堰单塘河，宝应水泗，阜宁陆庄、梨园、停翅港等。目前除龙虬庄外，发掘面积最大的便是青墩遗址。龙虬庄遗址是我在江淮东部地区的杰作，而青墩遗址则是我心目中的圣地。以上虽然拉拉杂杂谈了一点对青墩陶器的看法，然总有意犹未尽的感觉。我想，这也许是一个开端，是一个在阔别了 20 多年后再来重新认识青墩遗址的开端，尽管这一认识是十分肤浅的。

今天的青墩遗址，不会也不应该是 20 多年前的景象了。也许我还会故地重游，还会产生新的感慨和新的遐想，还会再写出新的篇章来重新认识青墩遗址。这是我的一个夙愿，但愿在不久的将来这一愿望能够实现。

原载《青墩文化》，吉林人民出版社，2004 年。

薛城遗址的发现与古芜湖文化区

长江中下游的南岸，有著名的四大湖泊，即洞庭湖、鄱阳湖、芜湖和太湖。芜湖古为巨浸，与洞庭湖称之为云梦大泽、鄱阳湖称之为彭蠡大泽一样，芜湖亦称之为丹阳大泽，是由星罗棋布的众多湖泊与纵横交错的河流沟通而成。斗转星移，沧海桑田，古芜湖逐渐湮没淤塞，如今除苏皖交界处的石臼湖、固城湖以及南漪湖等古芜湖的残存外，其余大部分地区已变为湖荡沼泽地带，水阳江、青弋江由南向北穿流其间，注入大江。

长江下游新石器时代的考古学文化区，自东而西有环太湖文化区和宁镇丘陵文化区。太湖区的考古学文化序列比较清晰，为马家浜文化—崧泽文化—良渚文化；宁镇区的考古学文化序列虽不如太湖区清晰，然大致可分为丁沙地文化—北阴阳营文化—城头山下层文化—昝庙二期文化。至于宁镇区以西的古芜湖文化区，由于多年来未能在这一地区进行过卓有成效的考古工作，因此长期以来对这一地区考古学文化的认识是模糊的。

自50年代在古芜湖地区发现芜湖蒋公山遗址以来，经调查发现的遗址有繁昌县的缪墩、中滩、洞山，当涂县的钓鱼台，芜湖市的莲塘，马鞍山市的七亩田、船墩，泾县的瑶墩、丁家塌、四古墩，郎溪县的欧墩、乌龟凸、磨盘山，宣州市的孙家埠等多处。从这些调查采集的文化遗物所反映的文化面貌来看，有一些与宁镇区相同或相近的文化因素，然亦有较鲜明的地域特征。由于在进入青铜文化时期，宁镇区和古芜湖区形成了同一个文化区，即通常所谓的湖熟文化区，因此长期以来古芜湖区的新石器时代文化往往被归入宁镇区。尽管已有学者指出宁镇区和古芜湖区（芜铜区）新石器时代的考古学文化面貌存在一定的差异，句容丁沙地遗存和繁昌缪墩遗存有各自的文化来源，然由于这一地区考古工作的缺乏，使人无法全面地认识考古学文化的面貌，无法准确地把握其文化特征，因此，古芜湖区新石器时代考古学文化的性质、特征、年代和序列等一系列问题，多年来悬而未决。

1997年高淳薛城新石器时代遗址的考古发掘，成为重新认识这一地区原始文化的契机。遗址中发现的大量居址、灰坑、墓葬等文化遗迹和出土的大量的陶器、石器、玉器等文化遗物，第一次全面揭示了古芜湖地区湖荡遗址史前人类的生产、生活及埋葬习俗诸方面的情况，为对这一地区进行考古学区、系、类型的研究提供了一批珍贵的资料。

薛城遗址地处石臼湖南岸，为一岛形台地，面积5～6万平方米，是目前这一地区发现的面积最大的一处遗址。根据遗址中复杂的层位关系和对文化遗物的初步分析，可将薛城遗址分为连续发展的两个阶段：一期约相当于马家浜文化的中晚期；二期约相当于崧泽文化的早中期。对其文化遗迹和文化遗物的分析，可归纳为如下四个显著的特征：

一、居址成片成组的分布。房基为近圆形浅穴式，居住面光滑平整，灶坑分布于屋外西侧，有的四角有出烟孔道，有的大房基外还有深坑式小屋，与大房基之间有过道相通。这类居住遗迹与宁镇地区大片红烧土面的房基不同，宁镇地区灶坑多在屋内，亦与之有别。

二、特殊用途的灰坑。所清理的近百座灰坑，可分为窖穴和垃圾坑两类，其形状为圆形或长方形，其中为数较多的长方形坑的一端还有小深坑，类似阶梯形二层台，其作用可能用来暂时放养鱼类，这样既使坑底不致干涸，又便于捕捞。这种特殊形制的灰坑反映了湖荡遗址的经济生活主要为捕捞经济，从其他垃圾坑中清理出大量的鱼、鳖、龟、蚌类水生动物遗骸而少见陆生动物骨骸，这亦反映了居于湖荡的经济生活。

三、墓地男女分区埋葬。清理的115座墓葬，多为单人仰身直肢葬，头向东北，这与宁镇地区的北阴阳营墓地基本一致，然其随葬品多寡之别不明显，男女分区埋葬，墓葬密集，层层叠压，这既反映了湖荡遗址墓地的特征，亦反映了其社会形态的发展较宁镇地区相对滞后。

四、文化遗物的特征。文化遗物有陶器、石器、玉器、骨器等，可分为生活用品和随葬品两大类，两者表现出一定的差异。生活用品的陶器组合主要为腰沿平底釜、扁足罐形鼎、平底罐、三足钵、钵形豆以及杯、匜等，而随葬品的陶器组合主要为深腹平底釜、三系筒形罐、三系钵以及壶、杯、豆等，鼎、盉等数量极少。其典型炊器为平底釜，该类陶器在宁镇地区偶见，看来宁镇地区的平底釜应来源于古芜湖区。另外，三系以及一组或三组镂孔等装饰风格也是这一地区的特色。另一个值得注意的现象是陶器中出现彩陶和彩绘陶共存的现象，彩陶多为内彩，流行于淮河流域，宁镇地区亦偶有发现，而彩绘陶多为外彩，流行于太湖流域。至于玉、石器，无论是玉璜、管、玦，还是石斧、锄、锛，皆与宁镇地区无异，可能来源于宁镇地区。在江淮东部发现的玉石器也同样来源于宁镇地区，可见宁镇地区有较高的玉、石器加工水平，并向邻近地区输出。

薛城遗址的发掘，对于确立古芜湖区的文化面貌和文化序列，起着积极的推动作用。结合以往在古芜湖区调查采集的资料，其文化序列大致可划分为缪墩文化遗存——薛城一期——薛城二期——瑶墩文化遗存。其文化面貌与宁镇地区有一定的相似，然差异还是明显的。湖荡遗址的发现，亦为我国古文化遗址的类型研究增添了新的资料。因此，古芜湖文化区的确立，对于全面认识长江下游新石器时代诸考古学文化和诸文化圈之间的相互关系和相互作用，起着至为关键的作用。至于古芜湖文化区究竟是一个相对独立的文化区还是属于宁镇大文化区中的一个亚区，还留待今后考古工作的不断开展和研究的不断深入。

原载《中国文物报》1998年7月8日

龙虬庄陶文的发现与殷商甲骨文之源*

——浅谈中国文字的起源与发展

一

1993年4月～1996年4月，南京博物院考古研究所对江淮之间的江苏高邮龙虬庄遗址先后进行了四次考古发掘。第一次发掘时，于河边采集到一片磨光泥质黑陶盆口沿残片，上有八个类似文字的刻划符号，刻文为两行，左行四个近似甲骨文，右行四个类似动物图形。由于该河道是五十年代在遗址东部开挖的，故沿河边可以清晰地看到不同时期的文化层堆积。

在淮河上游的豫东、皖西北一带，龙山时代分布着王油坊类型（或称造律台类型）龙山文化，到了距今4200年前后，王油坊类型龙山文化突然在这一地区消失，取而代之的是二里头文化和岳石文化；而在距今4000年左右，江淮东部却突然出现了与王油坊类型龙山文化相类似的文化遗存，在兴化市的南荡遗址，高邮市的周邶墩遗址、唐王墩遗址和龙虬庄遗址等均有发现。江淮东部地区出现的这类文化遗存可称之为“南荡遗存”，其文化性质为王油坊类型龙山文化向东南迁徙过程中的文化遗留。龙虬庄遗址刻文陶片的器形与南荡遗址出土的Ⅰ型泥质黑陶盆相同，当属南荡遗存，其年代应为龙山末至夏初[①]，这是继山东省邹平县丁公遗址发现距今4200～4100年龙山文化晚期的刻文陶片之后，又一次极为重要的考古发现。该次发掘的情况于1993年9月5日在《中国文物报》作了报道之后，引起了广泛的重视，并被评为“1993年度中国十大考古新发现”。1994年2月6日的《中国文物报》公布评选结果时，对龙虬庄遗址的刻文陶片作了如下介绍：“在遗址上采集的陶盆口沿残片上，有类似文字的刻划符号，对探究中国文字的起源亦十分重要。”之后，东京大学名誉教授松丸道雄先生以《中国四千年前的文字?》为题，在1996年3月1日的《朝日新闻》上作了介绍，称之为中国尚未公开的至宝。香港中文大学教授饶宗颐先生亦于1996年第4期《东南文化》上发表了《谈高邮龙虬庄陶片的刻划图文》一文，称这一陶片可以看作揭示图文并茂的古代记录之一例，足见它

* 原附插图16幅，现略去。

的重要性。

龙虬庄遗址刻文陶片的发现，不仅为前几年由于丁公刻文陶片的发现所引发的热烈的学术讨论增添了新的内容，亦为我们重新讨论中国文字的起源和发展，提供了新的佐证。

去年 11 月，故宫博物院研究员邓淑苹女士来南京博物院时，饶有兴致地观看了龙虬庄遗址出土的文物。承其美意，回台后又来信希望能将龙虬庄遗址的珍贵文物在《故宫文物月刊》上刊载。今择其最重要的刻文陶片作一简要的介绍，附带谈谈对中国文字（汉字）起源的看法。

二

文字的产生，在人类发展的历史上，具有划时代的意义。《淮南子·本经训》云："昔者仓颉作书，而天雨粟，鬼夜哭。"可见文字的产生，是一惊天地泣鬼神的重大事件。

汉字的历史，可以上溯到三千多年前的甲骨文。自 1899 年殷墟甲骨文的发现，迄今已近百年了。从甲骨文开始，历籀、篆、隶、楷，可谓一脉相承，源远流长。然甲骨文经过多年的研究，被普遍认为是一种十分成熟的系统文字，主要表现为：一、单字多。据胡厚宣主编《甲骨文编》，共收录已识和未识单字 4672 个；二、六书具备。许慎《说文》云："仓颉之初作书，盖依类象形，故谓之文，其后形声相益，即谓之字，字者，言孳乳而浸多也，著于竹帛，谓之书。"六书，即造字六法，甲骨文中，除转注颇有争议外，其余指事、象形、形声、会意、假借皆十分明了；三、文法完善。用甲骨文记事的卜辞，不仅有单句，还有复句，且句中的语法成分如主语、谓语、宾语、定语、状语、补语等，均已出现，使用方法亦较为固定；四、已能完整地记录事物的过程，且涉猎面甚广，如世系、方国、天文、历法、地理、田猎、征伐、农事、灾祸、疾病、祭祀、职官、刑狱等。尽管由于其文字载体是甲骨，其文字内容是卜辞，然已基本上包括了殷商时期政治和经济生活的方方面面。显而易见，甲骨文已是一种十分成熟的系统文字，虽然已有三千余年的历史，但从文字的产生与发展来讲，它并不是中国最古老的文字。中国文字的出现还可以由此再向上溯。

三

文字是人类社会发展到一定历史阶段的产物，是伴随着人类社会由野蛮社会进入到文明社会而产生的。同任何事物一样，文字也应有一个产生、发展的过程，有一个由萌生至成熟的过程，有一个由单一表音或表义向系统文字过渡即日臻完善的过程。因此，中国文字的出现至完善，可分为三个发展阶段：一、萌生期；二、过渡期；三、成熟期。成熟期是指以殷商甲骨文（当然还有殷商金文、陶文）为代表的系统文字，对于甲骨文的研究已形成中国古文字学的一个重要分支——甲骨学，故本文主要讨论的是前两个阶段。

萌生期大约相当于中国考古学的仰韶—大汶口时代。这一时期的书写或刻划文字从甘青地区至海岱地区，从黄河流域至淮河流域至长江流域均有发现。发现文字比较多的遗址有青海柳湾、西安牛坡、临潼姜寨、蚌埠双墩、莒县陵阳河和大朱村、诸城前寨、宜昌杨家湾等。

青海柳湾遗址共有 679 件陶器上发现有书写的文字符号，剔除重复者，计有 130 多种。

西安半坡遗址共发现刻文陶器或陶片 113 件，文字符号 27 种；而临潼姜寨遗址共发现刻文陶器或陶片 129 件，文字符号 38 种。

蚌埠双墩遗址是发现刻文陶器或陶片较多的一处，计有 146 件，59 种之多。此外，宜昌杨家湾遗址亦发现刻文符号 50 多种。

大汶口文化的刻文符号在海岱地区主要发现于莒县陵阳河、大朱村和诸城前寨等遗址，计有刻划或书写的文字符号 18 件，10 种。值得注意的是，大汶口文化的文字符号分布范围较广，在安徽蒙城尉迟寺遗址、南京北阴阳营遗址和湖北天门石家河遗址亦发现与大汶口文化相同的文字符号。

这一时期所发现的文字符号总的特点是以单一文字为主，仅极个别的刻有两个文字符号。从字形分析，似有象形字和会意字，然是否可以用六书来解释这一类的文字符号，还未能成定论。有人以其不能记录语言而认为其仅仅是符号而不是文字，但从同时出现多种不同的符号以及有许多相同的符号重复出现的情况来看，似应为一种单一的表意文字，这正是中国单音节文字的滥觞，亦是处于萌生期文字的一个显著特征。

发展期大约相当于中国考古学的良渚—龙山时代。这一时期的刻划文字主要发现于上海马桥、吴县澄湖、余杭南湖、历城城子崖、邹平丁公、高邮龙虬庄等遗址。与萌生期不同的是，这一时期除单一的刻划文字符号外，还出现了多字刻文，表明这一时期正处于由单一表义文字向系统文字的过渡阶段。

吴县澄湖出土的黑陶罐腹部，刻有四个文字符号。余杭南湖出土的黑陶罐，从肩部至上腹部刻有十个文字符号。可见良渚文化的陶文，均刻在陶器的外壁。

历城城子崖遗址在 1931 年考古发掘时即出土了一片刻文陶片，上有八个刻划文字，文字刻在陶片内壁，上下直行，外刻长条形边框。由于该陶片发现年代早，又归入上文化层，城子崖遗址上文化层的年代为东周，故未能引起足够的重视，久而久之，渐渐淡忘。从陶片推测其器形似为大口瓮，类龙山文化遗物，故该陶片的年代可能为龙山时代。

可以明确为龙山时代的是邹平丁公遗址出土的刻文陶片，文字刻在平底盆底部残片内壁上，5行，右行3字，余每行2字，共11字。

高邮龙虬庄遗址发现的刻文陶片是继丁公刻文陶片之后又一次重要的发现，其年代比丁公陶文略晚。与丁公陶文一样的是刻文亦在陶盆口沿的内壁上。龙虬庄遗址地势低洼，地下水位高，土壤呈弱碱性（PH值为6），陶器或陶片上极易生成水垢，刻文陶片上也留有少量水垢，有一小块水垢正好在左行第一字的笔画上。

与良渚文化不同的是，龙山文化的刻文是刻在陶片上，且皆刻在内壁。另一个特点是选择的陶片弧度较小或者近似平面，天地左右均留有一定的空白，字距与行距俱精心布局，换言之，一片陶片即一篇完整的文辞，皆先烧后刻。

这一时期发现的刻划文字仅以上数例，明显少于上一阶段。究其原因，除陶器陶片外，还可能有其他文字载体，如易于腐烂的竹、木等，然迄今为止尚未有这一类文字载体的发现，这仅是一种推测而已。

尽管如此，中国文字由单一表义文字向系统文字过渡，由此可见一斑。

四

夏代以前，是五帝时代，亦即中国考古学的良渚—龙山时代。据史载，文字为仓颉所造，《汉书·人表》、《论衡·骨相》、《说文》等俱云仓颉为黄帝之史，文字应产生于五帝时代；据考古发现，单一表义文字向系统文字的过渡阶段为良渚—龙山时代，显然，这不是一种偶然的巧合，而应有一定的文化背景。据当今学者的研究考证，良渚文化的创造者是蚩尤部族，龙山文化的创造者是太皞和少皞，而王油坊类型龙山文化则是有虞氏部族的文化遗存。据徐旭生先生的研究，太皞、少皞、蚩尤和有虞氏俱属东夷集团②。在这一时期中国诸考古学文化中，亦以良渚文化和龙山文化最为发达，俞伟超先生指出："东方的龙山文化，……是社会发展程度最接近于具有文明时代诸特征的一支文化。""相邻的长江三角洲的良渚文化……是同时期文化发展水平最高的另一文化。这就是说，在5000～4000年以前的我国的文明曙光时代，以东方的龙山和东南的良渚文化光芒最亮，同时期黄河中游的龙山阶段诸文化，其发展水平远不到这个高度"③。由此可见，良渚文化和龙山文化的文明程度远远高于同时期的其他诸文化，因此，其率先进入由单一表义文字向系统文字的过渡阶段，也就不足为奇了。可以认为，良渚文化和龙山文化直接孕育了华夏国家文明。

但是，仅就现有的考古发现是否可以认为已解决了中国系统文字的起源问题，目前看来还为时过早。中国的系统文字即汉字，从殷商甲骨文始，历籀、篆、隶、楷，虽随时代的发展而不断地发展演进，然其演变的轨迹是十分清楚的，是一脉相承的。尽管甲骨文不是中国最古老的文字，尽管从逻辑上讲在其之前必有源头，然到目前为止，至少有两个无法解决的问题横亘在殷商甲骨文之前，成为两道暂时无法逾越的鸿沟。

一是发展中的断层问题。殷商之前是夏代，以二里头文化为代表的夏文化，仅在一些陶器的内沿上发现过刻划文字符号。且都是单一的文字符号，从某种意义上讲，还落后于良渚文化和龙山文化的刻划文字。当然也不排除在夏代还有其他文字载体至今尚未发现，然从现有的刻划文字来看，显然不能成为殷商甲骨文的源头。介于良渚、龙山文化与殷商之间夏代的文字问题，遂成良渚、龙山文字与殷商甲骨文之间的断层。

由夏代再向上溯是良渚—龙山时代。这一时期发现的刻划文字虽然不多，然其正处于由单一表义文字向系统文字的过渡阶段，其重要意义是不言而喻的。但是，若以此来作为殷商甲骨文的源，第二个暂时无法解决的问题便是文化谱系和文字谱系之间的关系。

中国的考古学文化谱系，到目前为止尚未能完全解决。脉络比较清晰的，在良渚—龙山时代，有大汶口文化→龙山文化，崧泽文化→良渚文化，仰韶文化→客省庄类型龙山文化等；进入夏时期，有王湾类型龙山文化→二里头文化，陶寺类型龙山文化→二里头文化东下冯类型，后岗类型龙山文化→漳河型先商文化，王油坊类型龙山文化→点将台文化，而太湖地区和海岱地区在这一时期却出现了文化断层，即良渚文化—‖→马桥文化，龙山文化—‖→岳石文化。错综复杂的文化现象必然导致文字谱系的错综复杂，从上述文化谱系可以看出，殷商文化的谱系是后岗类型龙山文化→漳河型先商文化→殷商文化，后岗类型龙山文化的族属可能是帝喾部族，《楚辞·天问》有“简狄在台，喾何喜？玄鸟致贻，女何喜”？《诗·商颂·玄鸟》有“天命玄鸟，降而生商”，可证。那么，殷商甲骨文是否亦是来源于后岗类型龙山文化和漳河型先商文化，遗憾的是目前尚无考古发现来直接证明。而发现刻划文字的良渚文化、龙山文化和王油坊类型龙山文化与殷商文化都不是同一个文化谱系，其文字是否为同一个谱系？

殷商甲骨文中有“册”、“典”二字，颇值得深思。可以肯定的是殷商有册，册的文字载体显然是竹木一类，殷商以前有没有册，目前还无从知晓。《尚书·多士》

云："惟殷先人有册有典，"可能有一定根据。尽管如此，殷商时期突然出现的成熟的系统文字——甲骨文，其来源至今还是一个千古之谜，抑或商人吸收了不同谱系考古学文化的创造发明，而把中国文字推进到甲骨文阶段？

五

早于甲骨文的刻划文字的释读，是探讨中国文字（汉字）起源的又一个热门课题。早在城子崖遗址发现刻文陶片之后，董作宾、郭宝钧先生即对之作了释读[④]，虽然释文有牵强臆断之嫌，然毕竟开了释读陶文之先河。

半坡遗址仰韶文化陶文发现之后，郭沫若、于省吾、李孝定等先生对其进行了研究和释读[⑤]，认为与甲骨文属同一文字系统，是早期的原始文字，李学勤先生认为其已向甲骨文那样的文字趋近[⑥]。

对大汶口文化陶文进行考释的有于省吾、唐兰、李孝定、李学勤等先生[⑦]，认为大汶口文化陶文已是比较进步的文字，尤其是唐兰先生的一系列论文，在学术界引起很大的反响。

良渚文化的多字陶文比仰韶文化和大汶口文化的单字陶文更加引人瞩目，李学勤、李孝定、饶宗颐、林巳奈夫等先生均对此进行过考释[⑧]。

讨论最为热烈的当数丁公陶文，1993 年第 4 期《考古》还专门组织过专家笔谈，参加笔谈的十六位专家中虽大多认为其与大汶口文化陶文和甲骨文都属于汉文字体系，然持不同意见者亦有不少，王恩田先生认为其属东夷系统文字，高明先生认为其与甲骨文不是一个系统，裘锡圭先生认为其是一种走入歧途的原始文字。之后，还有人认为是古彝文[⑨]。在东瀛日本，亦曾有过热烈的讨论，伊藤道治、松丸道雄、西田龙雄等先生均发表了不同的看法[⑩]，川崎真治先生还著书对丁公陶文逐字作了详尽的考释[⑪]。

归纳起来，产生分歧的主要焦点仍是文字系统问题。殷商甲骨文，历周、秦、汉，直至今日，随时代不同而书体不同，作为文字的发展，是一脉相承的，属同一文字系统即汉字系统是毫无疑义的。那么，殷商之前，这一问题就显得十分复杂。

在进入华夏国家文明之前，至少并存着三大民族（或部族）集团，即华夏集团、东夷集团和苗蛮集团。语言是作为人际的相互交流而产生的，语言可以描述事物，表达感情和表述思维，而文字是作为记录语言而产生的，其最主要的功能便是记录语言。语言和文字都是人类社会发展到一定历史阶段的产物。语言又是区分民族的重要标志之一，不同的民族集团必然操不同的语言，语言系统的不同亦必然导致文字系统的不同。这一现象应延续很长时间，利用国家机器强制性地推行书同文，可能始于夏商，而真正在全国范围内实行书同文，则是由秦始皇完成的，因为在商周时期还发现不同于甲骨文文字系统的吴城文化陶文和巴蜀文字，便是很好的说明。仰韶文化、大汶口文化、良渚文化和龙山文化等早于殷商甲骨文的古文字，在对其进行考释之前首先需解决的是其语言——文字系统的归属，尤其是东夷集团的语言——文字系统以及其在民族大融合之中是如何继承发展的。考古学重视文化谱系而往往忽略文字谱系，古文字学往往重视形、音、义的考释而又往往忽略文化谱系。在对殷商之前的古文字进行研究时如何将考古学文化谱系的研究成果与之有机地结合起来，是当务之急。若简单地用六书即造字六法来释读这些古文字，往往误入歧途。

六

最后简要地谈一下对龙虬庄刻文陶片的看法以及其出现在江淮东部的文化背景。

龙虬庄刻文陶片是磨光泥质黑陶盆的口沿残片，表面乌黑光亮，胎亦呈黑色，烧成火候很高，质地坚硬。其内壁刻文两行，笔画纤细，技法娴熟，左行四字，以直线条为主，横平竖直，结体有序。右行四个图形，酷似动物侧视圆形，第一个似兽，第二个似鱼或鳖，第三个似蛇，第四个似鸟。整个陶片刻文似包含了一个完整的文辞或完整的意图，左行四字似可连读，又可表示其右图形的含意。若一字一图为一组，正好四组，其含意究竟是四方还是四时？是四渎还是四岳？是四神还是四灵？遽难断定。然图文并茂的刻文陶片在中国的首次发现，其重要性是不言而喻的。

王油坊类型龙山文化主要分布于豫东皖西北的淮河上游一带，在距今 4200 年前后，在这一地区突然消失，取而代之的是二里头文化和岳石文化。而在江淮东部地区，在距今 4000 年前后，却突然出现了与王油坊类型龙山文化相类似的文化遗存，即南荡遗存。这一文化现象正反映了龙山时代末期至夏代初期中国进入华夏国家文明前后大动荡的政治局面。

王油坊类型龙山文化的族属是有虞氏，二里头文化的族属是夏后氏，岳石文化的族属可能是有穷氏。有虞氏的部族首领是舜，据《孟子·离娄》载，舜是东夷之人也。夏在立国之前，其主要政敌是有虞氏，在夏虞之间的政治斗争中，虞舜是失败者。《韩非子·说疑》云：“舜偪尧，禹偪舜，汤放桀，武王伐纣，此四王者，人臣弑其君者也，而天下誉之。”有虞氏失败之后，沿淮河向东逃窜，《孟子·尽心上》云："舜视弃天下犹弃敝蹝也，窃负而逃，遵海滨而处，终身欣然，乐而忘天下。"从江淮东部发现的南荡遗存来看，孟子云有虞氏逃到海滨而处不误。夏立国之后，其主要矛盾仍是东夷，初为夏启与伯益，据《晋书·束皙传》引《竹书纪年》云："益干启位，启杀之"，之后是太康与后羿，后羿号有穷氏，《左传·襄公四年》云："后羿自鉏迁于穷石，因夏民以代夏政。"原王油坊类型龙山文化在豫东一带突然消失之后，取而代之的是二里头文化（夏）和岳石文化（有穷氏），亦从考古学上反映了夏初的史实。

在龙山时代末期，有虞氏的文化相当发达。河南淮阳平粮台古城，是有虞氏的重要城址。有虞氏有复杂繁琐的礼制，《尚书·尧典》："舜格于文祖。"《礼记·王制》："有虞氏皇而祭。"《管子·封禅》："舜封泰山。"因此，中国的夏礼、殷礼和周礼均可能源于虞礼。有关有虞氏有无使用文字，未见明确的记载，《史记·五帝本纪》称"天下明德皆自虞帝始"，可见有虞氏的文明程度是很高的。龙虬庄遗址的刻文陶片即有虞氏遵海滨而处的文化遗留。王油坊类型龙山文化与后岗类型龙山文化相邻，同处河南东部，两者有很多相同的文化因素，关系十分密切。《尚书·尧典》云："帝曰：契，百姓不亲，五品不逊，汝作司徒，敬敷五教，在宽。"《大戴礼记·五帝德》云：舜使"契作司徒，教民孝友，敬政率经。"《史记·五帝本纪》云："帝舜乃命契曰……汝为司徒……封于商。"故《国语·鲁语》云："商人禘舜而祖契。"由此可见，有虞氏部族和帝喾部族的地望介于华夏和东夷两大集团之间，皆为华夏化的东夷人，虞舜时代，商人的先祖契为舜的司徒，殷商时期，商人将舜与契同作为祖先来祭祀。龙虬庄遗址陶文的年代晚于丁公陶文，其时代和文字结构都比丁公陶文更接近殷商甲骨文，尽管目前还不能直接证明殷商甲骨文来源于王油坊类型龙山文化，然两者有着千丝万缕的联系却是显而易见的。因此，龙虬庄陶文的发现，对于研究中国文字的起源与发展，尤其是汉字系统的来源，有着极为重要的意义。当然这一问题的最终解决，还有待于更多的新的考古发现。

注释

① 南京博物院考古研究所：《江苏兴化戴家舍南荡遗址》，《文物》1995年第4期。

② 徐旭生：《中国古史的传说时代》，文物出版社，1985年。

③ 俞伟超：《龙山文化与良渚文化衰变的奥秘》，《纪念城子崖遗址发掘六十周年国际学术讨论会文集》，齐鲁书社，1993年。

④ 中央研究院历史语言研究所：《城子崖》，1934年。

⑤ 郭沫若：《古代文字之辩证的发展》，《考古学报》1972年第1期；于省吾：《关于古代文字研究的若干问题》，《文物》1973年第2期；李孝定：《中国文字的原始与演变》，《历史语言研究所集刊》第四十五本，1974年。

⑥ 李学勤:《中国和古埃及文字的起源》,《文史知识》1984 年第 5 期。

⑦ 于省吾先生文见⑤;唐兰先生有一系列文章,均收入《大汶口文化讨论文集》,齐鲁书社,1981 年;李孝定:《再论史前陶文和汉字起源问题》,《历史语言研究所集刊》第五十本,1979 年;李学勤:《论新出大汶口文化陶器符号》,《文物》1987 年第 12 期。

⑧ 李学勤:《良渚文化的多字陶文》,《苏州大学学报·吴文化研究专辑》,1992 年;李孝定先生文见⑦;饶宗颐:《哈佛大学所藏良渚黑陶上的符号试释》,《浙江学刊》1990 年第 6 期;林巳奈夫:《良渚文化和大汶口文化中的图像记号》,《东南文化》1991 年第 3、4 合期。

⑨ 冯时:《山东丁公龙山时代文字解读》,《考古》1994 年第 1 期。

⑩ 《关于山东省出土陶文的三说》,《アエテ》,1993 年 2 月 28 日。

⑪ 川崎真治:《世界最古の文字と日本的神々》,风涛社,1994 年。

原载台北《故宫文物月刊》第十五卷第 5 期,1997 年 8 月。

从史前陶文谈中国文字的起源与发展

一

汉字的历史，可以上溯到三千多年前的殷商甲骨文，自 1899 年殷墟甲骨文的发现，迄今已近百年了。从甲骨文开始，历籀、篆、隶、楷，汉字的发展可谓一脉相承，源远流长。

自殷墟甲骨文发现以来，经过几代人的努力，对于甲骨文的研究已成为中国古文字学的一个重要分支——甲骨学。尽管在甲骨学的研究中还存在许多分歧，然甲骨文是一种十分成熟的系统文字，已成为研究者的共识。其主要表现为：一、单字多。据徐中舒主编《甲骨文字典》，共收录已识单字 1611 字，而据胡厚宣主编《甲骨文合集》，共收录已识和未识单字 4672 个。因此，甲骨文的字数已近五千，可识者达三分之一；二、六书具备。许慎《说文》总结了汉字构成的六种方法，称之为六书。六书至今仍是研究和释读古文字的重要方法，为诸多古文字学家所推崇。甲骨文中，除转注颇有争议外，其余象形、会意、形声、指事、假借都十分明了；三、文法完善。用甲骨文记事的卜辞，不仅有单句，还出现复句，且句中的语法成分如主语、谓语、宾语、定语、状语、补语等，均已出现，使用方法亦较为固定；四、已能完整地记录事物的发展过程，且涉猎甚广，如世系、方国、天文、历法、地理、田猎、征伐、农事、灾祸、疾病、祭祀、职官、刑狱等。

尽管由于甲骨文的文字载体是龟甲兽骨，其文字内容是卜辞，然已基本包括了殷商时期政治和经济生活的方方面面。显而易见，甲骨文已是一种十分成熟的系统文字，虽然已有三千余年的历史，但从文字的产生与发展来看，甲骨文并不是中国最古老的文字。中国文字的出现，还可以由此上溯。

二

文字是人类社会发展到一定历史阶段的产物，是伴随着人类由野蛮社会进入到文明社会而产生的。同任何事物一样，文字也应有一个产生、发展的过程，有一个由萌生至成熟的过程，有一个由单一表义向系统文字过渡即日臻完善的过程。在此，将中国文字的出现至完善，分为三个发展阶段：一、萌生阶段；二、过渡阶段；三、成熟阶段。成熟阶段是指以殷商甲骨文为代表的系统文字，它是目前公认的汉字系统的源头，即现今使用的汉字是由甲骨文发展演变而来的。如前所述，甲骨文并不是中国最古老的文字，其来源还可再向上溯，故本文主要讨论的是前两个阶段。

中国考古学的仰韶—大汶口时代，是中国文字的萌生阶段。这一时期的陶文在黄河流域、淮河流域和长江流域均有发现，如青海柳湾、西安半坡、临潼姜寨、蚌埠双墩、莒县陵阳河和大朱村、诸城前寨、宜昌杨家湾等遗址，均是发现陶文较多的重要遗址。

西安半坡遗址共发现刻划的文字符号 27 种，刻在 113 件陶器或陶片上（图一）；而临潼姜寨遗址共发现刻文陶器或陶片 129 件，文字符号 38 种（图二）。

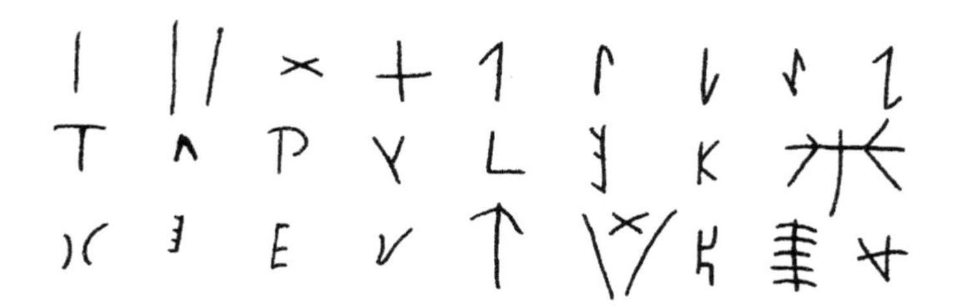

图一　半坡遗址陶文

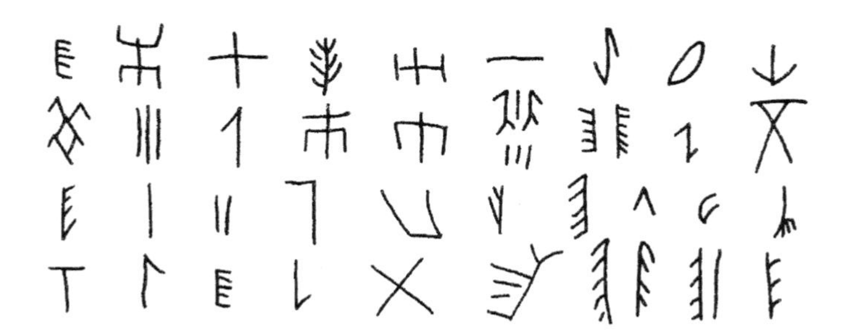

图二　姜寨遗址陶文

青海柳湾遗址共有 679 件陶器上发现有书写的文字符号，剔除重复的，计有 130 余种（图三）。

图三 柳湾遗址陶文

蚌埠双墩遗址是发现陶文较多的一处遗址，在146件陶器或陶片上，共发现刻划陶文59种（图四）。此外，宜昌杨家湾遗址亦发现刻划文字符号50多种（图五）。

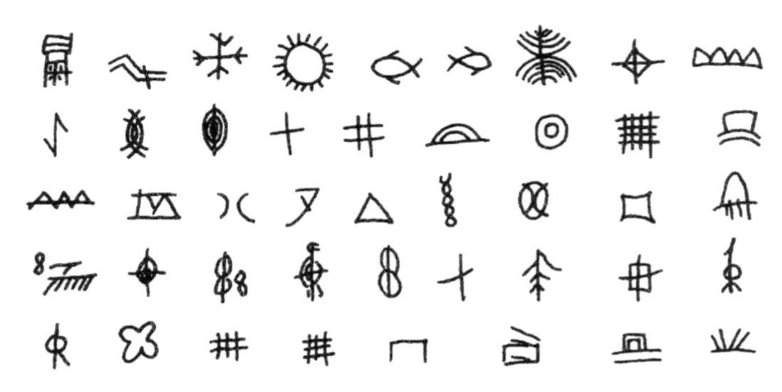

图四 双墩遗址陶文

图五 杨家湾遗址陶文

大汶口文化的刻文符号在海岱地区主要发现于莒县陵阳河、大朱村和诸城前寨等遗址，计发现18件，10种文字符号（图六）。值得注意的是，大汶口文化的文字符号分布范围甚广，在安徽蒙城尉迟寺、南京北阴阳营和湖北天门石家河等遗址亦发现与大汶口文化相同的文字符号。

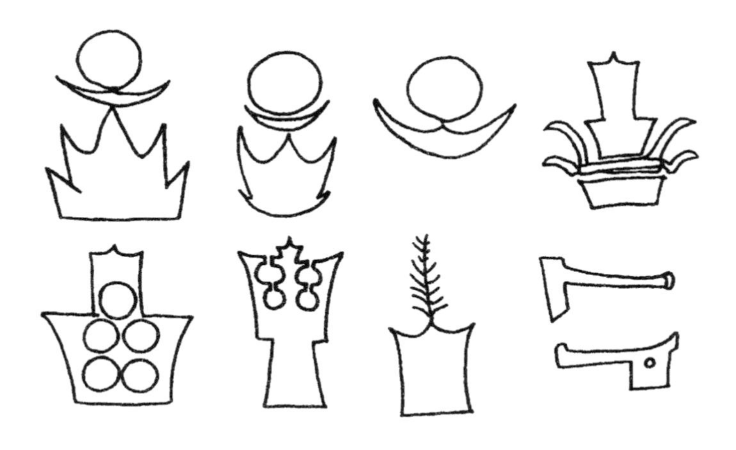

图六 大汶口文化陶文

这一时期发现的文字符号除极个别是刻有两个之外，绝大多数是单一的文字符号，代表了这一时期的主要特点。从字形上分析，似有象形字和会意字，然是否可以用六书来解释这一类的文字符号，还未能成定论。有学者以其不能记录语言而认为其仅仅是符号而不是文字，但从同时出现多种不同的符号以及有许多相同的符号重复出现的情况来看，似应为一种单一的表意文字，这正是中国单音节文字的滥觞，亦是处于萌生阶段文字的一个显著特征。

中国文字由单一的表意文字向系统文字的发展进化阶段为过渡阶段，约相当于中国考古学的良渚—龙山时代。这一时期的刻划文字主要发现于上海马桥、吴县澄湖、余杭南湖、历城城子崖、邹平丁公、高邮龙虬庄等遗址。与萌生阶段不同的是，这一时期除单一文字符号外，还出现了多字刻文，表明了这一阶段的过渡性特征。

吴县澄湖出土的黑陶罐腹部，刻有 4 个文字符号（图七）。余杭南湖出土的黑陶罐，在肩腹部刻有 10 个文字符号（图八）。良渚文化的多字陶文，多刻在陶器的外壁。

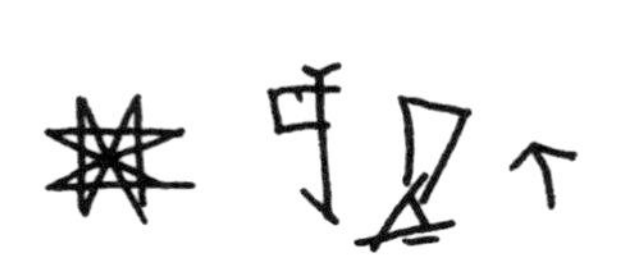

图七 良渚文化陶文
（澄湖）

图八 良渚文化陶文（南湖）

历城城子崖遗址在1931年即出土了一片刻文陶片，内壁上有8个刻划文字（图九）。城子崖考古发掘报告中将其归入了上文化层，即东周文化层。然从陶片推测，其器形似为大口瓮，类龙山文化遗物，故该陶片的年代可能为龙山时代。可以明确为龙山时代的是邹平丁公遗址出土的刻文陶片，文字刻在平底盆底部残片内壁上，5行，右行3字，余每行2字，计11字（图一〇）。

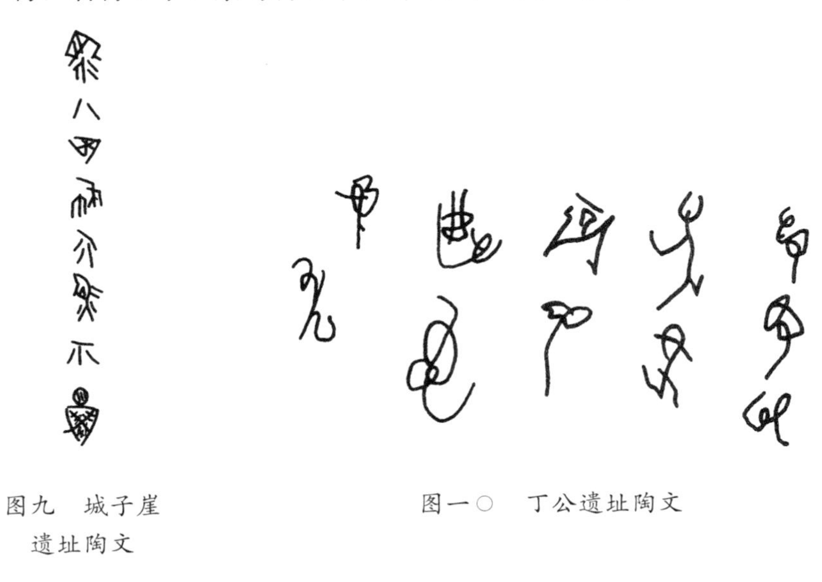

图九 城子崖遗址陶文

图一〇 丁公遗址陶文

高邮龙虬庄遗址发现的刻文陶片属南荡文化遗存，即王油坊类型龙山文化迁徙到江淮东部的文化遗留，其年代约为龙山时代末至夏初，比丁公陶文略晚。与丁公陶文一样，龙虬庄陶文也是刻在陶盆口沿残片的内壁上，共8个文字符号，分左右两行，左行4个类似文字，右行4个类似动物图形（图一一）。

与良渚文化不同的是，龙山文化的陶文皆刻在陶片上，且皆刻在内壁，刻文的天地左右均留有一定的空白，字距与行距似有一定的布局，可以认为龙山陶文皆是用烧成的陶器残片来刻文，一片陶片即一篇完整的文辞。

这一时期发现的刻划文字仅以上数例，明显少于上一阶段。也许这一时期除陶器陶片外，还可能有其他文字载体。如竹、木、皮等，然迄今为止尚未有这一类文字载体的发现，这仅是一种推测而已。尽管如此，多字陶文的出现，表明这一阶段的文字介于单一表义文字与系统文字之间的过渡性特征。

三

文字的出现，在人类发展的历史上具有划时代的意义。《淮南子·本经训》云："昔者仓颉作书，而天雨粟，鬼夜哭"，可见文字的产生，是一惊天地泣鬼神的重大事件。

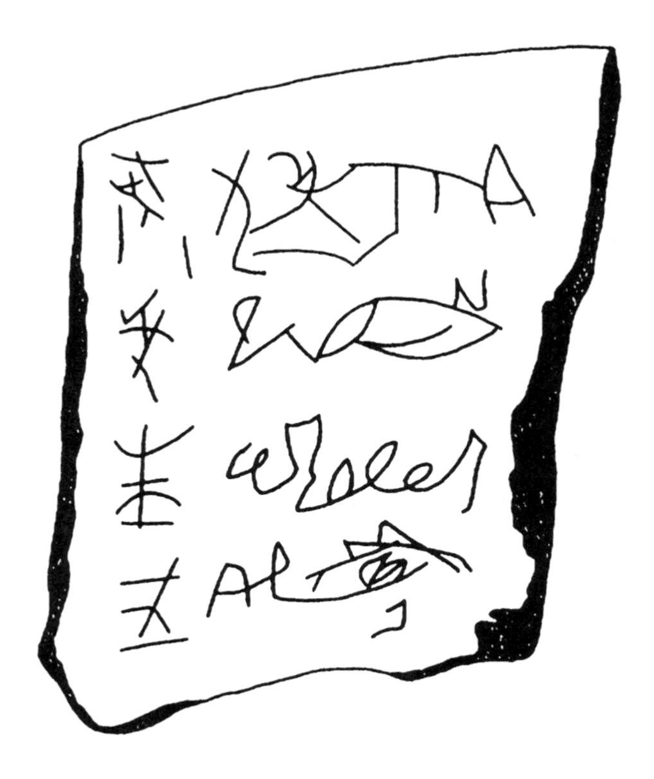

图一一　龙虬庄遗址陶文

夏代之前，是古史传说时代。《史记·夏本纪》之前为《五帝本纪》，因此亦可称之为五帝时代。据史书记载，文字为仓颉所造，《汉书·人名表》、《论衡·骨相》、《说文》等俱云仓颉为黄帝之史，黄帝为五帝之首，文字应产生于五帝时代。

而夏代之前，即公元前3000～公元前2000年，是中国考古学的良渚—龙山时代，据考古发现，这一时期正是中国文字由单一表义文字向殷商系统文字的过渡阶段，显然这不是一种偶然的巧合，而应有更深层次的文化背景。

良渚—龙山时代的考古学文化有龙山文化、良渚文化、王油坊类型龙山文化、后岗类型龙山文化、下王岗类型龙山文化、石家河文化、齐家文化、陶寺类型龙山文化等，而文化最发达、文明程度最高的则是龙山文化和良渚文化，其率先进入由单一表义文字向系统文字的过渡阶段，也就不足为怪了。可以认为，良渚文化和龙山文化直接孕育了华夏国家文明。

但是，仅仅就良渚文化和龙山文化发现的刻划文字是否可以认为已解决了中国系统文字的起源问题，目前看来还为时过早。

首先需解决的是文化传统问题。从唐尧虞舜至夏禹商汤，其间的相互关系是取而代之，而不是继承发展关系。《韩非子·说疑》："舜偪尧，禹偪舜，汤放桀，武王伐纣，皆四王者，人臣弑其君者也，而天下誉之"可证。

结合古史传说来研究考古学文化，龙山文化的族属是太皞和少皞，良渚文化的族属是蚩尤，这两者之间有着十分密切的关系，《周书·尝麦》云："昔天之初，口作二后，乃设建典，命赤帝分正二卿，命蚩尤宇于少昊，以临四方。"《盐铁论·结和》云："黄帝战涿鹿，杀两暤、蚩尤而为帝。"但是，从考古学文化谱系来分析，尽管龙山文化与良渚文化关系密切，然与殷商文化并无直接的传承关系，在太湖地区和海岱地区，这两支文化都出现了文化断层，即良渚文化—‖→马桥文化，龙山文化—‖→岳石文化，其去向还是一个值得探讨的课题。同样，从良渚文化与龙山文化的陶文来看，与殷商甲骨文也不是同一个文字系统。从文字发展的角度来认识，其应处于单一表义文字向系统文字的过渡阶段，但从文字源流的角度来认识，则不可能是殷商甲骨文的源头。

四

在探讨以殷商甲骨文为代表的系统文字即汉字的来源时，有一个不容忽视的问题便是文化谱系和文字系统的关系。

中国考古学的文化谱系，到目前为止尚未能完全解决。脉络比较清晰的，在良渚—龙山时代，有大汶口文化→龙山文化，崧泽文化→良渚文化，仰韶文化→客省庄类型龙山文化，马家窑文化→齐家文化等。进入夏时期，有王湾类型龙山文化→二里头文化，陶寺类型龙山文化→二里头文化东下冯类型，后岗类型龙山文化→漳河型先商文化，王油坊类型龙山文化→点将台文化等，而良渚文化和龙山文化在进入夏时期时却都出现了文化断层，错综复杂的文化现象必然导致文字谱系的错综复杂。从上述文化谱系可以看出殷商文化的谱系是由后岗类型龙山文化发展而来，后岗类型龙山文化的族属是帝喾部族。《楚辞·天问》有"简狄在台，喾何宜？玄鸟致贻，女何喜？"《诗·商颂·玄鸟》有"天命玄鸟，降而生商，"可证。那么，殷商甲骨文是否是来源于后岗类型龙山文化和漳河型先商文化，目前还缺乏直接的证明，但是，在属于漳河型先商文化的河北磁县下七垣遗址发现过卜骨和卜甲，然无卜辞，另外还发现过有刻划符号的陶片。可见先商时期尚未出现甲骨文。值得注意的是，甲骨文中有"典"、"册"二字，在殷商之际可以肯定有竹、木一类的文字载体，那么先商时期有无典、册，目前尚无从知晓。不过从事物发展的规律来看，也可能有一个从产生至完善的过程，《尚书·多士》云："惟殷先人有册有典。"所以也不能排除先商至早商时期的文字是写刻在典、册之上，只不过因其载体易于腐烂而不易保存，至今没有发现而已。

二里头文化是由王湾类型龙山文化发展而来，二里头文化的族属是夏后氏，夏王朝的建立标志着中国已进入国家文明。在夏时期，二里头文化的文明程度明显高于漳河型先商文化，但从二里头遗址发现的文字情况来看，其皆刻在陶器上，多为单一文字（图一二），似乎还落后于良渚文化和龙山文化，而在二里头文化之后的殷商文化却突然出现了高度发达的系统文字，两者之间从文化谱系到文字系统并无直接的承继关系，因此二里头文化的陶文，亦不可能为殷商甲骨文的直接来源。

图一二　二里头遗址陶文

五

殷商文化的谱系可以追溯到后岗类型龙山文化和漳河型先商文化，然从文字系统向上溯源，却无法从中找出殷商甲骨文的直接来源。由于龙虬庄刻文陶片的发现，为寻求殷商甲骨文的直接来源提供了新的线索和新的佐证。

龙虬庄遗址的刻文陶片属南荡遗存，其来源是王油坊类型龙山文化。王油坊类型龙山文化的族属是有虞氏，后岗类型龙山文化的族属是帝喾部族，有虞氏和帝喾同处河南东部，地望相邻，两者之间有较多的文化因素相同，表明其关系十分密切。《史记·殷本纪》："殷契，母曰简狄，有娀氏之女，为帝喾次妃。……帝舜乃命契曰：'百姓不亲，五品不训，汝为司徒而敬敷五教，五教在宽，'封于商。"《尚书·尧典》、《大戴礼记·五帝德》亦有类似的记载。《国语·鲁语》："商人禘舜而祖契，"更是清楚地表明了有虞氏与殷商之间不寻常的关系。

据徐旭生先生研究，中国的古史传说时代可分为三大民族（或部族）集团，即华夏集团、东夷集团和苗蛮集团，帝喾和有虞氏介于华夏和东夷集团之间，为华夏化的东夷人。在良渚—龙山时代，有虞氏的文化相当发达。河南淮阳平粮台古城，是有虞氏的重要城址，面积为三万多平方米，南门两侧有门卫房，城内除房屋遗迹外，还发现陶水管道，其营造城的水平高于同时期的登封王城岗古城（王湾类型龙山文化）、城子崖古城（龙山文化）和后岗古城（后岗类型龙山文化）。有虞氏还有复杂的礼制，据陈国成《先秦礼制研究》一书的研究，中国的夏礼、商礼、周礼均有可能来源于虞礼。关于有虞氏有未使用文字，未见明确的记载，《史记·五帝本纪》称“天下明德皆自虞帝始，”可见有虞氏的文明程度是很高的。

进入夏时期，王油坊类型龙山文化突然在豫东一带消失不见了，这与有虞氏的出逃是一致的，出逃的原因据《韩非子·说疑》是“禹逼舜”，有虞氏出逃往何处去，据《孟子·尽心上》云：“舜视弃天下犹弃敝蹝也，窃负而逃，遵海滨而处，终身欣然，乐而忘天下。”江淮东部的南荡遗存正是有虞氏“遵海滨而处”的文化遗留。龙虬庄陶文的文字结构与殷商甲骨文十分接近，而不像良渚文化陶文近似图画而丁公陶文近似谲秘。有虞氏部族与帝喾部族地望相邻，同属华夏化的东夷人；虞舜时，商人的先祖契为舜的司徒，并被封于商；殷商时期，商人将舜与契作为共同的祖先来祭祀。因此，从龙虬庄发现的刻文陶片来看，殷商甲骨文可能来源于王油坊类型龙山文化，虽然目前还缺乏直接的证明，然两者之间有着千丝万缕的联系却是显而易见的。

六

在进入华夏国家文明之前，中国至少存在着三个民族（或部族）集团，即华夏、东夷和苗蛮。语言是作为人际间相互交流而产生的，语言可以描述事物，表达感情，表述思维，而文字是作为记录语言而产生的，其最主要的功能便是记录语言。语言和文字都是人类社会发展到一定历史阶段的产物。语言又是区分民族的重要标志之一，不同的民族必然操不同的语言，语言系统的不同亦必然导致文字系统的不同。在民族大融合的过程中，这一现象应延续很长时间，利用国家机器强制性地推行书同文，可能始于夏商，而真正在全国范围内实行书同文，则是由秦始皇完成的，因为在商周时期还发现不同于甲骨文文字系统的吴城陶文和巴蜀文字，便是很好的说明，同时也反映了三大集团的民族融合首先是夷、夏集团的融合。从仰韶文化到二里头文化的华夏文字系统和从大汶口文化到龙山文化、良渚文化的东夷文字系统都未能成为汉字系统的直接源头，而介于夏夷之间的后岗类型龙山文化和王油坊类型龙山文化的语言文字系统成为汉字系统的源头，很可能是由于在夏、夷融合时期文化水平较高，同时又介于夏夷之间具有夷夏二重性，故很容易被夷夏所共同接受的缘故。

中国文字的起源，大致在仰韶—大汶口文化时代；中国文字向系统文字的过渡，大致在良渚—龙山文化时代。从起源至发展，由于语言文字系统的不同，呈现出错综复杂的局面。众多的语言文字系统未必都是以殷商甲骨文为代表的汉字系统的源头，从文化谱系和文字系统分析，殷商甲骨文的来源有可能上溯到后岗类型龙山文化和王油坊类型龙山文化。因此，在释读殷商甲骨文之前的古文字时，首先需理清的是其文化谱系和语言文字系统，若简单地用六书即造字六法来释读这些古文字，很有可能会误入歧途。

七

龙虬庄遗址的刻文陶片，是一篇图文并茂的完整刻辞。刻文的陶片是磨光泥质黑陶盆的口沿残片，其器形与兴化南荡遗址Ⅰ型陶盆相同。陶片表面磨光，乌黑发亮，胎亦呈黑色，烧成火候较高，质地坚硬，在放大镜下可清楚地看到刻划的崩碴，刻文笔画纤细，技法娴熟。左行四字，以直线条为主，横平竖直，结体有序。右行四个图形，酷似动物的侧视图形，第一个似兽，第二个似鱼或鳖，第三个似蛇，第四个似鸟。通篇刻文应包含一个完整的意义，即左行四字似可连续，又可能表示右边四个图形含意。若一字一图为一组，正好四组，其含意究竟是四方还是四时？是四渎还是四岳？是四神还是四灵？抑或是四个东夷文字与四个华夏文字的对读？目前还很难确定。但是，这种图文并茂的刻文陶片在中国是首次发现，不论是由图入文还是由文入图，其重要性是不言而喻的。龙虬庄陶文与殷商甲骨文在文化谱系上相近，在文字系统上也相近，将其与殷商甲骨文进行对读考释，亦是一件十分有意义的事，然对其释读已超出本文论及的范围，兹不赘述。总之，龙虬庄陶文的发现，对于寻求中国汉字系统的来源，研究中国文字的起源与发展，将有着极为重要的意义，并将产生深远的影响。

原载《东南文化》1998年第1期

补记：高邮龙虬庄遗址出土的南荡遗存刻文陶片，是继山东邹平丁公遗址出土刻文陶片后又一次发现的龙山文化末期至夏初的刻文陶片。

龙虬庄遗址发现刻文陶片之后，立即引起诸多学者的关注，笔者应台北《故宫文物月刊》之约，撰写了《龙虬庄陶文的发现与殷商甲骨文之源》一文，刊于台北《故宫文物月刊》第十五卷第5期。由于台湾的刊物未在大陆公开发行，故大陆学者对《龙虬庄陶文的发现与殷商甲骨文之源》一文知之甚少。

其后，《东南文化》邀请诸多专家学者对龙虬庄陶片的刻文进行专题讨论，《东南文化》编辑部特别要求笔者也写一篇文章谈谈对龙虬庄陶文的看法，因已在台北《故宫文物月刊》发表，故本文是在《龙虬庄陶文的发现与殷商甲骨文之源》的基础上修改而成。

破山口青铜器三题*

坐落在绿荫之中的南京博物院艺术陈列馆，富丽堂皇。端庄典雅的大厅内弥漫着浓郁的艺术气息，仿佛使人置身于一座高雅而又纯洁的艺术殿堂。

当您走进艺术陈列馆内的青铜艺术馆，立即就会感到一种庄严肃穆而又神秘威严的气氛扑面而来：古铜色的四壁透出阵阵沁人心肺的芳香；悠扬的青铜古乐飘飘而至，余音杳杳；狰狞的饕餮纹圆睁着硕大的眼睛在注视着您，而露出獠牙的大嘴似乎在向您述说着久远久远的故事。在青铜艺术馆内，您会注意到有一件巨大的铜盆，铜盆的口沿有四个立柱，柱的顶端有四个振翅欲飞的小鸟，这就是著名的“四凤盘”，四凤盘下的说明牌上注明出土的地点是仪征破山口；如果您非常留心地鉴赏，您还会发现，除四凤盘之外，说明牌上标明仪征破山口出土青铜器还有鱼龙纹盘、饕餮纹甗、素面鼎、素面鬲、素面独耳鬲、云纹尊、鸟纹尊、方格纹瓿、凤纹盉、卷云纹铲等等。也许您不禁要问，破山口究竟是个什么地方？为什么会出土这么多精美的青铜器？然而您可曾想到，这些静静地置放在玻璃后面的青铜器，也曾有过鲜为人知的传奇般的色彩。也许这些默默无语的凤鸟和鱼龙，正欲向您述说着发生在它们身上的惊心动魄的故事。

一　破山口青铜器的传奇

故事发生在1930年，屈指算来已有七十多年了。

仪征县城以东约3公里的地方就是著名的破山口。从破山口出土的明代墓志称其地为“蜀岗之尾”，蜀岗是从扬州的西北逶迤向东的小丘陵，蜀岗小丘陵岗峦起伏，蜿蜒至仪征的东北有几个高出地面约20米的连绵的小土山，山头之间的一个小凹地就叫山口，破山口就是其中两个小山头之间的一个山口。破山口的北面有高高低低的山峦，而南面则是一马平川的圩田。破山口山前的村庄叫李家营，山后的村庄叫史家营。当时山上草木茂盛，附近的小孩都在山上放牛。1930年秋，有一天下午，几个放牛的小孩肚子饿了，就在破山口的南坡挖了一个坑准备烤红

---

* 原有插图10幅，现略去。

薯吃，刚挖下去几锹碰到了一件圆圆的青铜器的口沿，被刮去铜锈的地方还金光闪闪，大家激动不已，七手八脚地挖出来一看，原来是个“铜罐子”（也有人说是铜盆）。由于怕大人知道，他们又将铜罐子埋进土里。几天后，正巧村里来了个换糖的，这些小孩便将铜罐扒了出来，拿去换了一大块麦芽糖，然后高高兴兴地分食了。

此人换得铜罐后越看越觉得是一件古物，上面不仅铜锈斑驳，而且还有花纹。于是就将铜罐子带到一江之隔的镇江，找了一家大的古董店，卖给了古董商。据说卖了200块大洋，也有人说卖了500块大洋，总之是发了大财，发了洋财。

获此大利后，这个换糖的又来到李家营和史家营找这些小孩，到处打听是在什么地方挖出的，同时鼓动村里人去挖，他愿出高价收购，大的50块大洋一件，小的20块大洋一件。这在乡人看来无疑是从天上掉下个财神，谁也不愿意错过这个发大财的机会，于是个个摩拳擦掌，跃跃欲试。12月19日的清早，李家营和史家营两个村的人陆陆续续地来到破山口，开始大肆挖宝。不一会儿，附近几个村子的人也闻风而至，一霎时破山口上人头攒动，山上山下土锹洋镐一起上阵，钉耙锄头此起彼落，随着青铜器一件一件地被挖了出来，山上山下哭的、笑的、叫的、跳的乱作一团，那些看热闹的更是里三层外三层地把破山口围得水泄不通。只要一挖到铜器，人群中立刻会发出惊天动地般的叫喊声，马上就有人冒着生命危险，奋不顾身地扑了上去，用胸部紧紧地压住青铜器，然后在周围慢慢地掏，生怕一不小心被别人抢了去，而一旦挖出来铜器，也立刻有人蜂拥而至你争我夺，四五个人或七八个人手忙脚乱地抢作一团，双手在拼命地抢，两脚在拼命地踹，一个个争得面红耳赤，青筋直暴；抢到的人抱住铜器直往山下滚，没抢到的人紧跟其后穷追不舍；有一个人抱了一件铜器在跑，后面跟了七八个人在追，他急中生智，跑过南面的独木桥后，放下铜器用尽吃奶的力气抽掉桥板，已踏上桥的人纷纷落入水中，后面的人跑得太急，还没反应过来便一个跟着一个鱼贯而入，纷纷冲入河中。破山口东面的村子里有个财主号称“孙百万”，其婆娘听说后也急匆匆地赶来，见到众人都在汗流浃背地挖宝，于是跌跌爬爬地爬到山顶，一面四脚朝天地仰在已挖出的大坑里，一面大叫：“不许挖～～不许挖！这是我家的祖坟！这是我家祖坟～～你们要遭报应的～～”话还没叫完，已挖红了眼的乡人七嘴八舌地喊道：“是你家祖坟就把你埋在里面!”于是大家就朝她身上撂土，满头满脸都是土的百万夫人四脚乱蹬，嘴里还不停地在骂，这时又有人喊道：“把她甩下山去！把她甩下去!”于是大伙又七手八脚地将她拖了出来，拎起来甩了几甩，凌空将其摔下去。可怜孙百万的如夫人从山上滚到山下，绣花鞋也滚掉了一只，颤颤巍巍地颠着小脚，灰头土脸地哭回了家中。蔚为壮观的挖宝场面从早晨一直持续到黑夜，真是上穷碧落下黄泉，在掘地三尺后，看着山上这个再也没有希望的大坑和四围千疮百孔的“破山”，一个个才意犹未尽地散了回去。一连几日大家都兴奋不已，挖到的喜气洋洋，财气四溢，没挖到的虽心中不快，然茶余饭后人人都在谈论挖宝的事，这时谁也不愿意卖给那个换糖的，个个都在盘算是到扬州还是到镇江去卖个好价钱。

话说孙百万的如夫人回到家中，向“百万”夫君一把鼻涕一把泪地诉说了她的遭遇，还添油加醋地说那些人挖了多少宝，可卖多少钱。孙百万一听大怒，马上派人向县里报告，让县政府严惩这些挖其祖坟的人；破山口挖宝的事在当地可谓轰动一时，消息自不胫而走。仪征县里有个天主堂，天主堂里的加拿大传教士听说此事，也马上去找县长，要求立即去处理此事，并允诺县长他将出巨资收购这批古物。

第二天县长便派人下来调查，并向乡人宣传说，地下挖出的不管是“香炉”还是“痰盂”，都是“国宝”，国民人人要爱国，挖到的国宝一律要上缴，由政府换成洋钱以充国库，上缴的人既往不咎，不上缴的人将严惩不贷。乡人不理那一套，宣传了一天，不见成效，竟没有一人上缴。这些人回到仪征之后，便立即将宣传不果、乡人愚氓不可教也等等向县长作了汇报，听到这个消息，据说县长大人气得七窍生烟，双手直抖，胡子直翘。乡人自然也非等闲之辈，来人刚走，乡民就立即行动起来，当晚便将宝物四处收藏，草垛里、灰堆里、粪缸里、猪圈里、菜地里、水沟里，凡能想到的肮脏龌龊的隐蔽之地，都成了宝物的藏身之处。

第三天凌晨，正在睡梦中的乡民忽然被警醒，从仪征来的荷枪实弹的马队，一下子将李家营和史家营团团围住。县长大人乘着小轿，带着一队军警也随后赶到。军警将所有的人都赶到史家营村前的空地上，由县长训话。县长大人清清嗓子，抑扬顿挫地从三民主义才能救中国到国难当头匹夫有责，从国宝缴公以充国库到如若不缴严惩不贷，云云。然乡民面面相觑，一言不发，任凭你唇焦舌烂，我自岿然不动。这样一直坚持到了下午，一件古物也没有收缴上来。县长大人终于按捺不住，向乡民下了“哀的美敦书”：再不上缴便要抓人，一家抓一个，关在大牢里，要想回家也可以，以物易人，以物赎人，缴一件宝物赎一个人。乡民听了仍不予理睬，一个个无动于衷，心想：到嘴的肉包子岂能吐出来喂你，我不缴总不至于是死罪吧，看你又能将我奈何？在这种僵持不下的情况下，于是县长下令军警出动，不分青红皂白，一家抓一个男丁，五花大绑，由马队武装押解到仪征县，关在县大牢内。

这边抓人的刚走，那边两个村子里霎时间乱成一片：哭爹的、喊娘的大呼小叫，抱怨声、咒骂声此起彼伏，家家自叹倒霉，人人怨声载道，财还没发到，人倒给抓了，这日子怎么过呢？而没挖到宝物的更是冤枉，你们想发财，倒弄的我家的男人平白无故地被抓走了，于是女人们便整天拿着菜刀剁着砧板村前村后挨家挨户地骂，从八十一代祖宗一直骂到二十一代孙，如此这般，尚不能解心头之恨。尽管如此，仍没有人将宝物上缴，就这样一天又一天地僵持下去。

转眼间到了农历腊月底，县里仍然没有放人的意思，眼看就要过大年三十了，一家人如不能团圆，这年也过不安。终于有人按捺不住，于是就将宝物偷偷地挖了出来，到县里去赎人了。乡人一看有人回来了，于是也纷纷效法，一家一家地都将宝又偷偷地挖了出来送到县里，那些被抓的人也一个一个地被赎了回来。据说一共赎回来三四十人，也就是说共上缴了三十多件青铜器。县长大人看看该缴的也都缴了，没缴的估计也榨不出油水来了，于是就将那些没有拿宝物来赎的人统统放了回去，让这些人回去过一个团圆年，自己也算积了一点阴德。一场轰轰烈烈的挖宝风波到此终于悲壮地收场了——破山口成了一座名副其实的“破山”，而乡民的发财梦也就到此一个一个悲哀地破灭了。

县长得到这些宝物之后，留下了一部分存在县政府以遮人耳目；而大部分则卖给加拿大传教士，可能有 20 余件青铜器由传教士带到了国外，至今下落不明。估计这些青铜器应保存在加拿大或美国的一些博物馆内，笔者曾查阅过陈梦家先生的《美掠》和李学勤先生的《遗珍》，由于书上收录的青铜器没有出处，所以也很难核对出哪些是出自仪征的破山口。前几年，武汉大学考古系的杨宝成先生曾告知加拿大多伦多博物馆邀请其去整理一批至今尚未整理过的中国青铜器，其中可能有一些是长江下游的青铜器，因此想请笔者协助他做些工作。得知这个消息后当时十分高兴，心想可能会在其中发现一些破山口出土的或具有破山口特征的青铜器。然不知何故先生未能成行，甚憾。至于加拿大传教士究竟是给了县长十万白花银还是百万白花银，这已成了无从稽考的无头案了。

日月如梭，斗转星移。到了 1948 年，人民解放军集聚江北，眼看仪征就要解放，留在仪征的这批青铜器这时已辗转到了一个姓左的县长手里，左县长怕落入共产党的手中，于是将这批青铜器砌在了仪征县城南的关帝庙的夹墙里。1949 年仪征解放后，左县长因有血债被镇压了，冥顽不化的左县长至死也没有将此事吐露出来。不久，县里成立了文物管理委员会，文管会恰恰就设在关帝庙。到了 1955 年，不知是因下雨还是因年久失修，有一天关帝庙内的夹墙突然坍塌，一件件青铜器从墙里滚了出来，大家喜出望外，直呼是“天意”，这批不知踪影的青铜器居然在“失踪”二十多年后又戏剧性地回到了文管会！拆除夹墙后进行了清点，共计 11 件。1956 年，仪征县文物管理委员会将其全部上缴给江苏省文物管理委员会，后由省文管会将其移交给南京博物院。今天我们所见到的四凤盘等就是当年破山口出土的，尽管只有 11 件，但毕竟回到了人民的手中。

在破山口青铜器移交之后，南京博物院于1959年4月趁苏北重点调查古文化遗存之便，去破山口作了一次探掘。据尹焕章先生《仪征破山口探掘出土铜器记略》一文中记载，“在探掘前，曾于4月24日访问了该地史家营当时参加挖掘的人。据他们说，1930年7月李家营有人在破山口山上放牛，看到地表露出一个罐口，随即挖出一个铜罐（据云18斤），同年12月19日下午，有人挖出大铜器十八件，有一个罐子内还装有绿色珠子。访问后，由群众指出当日出土铜器的地点”。这是第一次披露破山口青铜器的出土情况，但是，这次调查的目的只是想让群众指认出土地点后进行探掘，而非调查具体的事情经过，与笔者调查的情况略有出入。

1985年冬，由笔者负责南京博物院和仪征市文化局联合在破山口和破山口北面的烟袋山进行了长达3个月的考古发掘。发掘期间，笔者在李家营和史家营对当年挖掘青铜器一事作了详细的调查，由于住在村里，所以几乎每天闲聊的内容都是挖宝，其间笔者还走访了许多六十岁以上的当年参加过挖宝或围观过挖宝的老人，只要一谈起挖宝的壮观场面，老人们无不津津乐道；一谈起县政府抓人和拿宝赎人一事，老人们又无不义愤填膺。以上就是笔者根据当时的调查记录进行整理的，还有一些细节则是由仪征市文化局的孙庆飞先生调查后提供的。

遗憾的是，加拿大传教士和当年仪征县长的尊姓大名至今尚未查清楚。还有一些小的细节老人们的口述也略有出入，只能由笔者加以取舍了。

二 破山口青铜器的年代与特征

破山口出土的青铜器的年代与基本特征可以根据对其造型、用途等进行分析，最后再进行归纳。为叙述方便，这里先将西周的年代与分期简单地交代一下：

西周从武王克商以来，一共经历了十二代王，即武王、成王、康王、昭王、穆王、恭王、懿王、孝王、夷王、厉王、共和、宣王、幽王，其中在厉王时由于“国人暴动”，厉王仓皇出逃，困死于彘（今霍县），国人推共国的国君管理国事，共国国君的爵位为伯，名和，史称“共和行政”。西周青铜器的分期一般为三期，即武王至昭王为早期，大致从公元前11世纪中叶～公元前10世纪；穆王至夷王为中期，大致从公元前10世纪～公元前9世纪；厉王至幽王为晚期，大致从公元前9世纪～公元前771年。西周最后一个王是幽王，由于其昏庸荒诞，甚至“烽火戏诸侯”，引起犬戎等西夷的反叛，杀幽王于骊山之下，立太子宜臼，这就是平王。次年，平王东迁洛邑（今洛阳），史称东周，至此西周终于崩溃。中国历史上开始有明确纪年的是公元前841年的“国人暴动”，也就是共和元年。平王即位于公元前771年，东迁于公元前770年。东周又分为春秋和战国两个时期，春秋的年代为公元前770年～公元前476年，战国的年代为公元前475年～公元前221年。理顺了西周青铜器的分期与大致年代之后，再来分析破山口出土青铜器的年代与特征。

四凤盘　盘是古代盥洗用器，因盘的口沿上有四只振翅欲飞的小鸟，故称之为四凤盘。四凤盘形体硕大，与著名的虢季子白盘一样，应为沐浴用器，即古人在祭祀之前必须进行沐浴以表示对祖宗或神灵的虔诚。大盘主要出现在西周，但四凤盘的形制与中原的大盘有较大的差异，应为本地铸造。四凤盘的年代大致为西周晚期。

鱼龙纹盘　也是盥洗用器，盘较小，应为洗手用，一般情况下盘与匜同出，即盘与匜是配套使用的，使用时祭祀的贵族将双手伸出，仆人一人执匜将水徐徐倒出，一人捧盘在下接水，供其洗手。盘最早可能出现在西周中期，鱼龙纹盘在中原以及其他地方也发现过，其年代大致为西周晚期至春秋早期。

素面鼎　鼎是烧煮食物用的炊器，也是最主要的礼器之一，尤其是在西周，用鼎的数量往往与身份等级有关，所谓天子九鼎八簋、诸侯七鼎六簋至下士一鼎一簋等。这件鼎通体素面，仅上腹部有一道凸棱，耳立在口沿上，垂腹，圆柱足。鼎从商代至汉代一直沿用，其演变规律大致是深腹圜底→浅腹圜底→垂腹近似平底→半球形腹，鼎足从锥足→柱足→半圆形蹄足。素面鼎的年代大致在西周晚期。

饕餮纹甗　是蒸煮食物用的炊器，其沿用时间大致从商代至春秋。破山口甗的造型与中原出土的基本一致，地方特征不明显，可能是中原输入。其年代应为西周晚期。

素面鬲　鬲也是烧煮食物用的炊器，其沿用时间大致从商代至春秋战国。这件鬲小口、立耳、高分裆、上腹部有一道凸棱。其造型具有明显的地方特色，年代大致为西周晚期。

素面独耳鬲　造型具有浓郁的地方特色，也是小口，高分裆，在一足之上有一个半环耳。其年代大致为西周晚期。

凤纹盉　是用来温酒的酒器，流行于商代至春秋战国，春秋以后的盉多有提梁，与西周有异。破山口的这件盉盖钮作三叉形，十分罕见，盖上饰有一对凤鸟，盖与把之间以环相连，把上部作兽首形，前有管状流，上腹部饰鸟纹和环螭纹，垂腹，圆柱足。根据其特征，凤纹盉的年代可定为西周晚期。

方格纹瓿　瓿是盛酒用的酒器，流行的时间大致从商代至西周。这件瓿有两耳，耳上各出一个兽首，上腹部饰云纹带间圆圈纹带，下腹部饰斜方格纹，内填圆圈纹，其地方特色明显。从器形上来看，其年代应为西周中期。

云纹尊　尊亦是盛酒用的酒器，常常在祭祀时用尊盛酒，故后来引申为尊敬的意思。尊大部分素面，垂腹，仅在上腹部有一道云纹带，并出两个兽首，地方特征明显。其造型特征应为西周晚期。

鸟纹尊　造型为三段式，大部分素面，仅中腹部饰一道变体鸟纹。三段式尊在中原出现在商代，而南方地区则出现在春秋，故这件尊可以作为典型的南方青铜器。其年代可定为春秋早期。

云纹铲　为十分罕见的青铜器，其用途不明，可能是一种有着特殊用途的器具。铲形体硕大，厚重，后有长柄，柄的后端有銎，可纳木柄，柄与铲的交接部有一个半圆形耳，可以系绳。铲的边缘饰一道卷云纹。其器形没有可比性，其年代大致与同出的器物相当。

通过以上分析，可以看出，破山口青铜器的年代大多为西周晚期，个别的可能出现较早，还有个别的可能沿用到春秋早期，因此破山口的这批青铜器的年代可定为西周晚期，大致在公元前 850 年～公元前 770 年之间。

由于破山口青铜器大多流失，因而对其等级只能大致作一些推断。从器类上来看，破山口有炊器、酒器等礼器，但缺少与鼎相配的簋一类的盛食器，如是九鼎八簋还是七鼎六簋，总的来看器类还是比较全的，如鼎、鬲、甗的炊器组合，尊、瓿、盉的酒器组合，还有大盘、小盘等水器，尤其是尊、鬲及大盘等，明显地超过一般的三鼎墓的规模，可见其等级还是很高的，很可能为使用七鼎至五鼎的诸侯王一类贵族。破山口青铜器中，除个别的具有中原色彩外，大多从造型到纹饰都具有浓郁的地方特色，甚至有不见于中原的大铜铲、独耳鬲、四凤盘等，有些青铜器的风格反而与江南的吴国青铜器风格相近或相同，这也反映了这一地区与江南在文化上有着密切的联系。

三　破山口青铜器的国属

破山口青铜器虽然只有 11 件，但是十分精美，而且颇具特色。解放后，仪征县文化馆曾在破山口征集到一件青铜戈和一件青铜鼎残片，戈上铸有一个人面纹，鼎片上有“父乙作宝尊彝”等铭文；1959 年，南京博物院又在此进行了考古发掘，又出土了青铜戈 1 件、青铜镞 23 枚、青铜斧 2 件、青铜钺 1 件、青铜镰 1 件、青铜矛 1 件等小型青铜器和 30 余粒管状或珠状的绿松石等，此外还发现了一些青铜器的碎片和陶鬲、陶罐的残片等。1985 年，笔者曾负责过破山口的考古发掘，也同样发现过一些陶器的残片，从陶器的造型和纹饰分析，年代为西周。那么，要研究这些青铜器的国属，自然要对所有的资料进行全面的分析，根据分析的结果首先要解决的问题是出土地点的文化性质。

从出土情况来看，破山口应为一座墓葬。在1959年的探掘过程中，发现了一个南北长约3.8、东西宽约2.6米的长方形墓坑，尽管是只发现了坑底的一部分，然根据发掘情况推测，应为竖穴土坑墓；另外，从出土器物的组合来看，有青铜礼器、兵器、工具和玉石制成的装饰品，显然与一般的墓葬规律相吻合。

尽管现已无法知道随葬品的具体位置和数量，但还是可以看出是一座规格极高的西周晚期的贵族墓葬。

那么破山口究竟是谁的墓葬，为什么要埋葬在破山口呢？根据笔者的研究，破山口西周墓应为邗国墓葬，墓主人应为邗国的国君。

邗国，亦称干国，是江淮之间的一个小国。《说文・邑部》："邗，国也。今属临淮郡。从邑，干声。一曰：本属吴。"邗国的范围大致与汉代的临淮郡相当，即在古邗沟（今京杭大运河江淮段）两岸，包括今天的扬州、仪征、邗江、江都、高邮、宝应等沿河市县，向东可能达泰州、姜堰一带。邗国的得名显然是因为邗沟。邗国的历史在史书上几乎不见记载，目前所能见到的仅《管子・小问》中有这样一段记载："桓公使管仲求宁戚，宁戚应之曰：'浩浩乎。'管仲不知，至中食而虑之。婢子曰：'公何虑?'管仲曰：'非婢子之所知也。'婢子曰：'公其毋少少，毋贱贱。昔者吴干战，未龀不得入军门。国子擿其齿，遂入，为干国多。'"这里记载的是管仲与其婢子的一段对话，婢子所言大概的意思是您不要看不起年少的人，也不要看不起地位低下的人。想当年吴国和干国打仗，未成年的人不能去参军。干国的一个小孩便自己敲掉了门齿，于是参了军，为干国军队增加了有生力量。从这里可以看出两点，一是邗国还保留了凿齿的原始习俗，即还保留了原始社会的"成丁礼"，在"成丁礼"上为已成年的孩子摘去门齿，以表示其成为大人了；二是可以看出当时邗国的局势非常紧张，连小孩子都要求参加抵抗吴国的战争，并为了能参战而勇敢地摘去自己的门齿。邗国是被吴国灭掉的，灭邗的时间究竟在什么时候不得而知，但管仲为齐桓公的良臣，时在春秋早期，"昔者"显然是指过去的事，此时的邗国早已不复存在，据此推测邗国灭亡的时间大致在西周晚期。吴国灭了邗国之后亦有时称为吴干或干，如《战国策・赵策》："夫吴干之剑"，吴干即吴；《庄子・刻意篇》："干越之剑"，《荀子・劝学篇》："干越夷貉之子"，《墨子・兼爱篇》："以利荆楚干越"，等等，显然干越即指吴越；另外北京故宫博物院收藏的一件青铜器"邗王是埜"戈，据郭沫若先生考证，"邗王是埜"即吴王寿梦。另外一条有关邗国的记载见于《左传・哀公九年》："秋。吴城邗，沟通江淮"，哀公九年即公元前486年，吴在邗筑城，显然此时邗国早已属于吴国。

在仪征县城西面约3公里的地方，有一座古城址，据《仪征县志》的记载，这座城在汉代叫作"佐安城"，现在这里是佐安村，可见这一地名至今犹存。1982年笔者曾在佐安城作过调查，其年代大致为春秋时期。这可能不是邗国的故城而应是吴国的故城，但是值得注意的是这座城叫作“佐安”，那么佐安城很可能沿用了邗城的名称。我们知道，古代的读音与现在的读音是有一定的区别和差异的，邗的古音应读作“干”（Gan），而佐安两字连读在一起疾读应读作“丹”（Dan），在古音中，干是见母，丹是端母，声近韵同，可以互通，即两者声近韵同，古代的读音是相同或相近的。因此，“佐安”应为“丹”（邗）的音转，佐安城即应是“邗城”，尽管这不是邗国的故城，但邗国的政治中心应在此附近，或就在佐安城城址之下也不是没有可能的，至少这里原属于邗国是显而易见的。

根据以上的分析，可以看出邗国原来的政治中心就在仪征一带，而破山口因为前面临江，背后靠山，是一块“风水宝地”的原因，故成了邗国的贵族墓葬地。这一情况与一江之隔的镇江大港一带的吴国贵族墓地的风水基本一致，有异曲同工之感。这也反映了在当时已经形成了本地的“堪舆术”，而吴国和邗国可能有着相似的堪舆术。邗国贵族墓地的发现，也从一个侧面反映了当时堪舆术的情况。

从以上分析来看，仪征破山口应为邗国贵族的墓葬，从墓葬的规模、随葬青铜器的种类、青铜器的数量和青铜器的组合，以及墓葬的年代等因素综合分析，破山口西周墓可能为吴国灭邗国之前的最后一个邗国国君的墓葬，其年代大致在公元前 857 年～公元前 771 年之间，这些青铜器也就是邗国国君生前用过而死后又用来陪葬的随葬品。

在西周时期，实行分封制，周天子封天下诸侯为五等爵位，即公、侯、伯、子、男。晋、齐、宋、秦的爵位为公，燕、蔡的爵位为侯等等；而南方的许多诸侯国则多为子，如楚子、吴子、徐子等，但其往往有所“僭越”，如楚、吴、越、徐等国皆自称王。由于缺乏史书的记载，邗国究竟是公，是侯，还是自称“邗王”，不得而知；邗王共有几代，每代邗王的名字是什么，也不得而知。这对于今天研究邗国的历史也是十分遗憾的事情，但是破山口出土的青铜器毕竟向人们展示了邗国青铜文化的风貌，展示了邗国贵族墓葬的风采。

原载《东南文化》2002 年第 6 期

宜侯夨簋轶事*

1954年夏，丹徒县烟墩山出土了一批青铜器，其中包括有铭的宜侯夨簋。

是年秋，南京博物院和华东文物工作队共同组成调查小组，对出土情况进行了调查并对现场作了清理，又清理出一批青铜器。其后，江苏省文物管理委员会根据调查小组的报告，以《江苏丹徒县烟墩山出土的古代青铜器》为题，在《文物参考资料》1955年第5期上将文物出土情况及调查清理情况作了报道。

由于宜侯夨簋是建国初期出土的最重要的青铜器之一，资料一发表，即引起诸多学者的关注，陈梦家、陈邦福、郭沫若、唐兰、岑仲勉、谭戒甫、陈直、马承源、李学勤、刘启益、杨向奎、黄盛璋等均纷纷著文对其进行考释考证，《中国青铜器全集》（文物出版社）、《殷周金文集录》（四川人民出版社）等均将其著录，董楚平先生编著的《吴越徐舒金文集释》将其列为吴国青铜器中最重要的一件而详加考释。

随着吴文化研究的深入，宜侯夨簋的研究亦越来越成为热点。今对宜侯夨簋的有关背景作一介绍，或许对今后的研究可提供一定的参考。

宜侯夨簋的发现者究竟是谁？

据江苏省文管会发表的《江苏丹徒烟墩山出土的古代青铜器》一文介绍，“1954年6月，丹徒县龙泉乡（后改为大港镇）下聂村农民聂长保的儿子在烟墩山南麓斜坡上翻山芋地‘垄沟’时，无意间在地表下三分之一公尺的土里掘出一只鼎，他就小心地扩大挖掘范围，在三分之二公尺的深度，共掘得铜器12件，计：鼎1、鬲1、簋2（其中一只是有铭的夨簋）、大盘1、小盘1、盉1对、牺觥1对、角状器1对，聂长保把这些东西统统交给当地乡区政府，转送丹徒县人民政府送省保管。”据调查小组写的报告得知，当时还奖励了聂长保人民币30元。

1983年，为了配合中山大学研究生实习，由南京博物院、镇江博物馆和中山大学人类学系商定，拟发掘大港一带的大型土墩墓，为此，我和周晓陆于1984年

* 原有插图14幅，现略去。

初到大港进行了一次考古调查，共计发现土墩 26 座，以后发掘的北山顶春秋墓、青龙山春秋墓、烟墩山二号墓以及双墩等，均是该次调查时发现的。这次调查的意外收获是了解了宜侯夨簋出土的真实情况，并找到了真正的发现者——福贵和尚。

聂家村在烟墩山的南面，又分为相邻的上聂家和下聂家两个小村。我们进了聂家村之后便向村民打听聂长保，谁知却被村民围住，一个个用异样的眼光看着我们，原来聂长保已去世多年！随后我们又询问聂长保的儿子，村民们七嘴八舌地告诉我们，你们根本不用去找，他一听说国家派人来，早吓得躲起来了。这时，几个老者详细询问了我们从何处来、来此的目的之后，对我们说："那些铜器根本不是聂长保的儿子挖出米的，而是福贵！福贵现在在绍隆寺，你们去绍隆寺找福贵不就全都清楚了吗?"

绍隆寺在圌山的南山腰。第二天上午我们从大港出发，沿着弯曲的山间小路走了约两个小时，已到了绍隆寺的北面仍不见寺，当顺着小路转了一个大弯后，豁然开朗，绍隆寺突现在眼前，真是深山藏古寺。进了山门，说明来意之后，我们受到丹徒县佛教协会会长梅初法师的热情款待，县佛教协会的工作人员谢嘉兴先生随即去找来福贵和尚，大家围坐在一起，慢慢地聊了起来。据福贵和尚回忆，他小时因家贫，被送到庙里作小和尚，在庙里干杂役，土改时，工作队说和尚是寄生虫，勒令还俗，梅初法师也未能幸免。离开寺庙之后，因无家无口，于是四处给人打短工。发现铜器的那片坡地是聂长保家的，当时福贵正在聂长保家打短工，那天只有福贵一人在地里，先将地犁了一遍之后，用钉耙拉成垅，当其一钉耙下去时，只听咣当一声，火星直冒，只见土中有金灿灿的一道痕，于是福贵认为地下埋有金子，便找来铁锹，小心翼翼地挖了起来，结果发现东西越挖越多，坑也就越挖越大，而围观的人也越来越多，这样一共挖出了铜香炉（鼎）、盆（簋、盘）、茶壶（盉）等 12 件，正在这时，聂长保的儿子听说他家地里挖出金子，急匆匆地跑了过来，说："这是我家的地，这些东西是我家老祖宗埋的，东西是我家的!"边说边把挖出的东西堆在一起，准备挑回家。而这时围观的人议论纷纷，有的说是金子；有的说金子是黄的，不上锈，这些东西上锈，不是金子。为了证实是不是金子，聂长保的儿子随手拿起一只盆，口朝下反扣在地上，接着又拿起钉耙，高高地举起，用钉耙头狠狠地砸下去，把盆底砸了一个大洞，然后拾起碎片给大家看，还不断地问道："里面是不是黄的? 是不是金子?"围观的人一个个伸长了颈子，瞪大了眼睛，异口同声地说："是金子，是金子。"很快，聂长保家挖到金子的事不胫而走，于是乡里派人下来找聂长保谈话。聂长保当时担任下聂家的村长，一开始，长保不愿交，谈到最后乡里的人发火了，说："你是要干部，还是要金子！你要是明天不把金子送到乡里，就把你的干部下了！”在这种情况下，聂长保才乖乖地把东西交到乡里。后来省里派人来，又挖出不少东西。再后来听说被长保儿子打坏的盆叫宜侯夨簋，是最金贵的一件，福贵还一再向我们表明，他挖出来的时候都是好的，最好的一件被打坏了，真是作孽！梅初法师也证实道：“出家人不说假话，福贵说的事我都知道。”最后福贵还说：“国家奖励了聂长保三十块钱，他一分钱也没给我，叫他独吞了，当时他是干部，我哪敢吱声，这些事聂家上了年纪的人都知道。”这时，我们对聂家村里的人所表现的对福贵和尚的同情和对聂长保的愤愤不平，以及聂长保的儿子一听国家派人来调查便躲起来的真正缘故一下子全都明白了。

告别时，我们邀请大家一起合影留念，梅初法师说：“我从来不照相，县里开政协会我也不照，照相机里有电光，会把魂摄走。”我们问福贵和尚怕不怕把魂摄走，福贵表示不怕，于是在绍隆寺前留下了合影。

宜侯夨簋耳下有珥吗？

宜侯夨簋为浅腹，高圈足，腹上有四耳，耳上部作兽首，张口咬住簋沿，圈足出四扉棱。自1955年首次公开发表的宜侯夨簋照片至最近出版的《中国青铜器全集》图录，簋的四耳之下均无珥，因此，提出这一问题似乎没有必要，也没有意义。然在宜侯夨簋出土之后至公开发表之前，其耳下确实挂着一个长长的“耳垂”，宜侯夨簋挂耳垂的时间不长，因此这张照片便弥足“珍贵”了。

由于宜侯夨簋在出土之后便被人砸坏，因此在这批铜器上交之后即进行了修复。至于为什么要在簋耳下加上珥？为何要作此画蛇添足之举？今已无从稽考，然在其后的展出过程中，却以此形象出现在观众面前，后经专家指出其修复的不伦不类，才将“耳垂”去掉。从簋的造型来看，浅腹、高圈足呈西周早期特征；腹部饰圆涡纹间夔纹，呈商代晚至西周早期特征；圈足上饰夔纹，亦呈西周早期特征；再从簋腹内的铭文来看，其年代亦当在西周成王或康王时。而耳下有珥的簋，其年代虽然在商至周初也同样流行，然原本无珥即便作得天衣无缝，亦是画蛇添足。

烟墩山西周墓究竟是一座墓还是三座墓？

据《江苏丹徒县烟墩山出土的古代青铜器》载：“小组勘查现场及了解首批铜器的出土情况后，把原坑掘于检验，在表面拢土中拾到一些残余碎铜片。原坑南北宽1.1、东西长1.3、深0.44米。据原发现人（即聂长保之子）追述当时铜器在坑内的分布情况，指出‘并无一定排列顺序’。小组在坑底部复清出碎铜片，观察四围土质、土色，认为该坑真实边缘尚未掘到，遂向南北扩大成3.0、东西3.6米的面积，不久在偏西部分发现甲泡、马饰（镳、衔、铃、纶组、节约）、镈、玉环（绿石英）、小玉饰等。更于大坑西北隅连续发现小坑两座，其一出小铜鼎、石器、人牙，另一出铜鼎和青釉陶豆及铜镈。……至于两个小墓和第一墓有无联系，我们暂以出土铜器的形制、位置和深度等条件推断，觉得很有可能是第一大墓的陪葬坑。”

在如此小的范围内，在报道中便分出了若干个单位，“原坑”、原坑的“偏西部分”、大坑的西北隅的“小坑两座”，从行文来看，“小坑两座”应为“两个小墓”，而“原坑”、原坑的“偏西部”应为“第一墓”或称为“第一大墓”。这样一来，在3.0×3.6米的范围内共计发现有一个大墓和两个小墓。

在查阅烟墩山出土文物的登记表上，也同样分为三个单位：

一、第一座大墓出土文物

丹徒县上交12件：鼎1、鬲1、簋2（其一是夨簋）、大盘1、小盘1、盉2、牺觥（羊尊）2、角状器（兕觥）2。

清理出土的有：甲泡93件、节约14件、纶组（三泡相进式）2件、纶组（长条式）2件、铜环1件、铜铃1件、铜锤2件、小玉饰4件、玉环1件、骨管1件、铜鐏1件、小铜泡1包、铜片1包，在整理中发现其中有铜镞4件、铜马镳与马衔1件。

二、第二座小墓中出土文物

小铜鼎1件、石研磨器1件、石器1件、人牙7件。

三、第三座小墓中出土文物

小铜器3件（1件残破）、瓷豆2件、瓷碗1件、铜镈1件。

西周时期，随葬鼎的数量往往与死者的身份有一定的联系。若从鼎的数量上来看，“第一大墓”仅随葬一鼎，而第二座小墓却随葬三鼎，显然不合当时的用鼎制度。

根据在大港一带的考古发掘情况来看，无论是磨盘墩、北山顶还是青龙山、粮山，两周时期随葬青铜器的墓葬都有墓坑，坑多为长方形或长方形带短墓道，而福贵和尚在挖铜器时则是挖了一个近似圆形的坑，这样便把原来的墓坑从中部挖坏了，到调查小组来发掘时，首先清理的“原坑”即福贵和尚挖的“圆坑”，而所谓的“小坑”即长方形、刀把形或凸字形墓坑的残留在“原坑”以外的部分，“第一大墓”、“第二座小墓”和“第三座小墓”实际上就是一座墓，即墓主即宜侯，所有的随葬品皆属宜侯墓，包括五鼎、一鬲、两簋、两盘、两盉、两羊尊、两兕觥、一碗、两豆以及兵器、车马器、玉饰件等，根据“第二座小墓”中发现人牙七枚，可知死者埋葬时头向西北，而根据荞麦山西周墓出土的角杖和北山顶、青龙山春秋墓出土的鸠杖，可知烟墩山西周墓出土的应为虬杖，杖首发现于“第二座小墓”，而杖镈则发现于“第一座大墓”，亦可证其原先实为一墓，这样也才符合其墓主为“侯”的身份。

46年过去了，今天对历史遗留的问题进行澄清，绝无苛求前辈之意，只是想把我们对烟墩山西周墓进行调查和梳理的一些情况公之于众，对于今后的研究或许有所裨益而已。

原载《东南文化》2000年第4期

补记：丹徒烟墩山与仪征破山口因出土青铜器而闻名，也因此成为江苏考古的重要地点。

烟墩山的随访是在烟墩山1号墓发现的30年后，而破山口的随访已是发现青铜器的55年之后。

《破山口青铜器三题》与《宜侯夨簋轶事》为作者在破山口与烟墩山进行考古发掘的同时，根据对当地的老者进行调查和随访的记录，并参阅了当地文化站或文史办的相关资料，经过整理而写成的“考古钩沉”。

“考古钩沉”虽非考古学研究，但却可以作为考古学研究的补充。

后经与仪征文化局和仪征党史办核实，“当年仪征的县长姓左，不姓雷。”因此，本《文集》收录的《破山口青铜器三题》一文，已将“雷县长”改为“左县长”，特此说明。

江苏出土的商周青铜器

中国历史上的夏商周时期，属青铜时代。这一时代是以青铜作为制造工具、武器和生活用具的重要原料，是继石器时代之后，人类物质文化的一个新的发展阶段。中国的青铜时代约始于公元前21世纪，止于公元前5世纪，大致经历了1500年的发展历史。

迄今为止，在江苏境内尚未发现夏代的青铜器，已发现年代最早的青铜器，均为商代晚期，且数量极少。江苏青铜器的繁荣与发达，是从西周开始，直至春秋晚期。战国时期，江苏的青铜器急剧衰落，除少量出土于墓葬或窖藏外，还有一些出土于西汉的墓葬或窖藏。

商代有许多方国，如鬼方、𢀛方、虎方、人方等，江苏境内有哪些方国，目前尚无定论。西周时期行分封，江苏境内主要有淮河下游的徐国、江淮之间的邗国、江南西部即宁镇地区的吴国、江南东部即太湖地区的越国。

徐国在西周时期是一个可以与宗周抗衡的大国。《礼记·檀弓下》载："邾娄考公之丧，徐君使容居来吊含。……容居对曰：'容居闻之，事君不敢忘其君，亦不敢忘其祖。昔我先君驹王，西讨，济于河，无所不用斯言也。'"《后汉书·东夷传》载："后徐夷僭号，乃率九夷以伐宗周，西至河上。穆王畏其方炽，乃分东方诸侯，命徐偃王主之。偃王处潢池东，地方五百里，行仁义，陆地而朝者三十有六国。"春秋时期，徐国不断受到吴国和楚国的打击，逐渐衰微，《春秋·昭公三十年》(公元前512年)："冬，十又二月，吴灭徐，徐子章羽奔楚。"

邗国亦称干国，其地望大致在邗沟两侧。《管子·小问》："昔者吴干战，……遂入干国多。"据郭沫若先生考证，邗国"本来是一个独立国，和吴国接壤，曾经和吴国打过战，终竟被吴国灭掉了，……邗国之灭可能在春秋之前，至迟亦当在春秋初年"[①]。

吴国发祥于宁镇地区。据《史记·吴太伯世家》记载，吴国应始于商末太伯奔吴，周武王克商后，"求太伯仲雍之后，得周章，周章已君吴，因而封之，……列为诸侯"。公元前585年，吴寿梦称王；公元前473年，越灭吴。

江苏境内的商末至春秋的青铜器，从一个侧面反映了这一时期的历史。

仪征破山口西周墓，1930年当地农民在墓中挖出青铜器数十件。1959年在破山口进行了考古发掘，证实了这里是一座长方形竖穴土坑墓，并清理出铜镞、铜戈、铜矛、铜斧、铜钺、铜镰以及绿松石串饰。1930年出土的青铜器大多流失国外，现存国内的有四凤盘、鱼龙纹盘、素面鼎、独耳鬲、兽面纹甗、凤鸟纹盉等。仪征破山口属蜀岗丘陵，古邗沟经蜀岗入江。有一种意见推测破山口墓应为西周晚期邗国贵族墓。

丹徒大港至谏壁一带，应为吴国贵族墓地。这一地区出土的青铜器数量众多，自东而西经过发掘的墓葬有：

烟墩山西周墓，1954年发掘，出土了青铜鼎、鬲、簋、盘、盉、牺尊、杖、车马器等。其中有一件"宜侯夨簋"，内有铭文120余字，主要内容为周王改封虞侯为宜侯，并给予赏赐。对于铭文的考释，颇有歧义，分歧的焦点主要为对人名和地名的释读。虞、宜皆为地名，夨为人名，一种认为虞就是吴，宜就是朱方，即今丹徒，夨是吴君周章；一种认为与吴无关，虞有释为虔、虎、夨，宜有释为宜阳、柤、胙，而夨则为作册夨。洛阳出土的青铜器铭文中有作册夨令，而宜侯夨簋中夨为侯，显然与小令相去甚远。从宜侯夨簋铭文以及随葬品的等级诸因素分析，烟墩山西周墓的墓主可能为吴君周章。

荞麦山西周墓，1982年发掘，随葬的青铜器有鼎、鬲、簋、尊、卣、壶、车马器、兵器等500余件。其中一件方座簋内有铭文"伯作宝隮彝"，墓主的身份当为"伯"，其墓葬的年代略晚于烟墩山西周墓，推测其墓主可能为周章子熊遂。

北山顶春秋墓，1984年发掘，出土青铜器有鼎、缶、鉴、錞于、丁宁、编镈、编钟、鸠杖以及兵器、车马器等400余件。其中有铭文的青铜器15件：徐国青铜器有甚六鼎1件，遷邟钟一套12件；吴国青铜器2件，尸祭缶和余昧矛。该墓的墓主推测为吴王余昧。

除此之外，在这一地区发掘过的随葬青铜器的墓葬还有磨盘墩、粮山、青龙山和王家山等春秋墓，青龙山的墓主可能为吴王僚，其他皆应为吴国的贵族。

比烟墩山更早的青铜器，有出土于江宁县的三羊罍和铙，这也可以作为商代晚期吴国发祥于宁镇地区的一个佐证。另一个出土吴国青铜器的重要地点是武进的淹城，淹城是春秋时期的古城，有城垣三道，护城河三道，青铜器出土于护城河淤泥里的独木舟内，其中有三轮盘、尊、匜、句鑃等，尤以三轮盘和匜造型独特。

在淮河下游，至今尚未发现徐国的青铜器。江苏境内出土徐国青铜器的仅丹徒北山顶春秋墓，计有编钟一套12件、鼎1件。钟上铭文有"舍王之孙䢼楚麸之子遷邟……作铸和钟，"鼎内铭文有"甚六……作铸飤鼎"，遷邟与甚六，实为同一人。而舍，有人认为是舒，然舒未称王，徐称王，有徐王义楚觯可证；甚六，则可能为最后一代徐王章羽。

此外，在六合县的程桥，曾先后发掘过三座春秋墓，1号墓出土了青铜鼎、缶、编钟以及兵器、车马器和工具等50余件；2号墓出土了青铜鼎、匜、编钟、编镈和兵器、车马器、工具等40余件；3号墓出土了青铜鼎、甗、盘、匜、簠、舟、剑等9件。1号墓的编钟上有铭文“攻敔仲终岁之外孙、坪之子臧孙……自作和钟”，2号墓的编钟上有铭文“旨赏……之甬钟，”3号墓的盘内有铭文“工𫊸大叔……自作行盘”，簠内铭文“曾子义行自作饮簠”，匜内有铭文“罗儿……吴王之姓（甥）……坪之子……自作盥匜”，攻敔、工𫊸皆为吴，1号墓主为吴王的外孙，3号墓主为吴王的外甥，1、3号墓主又为兄弟，可见六合程桥一带虽不一定属吴，然与吴联姻，两者的关系应十分密切。

越国的青铜器在江苏发现甚少，且为零星出土，在常熟和吴江，均出土过有铭文的越国青铜器。

楚国青铜器在江苏出土也不多，比较重要的有吴县何山战国墓，出土了青铜鼎、盉、簠、缶、匜、盘、兵器等，其中铜盉上有铭文“楚叔之孙途为之盉”；无锡前洲也出土过一批战国晚期的楚国青铜器，其中3件有铭文，器主为“郪陵君王子申”。

除此之外，比较重要的出土青铜器的地点还有连云港的大村，出土过商代晚期至西周初的青铜大鼎等；盱眙的王庄出土过春秋晚期的攻𫊸季生匜；丹阳的司徒和访仙，出土过西周时期的青铜鼎、簋、尊、盘、瓿、方彝等；淮阴的高庄曾发掘过战国时期的随葬青铜器的大墓；邳县九女墩的战国墓也出土过大批青铜器。直至西汉，在盱眙南窑庄的窖藏和涟水三里墩的墓葬中，也还发现有战国时期的青铜器。

江苏商周青铜器从其造型及装饰风格分析，可以分为四种不同的类型：

一、中原器或仿中原器。中原是夏、商、周的中心，经济、政治、文化及生产技术都居于领先的地位。江苏的青铜器中有很大一部分是中原器或仿中原器，是不足为怪的。如江宁出土的三羊罍、丹徒烟墩山出土的宜侯夨簋、荞麦山出土的伯簋等，可作为该类的代表。

二、对中原器进行改造，既有中原的风格，又有地方特色。对中原器的改造又可分为两种，一是对器形的改造，二是对装饰花纹进行改造。如破山口的独耳鬲、磨盘墩的独耳尊，在原器形上加独耳；又如烟墩山的鸟耳鼎、虎耳鼎，将鼎耳做成鸟形或虎形。花纹的改造亦较常见，如饕餮纹不施地纹、花纹带简化成两道凸弦纹等。

三、不见于中原的具有浓郁地方特色的青铜器。此类青铜器数量不大，然对其名称、用途却争议颇多；有些虽无争议，然在商周青铜器中却是绝无仅有，为罕见之珍品。

角状器 烟墩山西周墓出土2件。对其名称和用途，一直无定论。因其状似牛角，故名之。《诗·小雅·桑扈》中有“兕觥其觩，旨酒思柔”句，译成现代汉语即“兕觥啊弯弯的，美酒啊软软的，”因此，这对模仿犀牛角状的青铜器应为酒器，其名可能为兕觥。

杖 杖为木质，然杖首和杖镦为铜质。烟墩山最先出土了青铜杖首和杖镦各1件，当时认为都是镈，然其中一件上部弯曲，显然不是镦。其后在荞麦山又出土了杖首和杖镦各1件，其杖首作叉形，故认为是叉，并称“此叉形器过去未曾见过，用处不明。”直至北山顶春秋墓出土了1件鸠杖，才基本对以往出土的杖有了重新认识。杖是权力的象征，在吴国墓葬中，只有随葬杖的才有可能为吴君或吴王，这与青铜器的组合和铭文记载相一致。以后在青龙山春秋墓中也发现了鸠杖。目前可以定为王侯墓的仅此四座，用杖随葬也是主要依据之一。

三轮盘 武进淹城出土，可作为江苏青铜器中罕见珍品的代表。盘是盥洗用的水器，而三轮盘则在盘的矮圈足上装有三个可以转动的轮子，前一轮的两侧各有一由底部向上伸出的兽首，回首折向盘内。造型与装饰都十分罕见。还有荞麦山出土的鸭形尊、飞鸟盖双耳壶和破山口出土的大铜铲等。

四、不见于中原而多见于南方的青铜器，如江宁横溪出土的大铙、丹徒北山顶出土的虎钮錞于、王家山出土的人面纹錞于、武进淹城出土的句鑃等。

最后，再简要叙述一下江苏青铜器的种类和分类。

青铜器的分类方法有多种，通常是以用途进行归类。江苏的商周青铜器大致有如下几类：

一、炊器

鼎 基本形态是圆形加三足两耳。鼎在江苏发现较多，从西周至战国皆有发现。

鬲 空足曰鬲，亦为三足，然裆部与鼎迥异。鬲在江苏多发现于西周。

甗 在江苏发现的甗不多，破山口西周墓的甗是甑鬲合体，而粮山、程桥等春秋墓出土的甗是甑釜合体。

二、食器

簋 盛稻粱用器，在江苏多发现于西周，如烟墩山、荞麦山等西周墓，有圈足簋，亦有方座簋，春秋的簋仅见于溧水宽广墩一例。

簠 见于邳县刘林战国墓、吴县何山战国墓、六合程桥三号墓等。

三、酒器

罍　商代仅见三羊罍一例。西周春秋的罍虽偶有发现，然器形与商代的罍迥异。

盉　西周时为带把盉，春秋时为提梁盉。前者见于烟墩山、破山口等，后者见于吴县何山。

尊　流行于西周至春秋，与中原流行于商代迥异，尤其是流行于春秋的三段式尊。

彝　仅见丹阳访仙一例。

卣　在江苏流行于西周。

牺尊　偶见，如烟墩山出土的一对羊尊。

壶　偶见，然造型独特，如荞麦山出土的飞鸟盖壶。

四、水器

盘　发现数量较多，如破山口的四凤盘、鱼龙纹盘，烟墩山的大小铜盘、淹城的三轮盘等。

匜　西周的匜作宽流，如磨盘墩出土的匜；春秋的匜作圆筒状流，如盱眙王庄的季生匜、六合程桥三号墓的匜等。

缶　春秋时出现的水器，如丹徒北山顶、六合程桥等地出土的带盖的缶。

五、乐器

铙　仅见江宁横溪一例。

编镈　未见西周器，主要出土于春秋晚期的六合程桥和丹徒北山顶，且成套出土。

编钟　主要为钮钟，偶见甬钟，在连云港、邳县、丹徒等地均有成套出土，时代亦为春秋。

錞于　三件一套，主要出土于丹徒的北山顶和王家山，时代为春秋。

钲　与錞于配套使用，主要出土于丹徒。

鼓　仅见丹徒北山顶一例，鼓已朽，存青铜鼓环。

此外，还有青铜兵器、车马器等，不一一列举。

与中原青铜器相比较，江苏的青铜器除少量有地方特色的不见于中原外，明显缺乏中原常见的商代的斝、爵、觚、觯等。其青铜时代的序列是不完整的，其青铜器的种类也有一定的差异。

注释

① 郭沫若：《吴王寿梦之戈》，《奴隶制时代》，人民出版社，1954年。

原载《南京博物院珍藏系列：青铜器》，上海古籍出版社，1998年。

丹 徒 考

丹徒，秦置。汉承秦制，属会稽郡。秦以前，在楚为谷阳，在吴为朱方。

丹徒一名的由来，据《南徐州记》云："秦时以其地有天子气，使赭衣徒三千人，凿京岘南坑，以败其势，故名为丹徒。"《太平寰宇记》云："丹徒县，春秋吴朱方之邑，汉为丹徒县地。"《吴录地理》云："朱方，后名谷阳。秦望气者云其地有天子气，始皇使赭衣徒三千人，凿京岘南坑败其势，故云丹徒。"而《读史方舆纪要》对这一传闻的记载则较为谨慎："丹徒县，今府治春秋之朱方也，……后名谷阳。秦曰丹徒，相传望气者云，其地有天子气，始皇使赭衣徒三千，凿京岘以败其势，因名也。汉为丹徒县。"此外，《春秋大事表》、《光绪丹徒县志》及民国时的《中国地名大辞典》、《中国古今地名大辞典》直至1979年版的《辞源》修订本都持此说，唯《县志》与《辞源》还将徒解释为刑徒："刑徒服赭衣，因改名丹徒。"

除丹徒外，金陵（今南京）也有类似的传闻。《太平寰宇记》引《金陵国图经》云："昔楚威王见此有王气，因埋金以镇之，故曰金陵，秦并天下，望气者言江东有天子气，乃凿地脉，断连岗，因改金陵为秣陵。"又引《丹阳记》云："始皇凿金陵方山，其断处为渎，今淮水，……是曰秦淮。"然《建康实录》云：秦淮水"经流三百里，地势高下，屈曲自然，不类人工，疑非始皇所凿也。"可见对于秦始皇坏风水之说早已有人疑之。《史记·秦始皇本纪》中记载了秦始皇的许多业绩，唯独没有使赭衣徒凿山开河坏风水的记载。《太平寰宇记》等书对于丹徒一名的解释，非但不能自圆其说，反使人有捉襟见肘之感。虽然临潼秦兵马俑坑出土的武士俑有的涂朱，但秦始皇时的徒或刑徒是否服赭色衣还很难肯定，即使当时的徒服赭色衣来凿京岘，又为何不称赭徒、赤徒、朱徒，而偏偏要称丹徒呢？古代城邑的得名，或依山，或依水，或依其方国，而对丹徒一名的解释却叫人无所适从，于是乎，后人便穿凿附会起来，以至以讹传讹，流传至今。

1954年丹徒烟墩山《**图**侯夨毁》的出土，对于研究丹徒当时的地望提供了可贵的文字资料。其铭长一百二十余字，"**图**"字凡五见。郭沫若先生认为"**图**是古宜字，其地望或即在今丹徒附近"[1]，唐兰先生也认为"毁铭所说的宜，可能就在丹徒或其附近地区"[2]；陈梦家先生定"宜为国名"[3]；陈邦福先生则认为"'**图**'为

‘俎’，五个‘俎’字，都是地名”，“可能是在洛邑边鄙几百里之间的一个地名”④；而岑仲勉先生认为“无论‘宜’国或‘俎’国，古书上都没有见过，故‘**图**’应读如‘胙’”，“是周公旦后裔的胙国”⑤；谭戒甫先生又持一说，释“**图**”为柤，其地望约在“彭城东北、淮夷西北一带地方”⑥。归纳起来：一、“**图**”为地名或国名，这是比较一致的；二、“**图**”在丹徒或其附近地区；三、“**图**”是胙国；四、“**图**”是柤；五、洛邑边鄙几百里之间的一个地名。笔者认为：一、“**图**”应释为俎，《说文》：“且，荐也。从几，足有二横，一，其下地也。”“俎，礼俎也。从半，肉在且上。”铭文中的“**图**”字，正是两块肉置于且上之形，是谓俎上鱼肉之俎也。俎应为宜的初文，容庚先生认为“‘**图**’”像置肉于且上之形，俎、宜为一字。《仪礼·乡饮酒礼》：宾辞以俎，注：俎者肴之贵也。《诗·女曰鸡鸣》：与子宜之，传：宜，肴也。又《尔雅·释言》李注：“宜，饮酒之肴也。俎、宜同训肴，可为一字之证”⑦。二、俎即句吴，其地望正在丹徒一带。《诗地理考》引《世本·居篇》云：“孰姑徙丹徒句吴”⑧。可证。《史记·吴太伯世家》云：“太伯之奔荆蛮，自号句吴。”句吴虽为国号，但国名亦可为地名。《汉书·地理志》丹徒下颜师古注曰：“即春秋云朱方也。”又据《读史方舆纪要》云：“楚灵王使屈申围朱方，克之，后名谷阳。”那么，从周至秦，丹徒一带的地名计有句吴、俎、朱方、谷阳、丹徒，与俎一样，朱方、谷阳、丹徒也同样是句吴。

由于民族、地域的差异，当时偏踞长江下游的吴人与中原人在语言上的差异是很大的。《孟子·滕文公》称楚人为“南蛮鴃舌之人”。据《说苑·善说》记载：《越人歌》为楚鄂君子皙泛舟时听越人所唱而用楚语翻译出来的，而《吕氏春秋·知化》云：“夫吴与越也……习俗同，言语通”。可见吴人的语言是比较复杂难懂的。颜师古注《汉书》时，认为“句，音钩，吴言句者，夷语之发声”。所谓发声，用现代音韵学来解释，就是复声母，而中原人语言是以单音节字为主，听了带复声母的语言便有一种多音节之感，同翻译外文一样，当时中原人对吴国的人名和地名也采用音译，这样一来，在中原人的记载中，不仅出现了一些从字面上无法理解而又很奇怪的人名，如《史记》和《吴越春秋》中所记的彊鸠夷、余桥疑吾等，同时也出现了一些异译的人名，如鲁襄公十二年，《春秋》曰：“吴子乘卒。”《左传》曰：“吴子寿梦卒。”又襄公二十五年，《春秋》曰：“吴子遏伐楚。”《左传》曰：“吴子诸樊伐楚。”又鲁昭公二十年，《左传》曰：“员如吴，言伐楚之利于州于。”昭公二十七年，《春秋》曰：“吴弑其君僚”等等。很显然，乘就是寿梦，遏就是诸樊，僚就是州于。为什么会出现一人两译呢？正因为吴语是复声母，一字有两个音节，用一字一音的汉字来记便成了两个字，而复声母的语言给人的感觉是发音很快，又确是一个连音，于是《春秋》中只记了一个字。实际上，在当时寿梦二字的疾读是乘，诸樊二字的疾读是遏，州于二字的疾读也就是僚。这一点，倒有点类似后来的反切。在《广韵》中，乘，食陵切，神母，蒸韵，先秦古音中为神母，蒸部；寿，殖酉切，禅母，上古音为禅母，梦，莫中切，东韵，上古属蒸部。乘与寿梦疾读在上古同属蒸部，神母与禅母同为正齿音，声近韵同。遏，乌葛切，影母，曷韵，声母已失，遏与喝，都是从曷得音，而现在吴方言中喝还保留了声母〔ʧ〕音[9]，应为庄母，上古为庄母，曷韵为月部；诸，章鱼切，照母，上古音归庄母，樊，附袁切，元韵，上古为寒部，遏与诸樊疾读在上古同为庄母，寒月二韵阳入对转。僚，落萧切，来母，萧韵，上古亦为来母萧部；州，职流切，周也是职流切，从周得音的有凋、鵰等，因而州古音同凋，应为都聊切，端母，萧韵，上古亦为端母，萧部，于，羽俱切，影母，虞韵，于为零声母，上古虞属鱼部，州于二字的疾读实为州的长音。僚与州长音在上古音中同为萧部，来母、端母同为舌音，声近韵同。为明了起见，列表一（表中上古音以王力先生《汉语史稿》拟定为准）。

表一

人名	中古音			上古音		
	《广韵》	母	韵	母	韵	拟音
乘	食陵切	神〔dʑ〕	蒸〔əŋ〕	神〔dʑ〕	蒸〔əŋ〕	dʑəŋ
寿 梦	殖酉切 莫中切	禅〔ʑ〕	东〔uŋ〕	禅〔ʑ〕	蒸〔əŋ〕	ʑəŋ
遏	乌葛切	庄〔ʧ〕	曷〔at〕	庄〔ʧ〕	月〔at〕	ʧat
诸 樊	章鱼切 附袁切	照〔tɕ〕	元〔en〕	庄〔ʧ〕	寒〔an〕	ʧan
僚	落萧切	来〔l〕	萧〔au〕	来〔l〕	萧〔au〕	lau
州于	职流切 羽俱切	照〔tɕ〕 影〔○〕	尤〔ou〕 虞〔u〕	端〔t〕	萧〔au〕 鱼〔a〕	tau

此外，在考释铜器铭文上，郭沫若先生定“是野”为寿梦[10]，商承祚先生定“姑发閈反”即诸樊[11]，都是十分正确的。尤其是唐兰先生在《宜侯夨𣪘考释》中，不仅明确地指出《夨𣪘》是“吴国最早的铜器，而且是在吴地发现的，”并且肯定了“虞侯夨应该就是周章，夨和周章的声母是很接近的”。《史记·吴太伯世家》云：“是时周武王克殷，求太伯仲雍后，得周章，周章已君吴，因而封之。”可以说，《夨𣪘》铭文中所记载的，正是周王对周章受土受民的“清单”。从音韵学的角度来解释吴国的人名，前贤都作出了很大的贡献；从音韵学的角度来解释吴国的地名，吴国史上的一些悬案也同样可以迎刃而解。在出土的铜器铭文上，吴国自称为

"攻敔"、"攻𫊸"、"攻吴"，虽然《夨𣪕》铭中称俎，然"其形制、纹饰与铭文完全是中原铜器的风格"[12]，很可能是中原铸造好后赐给周章的。可见句吴、俎、朱方、谷阳和丹徒，都是攻敔、攻𫊸、攻吴的译音，攻在先秦为见母，敔、𫊸、吴同为鱼部；句，《广韵》为古侯切，见母，上古为见母；吴，午胡切，模韵，上古为鱼部。攻敔与句吴疾读，音是一样的。俎，侧吕切，庄母、语韵，上古为庄母，语属鱼部；朱方，方即邦，犹《诗·常武》云"震惊徐方"之方；朱，章俱切，照母，虞韵，上古为庄母，虞属鱼部；俎与朱在上古音中完全相同，俎或朱与句吴疾读声近韵同，可互转；谷，古禄切，见母，上古为见母，阳，与章切，阳韵，上古音中为阳部，谷阳疾读与句吴疾读同为见母，鱼阳两韵一阴一阳，谷阳与句吴声同韵传；丹，都寒切，端母，上古为端母，徒，同都切，模韵，上古属鱼部，丹徒疾读与句吴疾读也是声近韵同，可互转。列表二。

表二

地名	中古音			上古音		
	《广韵》	母	韵	母	韵	拟音
攻敔	古红切 鱼巨切	见〔k〕	模〔o〕	见〔k〕	鱼〔a〕	ka
句吴	古侯切 午胡切	见〔k〕	模〔o〕	见〔k〕	鱼〔a〕	ka
俎	侧吕切	庄〔ʧ〕	语〔ĭo〕	庄〔ʧ〕	鱼〔a〕	ʧa
朱	章俱切	照〔tɕ〕	虞〔u〕	庄〔ʧ〕	鱼〔a〕	ʧa
谷阳	古禄切 与章切	见〔k〕	阳〔aŋ〕	见〔k〕	阳〔aŋ〕	kaŋ
丹徒	都寒切 同都切	端〔t〕	模〔o〕	端〔t〕	鱼〔a〕	ta

由此可见，句吴、俎、朱、谷阳和丹徒，都是不同时期不同国别的人对"攻敔"（包括攻吴、攻𫊸）的不同音译。又据《史记·吴太伯世家》正义云："至二十一代孙光，使子胥筑阖闾城都之，今苏州也。"《越绝书》、《吴越春秋》也有类似的记载，可知阖闾时吴的政治中心已徙到苏州一带。苏州，古名姑苏，姑，古胡切，见母，上古音为见母，苏，素姑切，模韵，上古属鱼部，与攻敔古音完全相同，姑苏实际上也就攻敔。因姑苏不在本文所论的范围之内，故从略。与之类似的还有姑孰（今当涂）、固（今高淳），亦同样因不在本文论及的范围之内。那么，至少在周章以下，阖闾之前，吴国的政治中心应在今丹徒一带，而"朱方"，就是吴国的都邑。至于秦始皇时"云其地有天子气"，也可作为一个小小的旁证。

多少年来，由于早期吴国史料的匮乏，对阖闾以前吴国都邑的所在一直是一个悬案。虽有云太伯仲雍奔吴在今无锡梅里一带，然其时距太伯奔吴已是很遥远的了。太伯以下，几乎是空白。《左传·襄二十八年》齐庆封“奔吴，吴句余予之朱方，聚族而居之，富于其旧”，后人多基于吴都在苏州而误解为把朱方封给庆封，其实“予”与“封”是有很大区别的，“予之朱方”、“富于其旧”应指吴国在都邑朱方给予应封以很优厚的礼遇之意。

如上所述，文献中记载的吴国的人名、地名，都是吴以外的主要是北方人的音译，所以本文的目的，就在于对吴国地名的古音作一考定，以还其庐山真面目，这仅是一小小的尝试而已，不当之处，敬请指教。

注释

① 郭沫若：《夨殷铭考释》，《考古学报》1956年第1期。

② 唐兰：《宜侯夨殷考释》，《考古学报》1956年第2期。

③ 陈梦家：《西周铜器断代》，《考古学报》1955年第9册。

④ 陈邦福：《夨殷考释》，《文物参考资料》1955年第5期。

⑤ 岑仲勉：《“图侯夨殷”铭试释》，《西周社会制度问题》，新知识出版社，1956年。

⑥ 谭戒甫：《柤侯夨殷铭考释》，《武大学报》1956年第1期。

⑦ 同⑤。

⑧ 《世本》张澍粹集补注本按。

⑨ 现代吴方言不是古代吴国方言，但现代吴方言中保留了许多中古音。

⑩ 郭沫若：《吴王寿梦之戈》，《奴隶制时代》，科学出版社，1957年。

⑪ 商承祚：《“姑发䦚反”即吴王“诸樊”别议》，《中山大学学报》1963年第2期。

⑫ 曾昭燏、尹焕章：《试论湖熟文化》，《考古学报》1959年第4期。

原载《文博通讯》1983年第6期，后收入《东方文明之韵》，岭南美术出版社，2000年。

北山四器铭考*

丹徒县北山顶春秋墓中，出土带铭青铜器一十五件，其中《尸祭缶盖》一件，《余昧矛》一件，《遷邟钟》一套十二件，《甚六鼎》一件，计铭文四篇，故名北山四器，读考如下：

一　尸祭缶盖

墓道内出土，缶已失，出土时虽盖在另一缶上，然与缶口并不吻合，显然系后配。盖上立三环纽，中为漩涡纹，周有铭文三圈，由内向外环读：

“[illegible]君之孙剢之元子弟尸祭　　（外圈）

羼其吉金自作卄缶𧃒寿无異子＝孙＝　　（中圈）

永保用之”　　（外圈）

凡三十一字，重文二。其中“尸祭”二字被刿刮，由于器壁较薄，将这一处刿破，于是用铜汁在反面浇补，幸而二字未被完全刿去，只是“尸”字撇的下部被刿掉。“尸祭”二字较其它字笔划为细，然仍清晰可辨。

[illegible]，金文未见，其左上作[illegible]，即氏（或氐），其下从口，右上从首，下从手（又），隶定为[illegible]。氏之本义指人体某一部分残缺，通常假作厥。氏之下及右半皆为人体的某个部分或器官，因而应读若厥，加口、首及手，可视为春秋时期文字的繁化，如安徽寿县蔡侯墓所出钟、戈等青铜器上蔡侯名𪒠。[illegible]君，即吴君去齐。去，溪母，齐，脂韵，[illegible]，溪母月韵，脂月旁对转，[illegible]与去齐疾读声同韵转。

剢，同《剢鼎》之剢，郭老依字形隶定为剌。[1]该字形如以刀刈禾，而禾穗又落下两点，会义为剩。剩，即吴王寿梦，江苏江宁县陶吴出土的寿梦之戈《伯剌戈》作剌。[2]《春秋》襄公十二年，“吴子乘卒”，《左传》：“吴子寿梦卒。”寿梦又名乘。乘与剩，皆神母蒸韵，寿，禅母，梦蒸韵，神禅一声之转，乘、剩与寿梦疾读声近韵同。

元子，即长子。《余义钟》：“余兹俗之元子”，《书·召诰》：“呜呼，有王虽小，元子哉。”《诗·鲁颂·閟宫》：“建尔元子，俾侯于鲁。”此元子当指吴王诸樊。

弟，见诸金文的有《眉孛尊》：“鄂侯弟眉孛作旅彝。”尸祭，尸即夷，祭从一手捉肉置于示上，与《邾公华钟》《徐王义楚耑》之祭同，夷祭即吴王余祭。余祭之弟《左传》作夷末，《公羊》作余昧，余，喻母鱼韵，夷，喻母脂韵，余夷声同韵转，可见夷即余。

卄，金文未见，《陈纯釜》《子禾子釜》关皆作関，《左关鍨》

---

* 本文由陆建芳先生手抄。

作閞，从门丱声，《说文》："丱，古文卵，"段注引《五经文字》："丱，古患反，盖古卵，读如管也。"蔡侯墓所出青铜缶自铭为盥缶，丱当为盥之声借，即盥。曩，即期，《邾大宰簠》："万年无曩，"亦同。

《尸祭缶》今读为："頣君之孙，剩之元子弟衷祭，择其吉金，自作盥缶，眉寿无期，子子孙孙，永保用之。"韵读：孙、金、孙，侵文通韵，祭、期、之，之韵。

《史记·吴太伯世家》云："句卑卒，子去齐立。去齐卒，子寿梦立。寿梦立而吴始益大，称王，""寿梦有四子，长曰诸樊，次曰余祭，次曰余昧，次曰季札，"《吴越春秋》所载吴国世系与之同。盖铭所云吴国世系为三代四王，即吴君去齐，去齐子吴王寿梦，寿梦元子诸樊和诸樊弟吴王余祭，去齐称君而不称王，与《史记》所记完全相符。去齐又名頣，寿梦又名剩，余祭又名衷祭，都是第一次见诸金文。作器者为余祭，当属吴器无疑。

吴王余祭于公元前五四七年即位，卒于公元前五四四年，在位四年。《春秋》襄公二十九年："阍弑吴子余祭，"《左传》："吴人伐越，获俘焉，以为阍，使守舟，吴子余祭观舟，阍以刀弑之，"[3]马王堆出土帛书《春秋事语》："吴伐越，复其民以归，弗复国因刑之，使守其周，…… 吴子余蔡观周，阍人杀之，"《史记·吴太伯世家》云余祭在位十七年有误。司马贞《索隐》云："《春秋》经襄二十五年，吴子遏卒，二十九年，阍杀吴子余祭，昭十五年，吴子夷末卒，是余祭在位四年，余昧在位十七年，系(世)家倒错二王之年。"从铭文来看，余祭作器在去齐为君之时，此时寿梦尚未称王，故作器的时间当在吴王寿梦称王（公元前五八五年）之前。

二 余昧矛

余昧矛出自墓室内，为盗墓后的劫余之物。在有铭青铜器中，此为墓主唯一的近身之物。因而尤其重要。矛的骹部有铭文二行：

"龠自乍囗

工其元用"

凡九字，合文一。龠为余昧的合文。自甲文起，合文例就不少，如雨，五牢，(《后》上二六·三)，𡉚，四牡(《乙》三二一六）等。余昧，即寿梦第三子，余祭之弟。昧，从日从末，《左传》作夷末，《世本》作夷昧，《公羊》与《史记》作余昧，而《吴越春秋》作余昧，与之同。

自乍之下，当为器名，然下部残缺，从残存上部来看，似为戈。《楚辞·九歌·国殇》：操吴戈兮披犀甲，"王逸《章句》："戈，戟也，或曰操吾科，科，楯之名也，"吴以兵器铸造之精良著称于世，吴戈当指兵器。此矛与墓中同出的相比较，不仅体長而宽，且骹末作覓燕尾戈，上有菱形黑色暗纹，刃部内收，锋利无比，抑或吴戈特指此类大矛？因该字残，故无法确认，姑称之为矛。

工其元用，其元用兵器中常见，《吴王元讶剑》："攻敔王元讶自作其元用，"《吴王夫差剑》："攻敔王夫差自作其元用，"然"工其元用"则首见。《说文》："工，巧饰也，"《诗·小雅，楚茨》："工祝致告，"传："善其事曰工，"郭老云："元用这两个字在兵器铭文里面多见，普通的彝器作宝用，武器则多作元用，元者善之长也，是顶好的意思，元用也就是说顶好用的武器吧，"[4] 工其元用抑或指以精巧的工艺制作了极好使用的戈。又工攻通，元者首也，《左传》僖公三十三年："狄人归其元，面如生，"哀公十一年："公使大史国归国子之元，"注："元，首也，吴以献鲁。"抑或兵器中常见的其元用为攻其元用之省。那么，铭文今读应为："余昧自作戈，攻其元用，"即直行右读。

另一种读法是两行的首字从左至右横读，其下直行右读，即"工余昧，自乍戈，其元用　工即攻敔之攻，亦即史籍中勾吴之勾。《左传》襄公二十八年：齐庆封"奔吴，吴勾余予之朱方，"显然勾余之下当脱一祭字，可知余祭又称勾余祭。《史记·吴太伯世家》载吴国世系有"柯庐、屈羽、句卑、去齐，"而转，《古史考》作"柯转"等。又安徽霍山县出土的《工差戟》铭为"攻敔工差自乍用戟"[5]《汉书·地理志》颜师古注勾吴曰："勾音鉤，吴言勾者，夷语之发声也，"可见吴国人名亦可加发声字工、勾、柯、屈、去等。两种读法相比较，似以第二种读法为妥。韵读：昧、戈、用，月歌东通韵。

此器为吴王余昧自作，亦属吴器。余昧于公元前五四三年即位，卒于公元前五二七年，在位十七年，器铭未称攻敔王，作器的时间当在余昧即位之前。

三　遷邟钟

墓道出土编钟十二件。其中镈钟五件，钮钟七件，郭沫若《大系》云："钟枚长而镈枚浅，钟铣侈而镈铣穿，钟于弯而镈于平，"然每件钟的正面铭文皆自名为和钟，且铭文相同，应为一套。铭文铸在右鼓，钲间和左鼓，直行右读。六号钮钟铭文如下：

"唯王正月初吉丁亥舍王之孙鄩楚㪤
之子遷邟𦋝
氏吉金乍铸
和钟台享于　（右鼓）

我先祖余鏞鏐是
𦋝允唯吉金乍　（钲间）

鎛和钟
我台𩰫台南
中鳴媞好我
台乐我心它=巳=子=孙=羕保用之”　　（左鼓）

凡七十二字　重文四。其它十一件鎛钟和钮钟铭文字行的排列不尽相同，且字有异构，有的有缺文。以异构字与六号钮钟对照如下：

舍作𠷎，見诸一号鎛钟、一号钮钟、

䣄，一、二、三、五号鎛钟和一、二、五、七号钮钟作䣄，四号鎛钟作䣄。

邡之右半邑，一、五号鎛钟和三号钮钟作邑。

鏞，二号鎛钟作鏞。

媞，一号钮钟作㛳。

钟，三号钮钟第一钟作鐘，第二钟作鐘。

舍，从口从余，口为义符，表示邦國、鄙邑或居地，如商、周、唐、吳、宫等。钟銘有二例作日符，金文中亦不乏其例，如《曾伯匿》作曾，《旂父鼎》作曾；又如《颂鼎》作魯，《井人钟》作魯，二者可互换。余为國名兼声，甲文有余方（《后》下33·1）山东费县出土《余子氽之鼎》为春秋徐器，余即徐。⑹在徐國青銅器中，徐通常作郐，从邑从余，邑亦为地名义符，在金文中，邑有时失却，如郑，《郑國媿鼎》、《郑虢仲鼎》皆作奠，有时可转换，如鄦，《鄦仲尊》和《鄦姬鬲》作盬；而郐在《郐𠬝鬲》中作𠷎，与钟铭一样，郐作舍，邑口互换，抑或口为邑省。金文中与舍字形相近的有舍，《克鼎》、《毛公鼎》作舍，《鄂君启节》作舍。舍，书母魚韵，徐，邪母魚韵，舍徐为叠韵字，可通。舍王，即郐（徐）王。

䣄字金文中曾两見。《秦公𣪕》：“乍䣄宗彝”，《𩍐鎛》：“与䣄之民人都鄙，”一从口，一从邑，口亦当邑之省。甲文我作𢦏（《甲》九四九）𢦏（《乙》四五二四），義作𢦏（《掇》二·一三二）左侧有一手之形。此外，移作𢦏（《后》一·一〇·一六）与之近似的有㕧（《前》二·二六·二）㕧（《粹》三〇）㕧（《戬》三八·一）以及㕧（《甲》一一五九），㕧（《前》五·二三·二）皆为双手推一物，亦应为移。又甲文宜作㝖，金文作㝖，《说文》：“宜，多省声，㝖亦古文宜，”甲文尚有合文我宜作㝖（《菁》二·一）。我，義、宜皆为疑母歌韵，移，匣母歌韵，可通。钟銘与《秦公𣪕》之䣄一样，可隶定为㚰，《𩍐鎛》之䣄亦当隶定为䣄，皆从多得声。䣄为地名，姑且不论，而“乍㚰宗彝”之㚰，当为祭名。《书·泰誓》：“予小子夙夜祗懼，受命文考，类于上帝，宜于冢土，"注："祭社曰宜，冢土，社也。"《尔雅·释天》："起大事，动大众，必先有事乎社而后出，谓之宜。"又宜通仪，《诗·大雅·烝民》："我仪图之，"传："仪，通宜。"䢃从多得声，其读音应与我，义，移，宜同，䢃楚，当为徐王义楚。《左传》昭六年："徐仪楚聘于楚，"《徐王义楚耑》作义楚，《说文》："鄬，从邑义声 《春秋传》曰徐鄬楚，"段注："许所据《左传》作鄬，从邑为氏，古本古说也，"䢃为鄬之省，亦当鄬之同音借字。歖在䢃楚之后，不外乎五种可能：一·楚歖叠韵，楚歖即楚，如姑发䦮反为诸樊一样。二·䢃楚为名，歖为字，如徐王糧，糧为名，享稟为字。三．通甫，男子之美称，《仪礼·士冠礼》："令月吉日，昭告尔字，曰伯某甫，"《诗·大雅·烝民》："仲山甫之德，柔嘉维则。"四．通父，对长辈男子的尊称，《郑召叔山父簋》："召叔山父，"《郝楙叔宾父壶》："楙叔宾父。"五．通徐，徐亦邑名，如段说䢃楚以邑名为氏。

遣卲，史书中不見，从钟銘可知，为䢃楚之子。《左传》昭公六年："徐仪楚聘于楚，"杜预注："仪楚，徐大夫，"从出土《徐王义楚耑》、《徐王义楚盘》得知，义楚亦曾为徐王，而昭公六年时尚未为王，故《左传》不称徐子。《春秋》昭公三十年："吴灭徐：徐子章羽奔楚，"《左传》作章禹，羽禹古音同。章羽即遣卲，章，章母，羽，侯韵，遣，从甚得音，读如斟，亦章母，卲，读若六，屋韵，侯屋阴入对转，章遣双声，羽卲叠韵。与之相同的有《王孙遗者钟》，郭老考遗者即容居，遗者与容居亦双声叠韵。

台享于我先祖，《儆儿钟》："台追孝先祖，"《邵钟》："我台享孝乐我先祖，"与之文近义同。

鏞鏐是择，《邾公华钟》："玄鏐赤鏞，"《邵钟》："玄鏐鏞铝"《余义钟》："吉金鏞铝，"《曾伯霥簠》："吉金黄鏞，"《史记·夏本纪·集解》引郑玄曰："黄金之美者谓之鏐，"《尔雅》、《说文》与之同。鏞，郭老认为假为黸，黑金。

台𩒨台南，𩒨即夏。《说文》："夏，中国之人也。"《诗·小雅·钟鼓》："以雅以南，"雅即夏，《墨子·天志下》引《诗·大雅》作《大夏》可証。南，一·钟之象形；二·南音，《诗·小雅·钟鼓》传曰："南，夷之乐曰南"；三·南吕，《周礼·春官·大司乐》："歌南吕，舞大磬，"三说皆通。

中𠳊媞好，中即终，《沇儿钟》、《王孙遗者钟》："中翰且扬，"郭老亦释为终。𠳊即鸣，字形与《蔡侯钟》《王孙钟》之鸣相近，然其右多一口符，仍当鸣字，《中山王鼎》启字亦从两口符。媞，金文首見，

《尔雅·释训》:"媞，安也，"《楚辞·七谏·怨世》:"西施媞媞而不得见兮，"《章句》:"西施，美女也，媞媞，好貌也，《诗》曰:"好人媞媞，也"媞好，即安适美好。《王孙遗者钟》:"中翰且扬，元鸣孔皇，"与之略同。

台乐我心，《王孙遗者钟》:"用乐嘉宾父兄，"《荀子·乐论》:"以琴瑟乐心。"

它=巳=，它即佗，《诗·鄘风·君子偕老》:"委委佗佗，如山如河，"传:"佗佗者，往平易也，"《尔雅·释训》:"委委佗佗，美也，"《沇儿钟》《王孙遗者钟》:"䵼䵼熙熙，"巳=即熙熙。

羕保用之，《说文》:"羕，水长也，""永，长也，象水巠理之长，"《毛诗·周南·汉广》:"江之永矣，"《韩诗》:"江之羕矣，"羕即永。

《遷𨜒钟》今读:"唯王正月初吉丁亥，邻王之孙，𨙸楚䵼之子遷𨜒，择厥吉金，乍铸和钟；以享于我先祖。余鑄镠是择，允唯吉金。乍铸和钟。我以夏以南，中鸣媞好，我以乐我心，佗佗熙熙，子子孙孙，永保用之。"韵读：亥、好、熙、之，之幽通韵，孙、金、南、心、孙，文侵东侵韵。

《左传》昭公四年:"徐子，吴出也，"钟铭所云舍（邻）王，当昭公四年徐子。昭公六年时，义楚尚未为徐王，昭公三十年，吴灭徐时，徐王已是章羽，可见义楚之后即为章羽，章羽为义楚之子，第一次得到确认。义楚又作𨙸楚䵼，章羽又作遷𨜒，第一次见诸金文。钟为徐王章羽所作，作器时其父义楚尚未为王，作器的时间当在昭公六年即吴王余昧八年（公元前五三六年）之前或稍后。

四　甚六鼎

鼎出在墓道内，腹内及盖内皆有铭文，然鼎内铭文锈蚀几尽，仅存:"𦋓……鼎……王……䵼"等字，幸而鼎内铭文完好，与鼎内铭文相校，皆见于盖内，铭文内容当相同。盖内铭文八行，最后一字在"用"字左边，直行右读。

"唯正月初吉丁亥
甫遽沓甚六之
𨙸夫跻屯𦋓氏
吉金乍铸饮鼎
余台铸台𦋓台
伐三方台迬敌𠪚王
業万子孙羕宝用
䵼"

凡四十七字。甫遽昚，人名前用甫，当为时间副词，以状语作领格。《周礼·小宗伯》：“甫竁亦如之，”注：“甫，始也，”《仪礼·乡射礼》：“甫欲习众庶，”注：“甫，始也。”遽，从虍从之，尸声，遽即尸。昚即昧，《余昧矛》日在末上，此日在末下，皆从日末声，当一字也。尸昧即吴王余昧，《左传》作夷末，《公羊》作余眛，而《尸祭缶盖》余祭作尸祭。之旁无意义，如遷邟之遷。虍若工獻，敔鬳之虍头，亦不发音，此处冠在尸字之上，大约有尸昧为王之标志之义。

甚六，即钟铭之遷邟，亦即徐王章羽。之，联词，《礼记·月令》：“措之于参保介之御间。”

[illegible]夫跖𠃬，[illegible]，不识，《秦公𣪕》秉作[illegible]。其上部为一手拿两箸夹持一丁形之物，与秉义同，其下为各，从各声，从文义上来看，应为动词，疑此字为赂。赂，金文未见，《说文》：“赂，遗也，”从貝各声，《诗·鲁颂·閟宫》：“大赂南金，”传：“赂，遗也，”疏：“赂者，以财遗人之名，故赂为遗，”《左传》昭公十六年：“齐师至于蒲隧，徐人行成，徐子及郯人、莒人会齐侯，盟于蒲隧，赂以甲父之鼎。”夫，顿宕，《左传》宣公二年：“公嗾夫獒焉，”用法与之略同。跖，从足从弓，弓即氏，氏厥通，亦即蹶，马王堆出土《导引图》有“猫蹶”与之略同。𠃬，《说文》以为古文畴字，金文中常作声符，如寿作[illegible]，铸作[illegible]。蹶畴，人名。《左传》昭公五年：“吴子使其弟蹶由犒师，”蹶由为吴王寿梦庶子，吴王余昧之弟，《韩非子·说林下》作蹶融，《汉书·古今人表》作厥由。由，喻母幽韵，融，喻母侵韵，由融声同韵转，而畴，定母幽韵，畴由叠韵，定喻准旁纽。蹶畴即蹶由。

飤，《说文》：“粮也，”《玉篇》：“食也，与饲同。”

台铸台鬻，金文未见。《说文》：“䰜，火炼鬲之形，象孰（熟）饪五味，气上出也。”从䰜部之字，多与饮食有关，䰜食两部每通，如鬻或作饵，鬻或作衍，或作飦，或作餰。此鬻即饔，金文雝字《毛公鼎》作[illegible]，《盂鼎》[illegible]，《徐王糧鼎》作[illegible]，饔字《饔違父鼎》[illegible]，或以雝代，或从食雝声，《正字通》：“邕、雍、雝、壅，古俱通用，”《说文》：“雝，从隹，邕声，”“邕，㽞，籀文邕如此，”而从巛符又可省，《说文》有[illegible]，篆文作[illegible]。从䰜食两部可通及省声，鬻即饔字无疑。《周礼·天官·内饔》注：“饔，割烹煎和之称，”疏：“饔，和也，熟食曰饔，熟食须调和，故号曰饔，”《徐王糧鼎》：“以雝宾客，”《国语·周语》：“佐雝者尝焉，”饔，饔，雝皆通。《弔夜鼎》：“用[illegible]用鬻，”《庚儿鼎》：“用和用鬻”与之义同。

台伐三方，《墙盘》：“遹征三方”《大克鼎》：“畯尹三方，”《虢季子白盘》："壯武于戎王，经维三方，"《诗·大雅·棫樸》："勉勉我王，纲纪四方，"三即四。

台辽敌虞王，辽字金文未見，从之从丫，《说文》："丫，羊角也，"象形，读若乖，"显然与羊有关。《诗·大雅·生民》："先生如达，"注："羊子易生，无留难也，"达，通牵，初生之小羊，辽即达。《玉篇》："达，通也，"《尚书·尧典》："达四聪，"又《周礼·夏官·怀方氏》："达之以旌节，"注："达民以旌节，达贡物以玺节，"与之义同。敌虞，《者减鐘》作工敔，山东沂水县出土的《工虞王剑》作工虞，"《吴王光剑》作攻敔，此作敔，多一口符，敌虞即工敔、工虞、攻敔，亦即史籍中的勾吴。

枼万子孙，枼即世。《王孙遗者鉀》："枼万孙子，"《徐諧尹鉦》："枼子孫，"《齢鎛》："枼万至于子孫。"

羕宝用鬻，羕即永。鬻亦从鬲亯声，即享的上半，是为享字别构。

《甚六鼎》今读："唯正月初吉丁亥，甫尸昧，甚六之赂夫蹶晦，择厥吉金，乍铸钛鼎。余以铸以䙆，以伐四方，以达敌虞王。世万子孫，永宝用享。"韵读：金、鼎、孫，侵耕文通韵，方、王、享，阳韵。

銘文中共涉及三人，一、吴王尸昧（即余昧），二、余昧之弟蹶晦（由），三、徐王甚六（章羽）。从銘文来看，"甫尸昧"是时间狀語。即余昧始为王之时，《楚王酓章鉀》："王又五十六祀，"以王纪年，与之类似，"赂夫蹶晦，"蹶晦为宾語，是受赂之人，故尸昧和蹶晦皆不可能是作器之人。而"甚六之……择厥吉金，乍铸钛鼎，"显然鼎为甚六而作，与《遷邟编鉀》一样，作器者同为徐王章羽，下文，"以达敌虞王，"敌虞王亦为宾語，而"以铸以䙆，""枼万子孫，"类《徐諧尹鉦》、《王孫遗者鉀》、《沇儿钟》而不类吴器，亦可証该鼎为徐器，而余昧又名遳耆，蹶由又名蹶晦，章羽又名甚六，亦是第一次見诸金文。

章羽之祖即《左传》昭公四年之徐子，系吴出，《尔雅·释训》"男子谓姊妹之子为出。"可見吴徐关系十分密切。《左传》昭公五年："吴子使其弟蹶由犒师，楚人执之，"昭公十九年："令尹子暇言蹶由于楚，……乃归蹶由"，又《春秋》襄公二十九年："阍弑吴子余祭"是年吴王余昧即位，昭公十五年："吴子夷昧卒，"因而蹶由归吴在余昧卒后四年。鼎銘云尸（余）昧始为王之时，甚六（章羽）作鼎赂夫蹶由而以达敌虞王，甚六其时当为王孙，鼎銘亦未言甚六为徐王。故作器的时间当在襄公三十年即吴王余昧元年（公元前五四三年）之后，昭公五年即吴王余昧七年（公元前五三七年）之前。

北山四器实吴器二，徐器二。以往出土的吴器，计有数十件之多，而在吴国疆域内出土的寥寥无几。《尸祭缶盖》载以翔实的吴王世系，与《余昧矛》同出于吴地朱方，这是十分值得重视的。余祭器和余昧器都是首次出土，它补齐了从寿梦至夫差中吴王余祭和吴王余昧二世之器，使吴国从寿梦以降七王之器得以全貌，并使七王都有可资断代的标准器，这在春秋时期各诸侯国青铜器中是十分罕见的，同时也补齐了金文中从句卑至夫差九世吴君或吴王之名，实为补史之阙的珍贵史料。现以史籍中所见吴王世系与金文中所见吴王世系比较如下：

五世	周章《史记》	夨《俎侯夨毁》
十五世	转《史记》	皮難《者減钟》
	专《吴越春秋》	
	柯转《古史考》	
十七世	句卑《史记》	是壄《是壄戈》
	句毕《吴越春秋》	毕壄《伯剌戈》
十八世	去齐《史记》	[illegible]《尸祭缶盖》
十九世	乘《春秋》	剌《伯剌戈》
	寿梦《左传》	剌《尸祭缶盖》
	孰姑《世本》	
二十世	遏《春秋》	元讶《元讶剑》
	诸樊《左传》	姑发閂反《姑发閂反剑》
	谒《公羊》	
二十一世	余祭《左传》	叀祭《尸祭缶盖》
	余蔡《春秋事语》	
二十二世	夷末《左传》	工余昧《余昧矛》
	夷昧《世本》	遳沓《甚六鼎》
	余眛《史记》	
	余昧《吴越春秋》	
二十三世	州于《左传》	玖《王子玖戈》
	僚《史记》	
二十四世	光《左传》	光《攻敔王光剑》
	阖庐《左传》	《吴王光剑》
	阖闾《吴越春秋》	
二十五世	夫差《史记》	夫差《吴王夫差剑》
		大差《攻吴王大差鉴》
		工差《攻敔工差戟》

徐国地处江淮之间的洪泽湖周围，史籍中徐国世系阙如，其有铭

青铜器亦远不如吴器系统。根据文献和铭文，徐国世系大略如下：

徐偃王《史记·秦本纪》	
徐驹君《礼记·檀弓下》	
	糧《徐王糧鼎》
	季粱《宜桐盂》
	庚儿《庚儿鼎》庚《沇儿镈》
徐君《史记·吴世家》徐子《左传》昭公四年	乇又《乇又耑》徐王《遣邟钟》
仪楚《左传》昭公六年	义楚《义楚耑》《义楚盘》《徐王义楚之元子剑》夘楚《遣邟钟》
章羽《春秋》昭公三十年	甚六《甚六鼎》遣邟《遣邟钟》

徐王世系中，《史记》中的徐君和《左传》昭公四年的徐子可能为金文中的徐王乇又，并可确认为金文中的义楚之父徐王。仪楚即义楚，夘楚。章羽即甚六，遣邟。据《遣邟钟》铭所云：遣邟为徐王之孙，夘楚之子，它补齐了最近三代徐王世系。

北山四器中，缶盖为吴王余昧所作，编钟为徐王章羽所作，鼎是徐王章羽为赂吴王余祭和吴王余昧之庶弟蹶由以送故虞王而作，可见北山四器虽各自独立成文，然又互相关联，且与墓主有着密切的关系，为墓主的考定提供了有力的佐证。墓在吴地东方，当属吴墓无疑。《尸祭缶》仅存缶盖，且尸祭二字被剥，显然墓主不是吴王余祭。而余祭之祖颤（去齐），父剩（寿梦）及元子皆未剥去，那么剥去尸祭二字者应为尸祭之弟。《甚六鼎》和《遣邟编钟》虽为章羽所作，然鼎铭中却明确地记载着是在余昧始为吴王之时赂蹶由以送故虞王，此故虞王非余昧莫属。而墓室中随葬的矛为余昧自作，系死者的近身之物，故墓主为余昧的可能性最大。因此推断北山顶春秋墓应为吴王余昧之墓。

注释

① 郭沫若：《两周金文辞大系》，科学出版社，1957 年。以下郭老所云未注者均见《大系》。

② 周晓陆：《伯刺戈考》，《南京博物院集刊（8）》。

③ 阮元：《十三经注疏》本作“伐楚”，见中华书局影印本，1979 年。

④ 郭沫若：《吴王寿梦之戈》，《奴隶制时代》，科学出版社，1957 年。

⑤ 王步毅：《安徽霍山县出土吴蔡兵器和车马器》，《文物》1986 年第 3 期。

⑥ 心健等：《山东费县发现东周铜器》，《考古》1983 年第 2 期。

⑦ 沂水县文管站：《山东沂水县发现工𪊨王青铜剑》，《文物》1983 年第 12 期。

原载《东南文化》1988 年第 3、4 合期

南陵出土的攻敌王光剑再考

1978年，安徽省南陵县出土攻敌王光剑一柄，上镌铭文两行12字。最先由刘平生做了报道，释文为“攻敌王光自乍（作）用剑以战戉人”[①]。之后，刘雨先生撰文，将第10字隶定为戫，释为“当”，敌也；第11字隶定为戚，释为“勇”，谓此剑乃吴王光自作防身杀敌之兵器[②]。近见洪家义师对此又作三点补充：一、戫即撝，扌、攴、戈通用，撝有退却、制止之义；二、勇人即刺客之鄙称，剑铭“勇人”专指刺客而言；三、剑为吴王光特制，专为提防刺客之用[③]。此外，就此剑出土于安徽南陵，李瑾先生有吴器入楚之说[④]。

承刘平生先生襄助，惠赠其手拓剑铭一纸，拓本极佳，字画生然。后笔者曾两次赴南陵参观古矿冶遗址，得以亲睹此剑，摩挲间感觉到它既不像山西省原平县峙峪村出土的攻敌王光剑那般通体饰有焰朵暗纹[⑤]，也不像安徽省庐江县边岗村出土的攻敌王光剑那样剑格上镶嵌绿松石饰[⑥]，除却身有铭文，实与春秋时极普通的青铜剑无异。三柄吴王光剑就冶铸质量相较，这一柄当为殿军。然这柄吴王光剑，又有其特殊意义。有幸手抚目验之余，我们试对南陵出土的攻敌王光剑作出再考。

据刘平生君言，剑出自一土墩墓中。他曾去此剑的出土地点作过调查，后又作了清理工作。此剑在发表时所缺的一截，在这次清理中居然觅得。土墩墓是“湖熟文化”的一个组成部分，主要散布在苏南茅山以西至皖南秋浦河以东，为西周至春秋时吴国特有的一种葬俗。“湖熟文化”区即吴国疆域，达阖庐之时，更为吴国之重要区域。此类土墩墓在南陵县的格林、家发、五里、戴汇、何湾等地普遍分布，出攻敌王光剑的即为数以千计之土墩墓中的一座。李瑾先生吴器入楚之说，显然是没有考虑到这一重要因素。

吴地土墩墓中随葬有青铜兵器是常见的，在江苏省句容县浮山果园Ⅱ号墩M8，即随葬戈一柄，其发掘报告撰写者以为此墓主“生前的身份曾是一武士”[⑦]；又安徽省郎溪县西北部的土墩墓M4随葬剑一柄[⑧]。按《越绝书》记载的所谓“阖庐冢”的规模和地理位置，以及近年来在江苏省丹徒县东乡的考古发掘，使我们初步了解了吴国最高级贵族的葬制，再看南陵县的这座土墩墓，除此柄青铜剑外，还随葬几件普通的印纹陶罐，无论从其规模、随葬品级别，还是从墓葬的地理位置来看，都不可能是吴王阖庐的墓葬，其墓主人的身份应当与句浮ⅡM8和郎M4之墓主人相近，也是吴国的一位武士。

南陵出土的攻敌王光剑，出自吴国一般墓葬中，此墓绝非吴王阖庐之墓，此剑既不可能是吴王阖庐的佩剑，更不可能是由于战争、交换或馈赠而流落到吴国域外。那么，它应当是一柄什么性质的青铜剑？它与那座土墩墓的主人又是什么关系呢？

欲说明此剑的性质及其与墓主人之关系，首先要准确地释读其铭文，而读通十二字铭文的关键，又在于"戠"、"戕"二字的正确考释。"戠"字，刘雨先生之隶定是正确的，然刘先生读之为"当"，吾师洪家义先生读之为"揣"，引《集韵》："揣，引也"，又引《礼记》郑注："引，却也"，又引《广雅》："却，退也"，即云揣有退却制止之义，均觉未安。愚辈以为，"戠"字从戈从尚，尚取意兼声，此字应是"赏"的异体。《说文》："赏，赐有功也。从贝，尚声。"金文多以尚或賫（《说文》训"行贾"）为赏，战国初期骉羌钟"赏于韩宗"始作"赏"，与《说文》同。《说文》训"尚"为"曾"，曾古与增为一，赏字从尚、从贝，实为会意兼形声，意取以己所有赠与他人。文字衍变时期，形体未臻划一，形符、声符往往变动不居，时人将赐货贝记为"赏"，将赐兵器记为"戠"，尚取声兼意，贝、戈皆取质兼意，"尚贝"为"赏"，"尚戈"亦为"赏"，这与金文"赐"字或从金作"锡"，"賸"或从女作"媵"，或从土作"塍"，是同一道理。

"戕"字，刘雨、洪家义先生读作"勇"，甚确。刘、洪先生所释"勇人"，皆似为吴王光的敌人，是吴王光"防身杀敌"之对象（刘），或是吴王光时加提防的"刺客"（洪）。两说似均可商。古勇字含贬义者似绝少见。《论语·宪问》："仁者必有勇。"又云："君子道者三，仁者不忧，知者不惑，勇者不惧。"《书·泰誓》："仡仡勇夫，射御不违。"《孟子·滕文公下》："勇士不忘丧其元。"《淮南子·人间训》载孔夫子在夸赞颜回为"仁人"、子贡为"辩人"的同时，对有人问"子路何如人也?"则回答："勇人也。"以上皆是褒例。而勇猛的武士是要受到封赏赐予的，《左传·襄公二十一年》记："庄公为勇爵。"杜注："设爵位以命勇士。"同例亦见金文，齐《庚壶》言："公曰：'甬甬（盖勇人之谓），商（赏）之台（以）邑司衣裘车马'……公曰：'甬甬，式□曰爵，余台赐女'"[9]。南陵攻敌王光剑铭与庚壶铭口气相似，剑铭"勇人"当是褒奖的对象，而断非杀和防的对象。

根据以上分析，我们认为该剑铭文当读作——"攻敌王光，自作用剑，以赏勇人。"语义自明，不烦他求。

吴王阖庐之时，除了铸干将、莫耶宝剑之外，还铸有扁诸之剑三千，《越绝书》

虽云俱葬于阖庐陵墓之中，然《吴越春秋・夫差内传》则说："吴师皆文犀长楯，扁诸之剑，方阵而行"，可见所谓"扁诸之剑"未必俱在阖庐墓中。南陵县出土的这柄攻敌王光剑，很可能即是吴王阖庐所冶铸，而又赏赐给有军功的"勇人"的一柄"扁诸之剑"。这位有功于攻敌王的勇人，亦即这座土墩墓的主人。有铭之攻敌兵器，面世日多，然由攻敌王授命冶铸而赏赐于一般武士中之"勇人"者，仅此一例。所以该剑虽其貌不扬，然于春秋时吴国之军、政研究，殊属不可多得之宝！

注释

① 刘平生：《安徽南陵县发现吴王光剑》，《文物》1982年第5期。
② 刘雨：《关于南陵吴王光剑铭释文》，《文物》1982年第8期。
③ 洪家义：《古文字杂记》，《文物研究》第1期。
④ 李瑾：《徐楚关系与徐王义楚元子剑》，《江汉考古》1986年第3期。
⑤ 戴遵德：《平原峙峪出土东周铜器》，《文物》1972年第4期。
⑥ 马道阔：《安徽庐江发现吴王光剑》，《文物》1986年第2期。
⑦ 南京博物院：《江苏句容浮山果园西周墓》，《考古》1977年第5期。
⑧ 宋永祥：《郎溪土墩墓初探》，《宣州文物》1986年第3、4合期。
⑨ 1982年（台北）《故宫季刊》刊有《庚壶》补足七十余字本。

原载《文物研究（3）》，1988年。

攻敔王光剑跋

春秋之际，雄踞于长江下游的吴国，以其兵器制造之精良而冠于诸侯。《战国策·赵策》云："夫吴干之剑，肉试则断牛马，金试则截盘匜"，此外，《荀子·强国》、《考工记·有章》、《史记·吴太伯世家》以及《越绝书》、《吴越春秋》等俱有对吴国青铜剑的赞誉之载，可见吴国之剑在其时声闻遐迩，名噪一时。

在出土众多的吴国青铜剑中，王名确凿者仅诸樊剑二[①]、阖闾剑三、夫差剑三[②]，其中尤以阖闾之剑引人瞩目，自 60 年代初在山西省原平县首次出土了攻敔王光剑[③]后，在安徽省庐江县[④]和南陵县[⑤]又先后出土了攻敔王光剑各一柄，从而引起了"吴文化"研究者、东周史研究者和兵器史研究者的注目。像这样三件作器者人名相同，而各自铭文内容又不尽一致，同时外形质地亦不完全一致的器例，在东周兵器中尚不多见。近年来，已有不少专家学者对这三柄攻敔王光剑分别作了考证和研究，然我们觉得尚有一些问题尤其是铭文读释仍有推敲之处，更有作进一步综合研究的必要，故作此跋。

1964 年，山西省原平县峙峪村的一座东周"士卿大夫"的墓葬中，出土了攻敔王光剑一柄（简称《原》），出土时剑首已残，茎为圆柱形，茎中部有两道箍棱，腊较宽，剑上隆起有脊，剑身上布满焰朵状暗纹，银光闪烁，剑锷锋芒犀利。剑通长 50.7 厘米。剑身近腊处有铭文两行八字，直行右读：

攻敔王光

自乍用鐱　　（摹本一）

八字均为正书。"攻敔王光"，攻敔，《者减钟》、《姑发𨳹反剑》作工𢁃，《甚六鼎》作攻𢿼，《是埜戈》、《赵孟介壶》作邗，另两柄《光剑》作攻敔，而《元讶剑》、《夫差戟》作攻敔，与之同。此外，《吴王光鉴》作吴，《夫差鉴》作攻吴，《宋公䜌簠》作句敔，而《左传》、《世本》、《国语》、《史记》等俱作句吴，实皆为吴国的称谓。光，即吴王阖闾、阖庐，《史记·吴太伯世家》以其为王之前称公子光，为王之后称阖庐，看来不尽然。

"自乍用鐱"，乍即作，金文习见。鐱，从金佥声，亦即剑之别体。自作用剑，当指由攻敔王光命令而特制专用之兵器。

1978年，在安徽南陵县三里乡与何湾乡交界处一座极普通的“土墩墓”中，也出土了攻敌王光剑一柄（简称《南》），出土时剑首已残，茎为圆柱形，茎中部有两道箍棱，腊稍窄，剑上隆起有脊。剑身出土时残缺一截，后在原出土地点清理时觅得。剑通长约50厘米。近腊处有铭文两行十二字，直行右读：

攻敔王光自乍

用铨台𢦏戕人　　　（摹本二）

第七字为反书，余为正书。刘平生先生对此作了报道，释文为：“攻敔王光自乍（作）用剑以战戌人”；之后刘雨先生认为释文与字形不符，重释为：“攻敔王光自作用剑，以𢦏勇人”，并言：“𢦏字金文初见，似读为当，戈旁乃附加成分，《广韵》：“当，敌也，是言当者，抵敌之谓也”，说明“此剑乃是吴王光自作防身杀敌用剑”[⑥]；近洪家义先生撰文同意刘雨先生的隶定，并作了补充：“𢦏即捎之异体，……扌、支、戈通用”，引《集韵·庚部》：“捎，引也”，又引《礼记·玉藻》郑注：“引，却也”。又引《广雅·释言》：“却，退也”，因而“捎有退却、制止等意”，而“勇人一词，大概是对刺客的鄙称”，“所以他特制短剑，专防刺客”[⑦]。就《南》出土于安徽南陵地方，李瑾先生有吴器入楚之说[⑧]。

我们认为，南陵本属吴地，阖闾九年，吴破楚入郢，这里更是吴国的腹地，而土墩墓则应是吴国特有的葬俗，故吴器入楚之说，显然为臆断之辞。剑上铭文，读释如下：

“攻敔王光，自乍用剑”，起首二小句与《原》同。

“以𢦏勇人”，刘雨先生隶定甚确，但其释文则不敢苟同。𢦏，从尚从戈，尚取义兼声，当释为赏。古者赏字写作商，如《乙亥鼎》：“商具”，《商尊》：“商（巽）贝，”此例甚多。古者赏字又写作赍。如《作册大鼎》：“公赍作册大白马”，《戎甬鼎》：“王赍戎甬贝一朋，”《召卣》：“王自彀吏（使）赍毕土方五十里，”此例亦甚多。商字本义同赏，从言从八从门或从同，省为尚，又从贝作赍，有赏赐之义，《说文》：“尚，曾也”，以自己所有之物赠与他人，故称“曾也”。曾，义同于增、层，《说文》：“增，益也”，“层，重屋也。”赏又作赏，从省形之尚从贝，如《舀鼎》：“赏舀禾十秭”，之后战国《骉羌钟》：“赏于韩宗”，已与《说文》小篆无异。𢦏字从戈，为赏赐兵器之质符或义符，赏赐财物从贝，赏赐兵器从戈，其道理是一样的。在金文中，贝符的变化或借用是很多的，如赐，《毛公鼎》作易，《曾伯簠》作锡，《庚壶》作赐；又如媵，《弔上匜》作朕，《干氏弔子盘》作媵，《嚣伯盘》作塍，《鲁伯大夫作孟季簠》作賸；又如贤，《中山王嚳壶》作臤，《贤簋》作贤。而𢦏字，正值由西周向战国文字过渡之中桥，由商、赍、赏而赏，故𢦏字即赏赐兵器之赏，义符随赏赐之物而变更，亦可见文字演变之一斑。戕，刘雨、洪家义先生的隶定及释为勇，无疑是正确的，《说文》：“勇，或从戈用。”但两位先生所释勇人为吴王光的敌人，是吴王光防身杀敌的对象，或是吴王光时加提防的刺客，未必尽然。勇在其时是作为一种道德规范，《论语·宪问》：“仁者必有勇，”又云：“君子道者三，仁者不忧，知者不惑，勇者不惧，”又孔夫子在夸赞颜回为“仁人”，子贡为“辩人”的同时，有人问曰：“子路何如人也”？他赞曰：“勇人也！”[9]剑铭“勇人”，正是受吴王光赏赐此剑的对象，即该剑的主人，亦即该“土墩墓”的主人。其生前应为随吴王驰骋疆场建立功勋而受赏赐的一位武勇之士。在土墩墓中随葬兵器的还见于江苏句容浮山果园Ⅱ号墩 M8，随葬青铜戈一件[10]；安徽郎溪县西北部土墩墓 M4，随葬青铜剑一柄[11]。《左传·襄公二十一年》：“庄公为勇爵”，杜注：“设爵位以命勇士”。又齐《庚壶》：“公曰：甬甬（即勇人），商（赏）之以邑嗣衣裘车马！……公曰：‘甬甬，式□曰爵，余台赐女（汝）’”！其与《南》上铭文，语气何其相似乃耳！

《南》上铭文我们读作：“攻敔王光，自作用剑，以赏勇人。”

1974 年，安徽省庐江县汤池乡边岗村挖水渠时，也出土了攻敔王光剑一柄（简称《庐》），出土时剑首已损毁，茎为椭圆柱形，茎中部有两道箍棱，腊较宽厚，剑身隆起有脊，格上镶嵌有绿松石花纹。通长 54.0 厘米，近腊处有铭文两行十六字，直行右读：

攻敔王光自乍用铨

[走亘]余允至克[爿目]多攻　　（摹本三）

摹本一　　摹本二　　摹本三

第九、第十四字反书，余为正书。马道阔先生在报道此剑时将铭文释为："攻敔王光自作用剑，趄余以至克肇多攻"。迄今为止尚未见到更为详尽的释说。我们释读如下：

"攻敔王光，自作用剑"，起首二小句同《原》、《南》。

"趄余允至"，趄通桓。《中山王嚳壶》："皇祖文武，趄祖成考"，《中山王嚳鼎》："先祖趄王"，而《世本》记为："中山武公居顾，桓公徙灵寿"。又《陈侯因資敦》："皇考武趄公。"而《史记·田敬仲完世家》记为："桓公午。"《书·牧誓》："尚桓桓。"传："桓桓，威武貌。"《虢季子白盘》："趄趄子白。"《秦公簋》："剌剌（烈烈）趄趄。"剑铭之趄与上述义同，是形容人（指攻敔王光）的勇武。余，第一人称代词，如《郘钟》："余兽𡚬武。"《遷邟钟》："余鏞镠是择。"允，马道阔先生的释以（台），细审铭文，其下不从口，可确认为允。金文以作[illegible]，允作[illegible]，字形略近。此允与《班簋》、《遷邟钟》上的允字一致。《说文》："允，信也。"允至，即果然到来，一定到来，肯定能达到的意思。

"克䣍多攻"，《说文》："克，肩也。"《尔雅·释言》："克，能也。"引申为具有强大的力量，能够胜任之义。克字原形又像缴矢，故近世也有说克与戎武有关。《说文》："𢦔，杀也，从戈今声。"《商书》："西伯既𢦔黎。"今本《商书》作"戡黎"，《尔雅·释诂》："戡，克也"。《曾伯簠》："克狄淮尸"，即为此意。克下一字，稍有残泐，但字形与《虢仲簋》、《陈侯因資敦》、《沇儿钟》上的成字一致，当释为成。成，甲文作[illegible]，疑原为一种斧钺之名。《说文》："成，就也。"克成一词，金文习见。《陈侯因資敦》："大漠克成。"又《沈子簋》："克成妥吾考𠃬于显显受命。"多攻，即多功，众多武功、戎功之义。《嘉宾钟》："舍武于戎攻。"《叔夷钟》："女肇敏于戎攻。"而《诗·江汉》则云："肇敏戎公。"《后汉书·宋弘传》引为"肇敏戎功"。又《荀子·议兵》："械用兵革攻完便利者强。"杨注："攻当为功。"《战国纵横家书》中，言"攻（某国、某地）"，即作功。"成……功"，也是较早出现的辞语，《沈子簋》："告剌成工（功）"，《班簋》："广成厥工（功）"。可见攻、功、公、工等字，古音相同，义亦相近，故通用。

《庐》上铭文我们读作："攻敔王光，自作用剑，趄余允至，克成多功。"

以上三剑虽皆为《攻敔王光剑》，然出土在三个不同的地方，铭文与造型纹饰各异，其名称与用途亦当有异。吴王阖闾之时，青铜剑的铸造技艺可谓登峰造极，《吴越春秋·阖闾内传》载，阖闾曾使干将、莫耶作剑，"阳曰干将，阴曰莫耶，阳作龟纹，阴作漫理。"此外，尚有纯钩、鱼肠、胜邪、湛庐、磐郢等名目众多的宝剑，还铸有扁诸之剑三千。《吴越春秋·夫差内传》云："吴师皆文犀长楯，扁诸之剑，方阵而行。"显然夫差之时仍在使用阖闾时铸造的扁诸之剑。从三柄剑的精美程度来看，首推《原》，《庐》次之，《南》更次之。估计《南》当属扁诸剑之一，而《原》与《庐》应为阖闾时的名剑，然究竟应名干将、莫耶，还是纯钩、鱼肠？今已不可考。

《原》虽然铭文仅八字，但其义明了，锋锷锐利，寒光闪烁，剑身满饰焰朵状暗纹，很可能就是《吴越春秋》所云“漫理”。它出于北方晋墓中，耐人寻味。吴晋两国为抗楚而结盟，晋申公巫臣曾使吴，教吴用兵乘车；吴亦曾使公子季札出使晋国。由于政治上的需要，吴晋两国虽同姓而互有媒聘。正是因为两国之间相互交流征战技艺和频繁的外交活动，所以《原》出在晋地也就不足为怪了。它可能作为吴王的礼物而馈赠给晋，也可能作为吴王的信物而质于晋。

《庐》铭文最多，达十六字，其制作亦极精美。与之铭文内容相近的有吴王诸樊之剑——姑发閂反剑：“在行之先，以用以获，莫敢御余！余处江之阳，至于南行西行”[12]。语气已不凡！而《庐》的后八个字，更是充满了戎武的气氛必胜的信心和不可一世的气概！这与吴国当时的军事实力和战略意图是密切相关的。春秋晚期，庐江一带属吴而边楚，由于出土情况不明，对其是失落在吴楚征战的疆场还是因其他原因埋入地下，尚不敢妄作推断。

《南》铭文十二，制作一般，除却铭文，与常见的吴国春秋时期的青铜剑无异。它应为攻敔王光统一冶铸、专为赏给立有军功的勇人之剑，该剑出土在吴国腹地的土墩墓中，恰恰说明了这一点。值得注意的是，这是目前所见反映处于变革时期的吴国军功爵赏制度的唯一一件实物，虽制作不及《原》、《庐》精良，亦弥足珍贵。

综上所述，这三柄《攻敔王光剑》，或反映了春秋时期吴晋两大国之间的关系，或反映了吴国的军事实力和称霸的雄心，或反映了吴国的军功爵赏制度。

三柄剑上的铭文风格基本一致，修长工整，清秀坚劲，秀丽间透出强健的气势。铭文皆为四字一句，甚有特色。然三剑的文字互有异构，如攻敔二字的攴旁、敔字的吾，以及光、乍、剑等字，三剑上都有明显的不同。所以三剑铭文的撰刻者，可能不是一人。这既是一批可资吴国兵器断代的标准器形，同时也是一批绝对年代基本一致的、相互可资比较的古文字资料。对于研究春秋吴国青铜兵器的铸造和文字变化，以及吴国的政治、军事和行赏制度等，提供了可靠的实物，给人以新的启迪。

注释

① 诸樊剑二，其一为《吴王元剑》，见郭沫若：《两周金文辞大系图录考释》，科学出版社，1957年；其一为《姑发閂反剑》，见安徽省文化局文物工作队：《安徽淮南市蔡家岗赵家孤堆战国墓》，《考古》1963年第4期。

② 夫差剑三，一、襄阳首届亦工亦农训练班：《襄阳蔡坡12号墓出土吴王夫差剑等文物》，

《文物》1976年第11期；二、崔墨林：《河南辉县发现吴王夫差铜剑》，《文物》1976年第11期；三、1965年山东省平度县征集，现藏山东省博物馆。

③ 戴遵德：《原平峙峪出土东周铜器》，《文物》1972年第4期。

④ 马道阔：《安徽庐江发现吴王光剑》，《文物》1986年第2期。

⑤ 刘平生：《安徽南陵县发现吴王光剑》，《文物》1982年第5期。

⑥ 刘雨：《关于南陵吴王光剑铭释文》，《文物》1982年第8期。

⑦ 洪家义：《古文字杂记》，《文物研究》第1期。

⑧ 李瑾：《徐楚关系与徐王义楚元子剑》，《江汉考古》1986年第3期。

⑨ 见《淮南子·人间训》，又《论衡·定贤篇》与之同。

⑩ 南京博物院：《江苏句容浮山果园西周墓》，《考古》1977年第5期。

⑪ 宋永详：《郎溪土墩墓初探》，《宣州文物》1986年第3、4合期。

⑫ 释文取商承祚说，见《〈姑发𨳊反剑〉补说》，《中山大学学报》（社会科学）1964年第1期。

原载《东南文化》1987年第3期

阖闾城遗址的考古调查及其保护设想*

阖闾城遗址位于无锡市和常州市交界处，分属无锡滨湖区胡埭镇和常州武进区雪堰桥镇，是1956年公布的江苏省第一批重点文物保护单位。遗址东临太湖，外围有龙山山脉为屏障，附近还有历史地名胥山和闾江。遗址有保存较好的城墙和大型高土台，现存东城和西城两个小城。阖闾城遗址的原保护范围约50万平方米。

2007年年初，结合第三次全国文物普查的开展，江苏省考古研究所和无锡市第三次全国文物普查办公室组成联合考古队，对阖闾城遗址进行了为期一年半的考古复查。

一　阖闾城遗址的考古复查及初步认识

阖闾城遗址考古复查工作分为三个阶段。

第一阶段，查阅资料。

（一）查阅与阖闾城遗址有关的历史文献

根据历史文献的记载，吴王阖闾即位的时间为公元前515～公元前496年，阖闾筑城始见于东汉的《越绝书》[①]和《吴越春秋》[②]。假定阖闾城为吴王阖闾时所筑，筑城的年代应在公元前515～公元前496年。

《越绝书》和《吴越春秋》的内容基本一致，阖闾之时徙治胥山，筑吴城，即有大城和小城，小城有二。城内有阖庐宫、南城宫、东宫和西宫。

唐及其后有关阖闾城记载的历史文献，主要有唐代陆广微《吴地记》[③]、张守节《史记正义》[④]，宋代范成大《吴郡志》[⑤]和清光绪年间的《无锡金匮县志》[⑥]、《锡金考乘》[⑦]、《太伯梅里志》[⑧]等。这些文献记载相同的是城名"阖闾城"，存在分歧的主要是地望：1. 阖闾大城在武进，小城在无锡，即西城和东城；2. 阖闾城在苏州；3. 阖闾大城在苏州，阖闾小城在无锡。

通过对历史文献的分析，可得出如下结论：东汉时关于阖闾城的记载基本一

* 原附插图6幅，现略去。

致，有大城和小城，说明高出地面的阖闾大城的城垣在东汉时期尚存；经历了三国、两晋、南北朝等动乱时期，至唐宋时高出地面的阖闾大城的城垣已不复存在，因此关于阖闾城的记载便产生了分歧：或云西城为大城，东城为小城；或云东西城皆为小城，而苏州城为大城。

历史上阖闾城有可能遭到越人毁灭性的破坏，对此文献亦有记载[⑨]，这也是考古复查工作中必须考虑到的重要因素。

（二）查阅与阖闾城遗址相关的地图

查阅分析了各种地图，然由于各种地图反映的内容十分庞杂，对阖闾城遗址及其周边地区的地形地貌的反映并不直观。

（三）分析阖闾城遗址的卫星航片

卫星航片较直观地反映了阖闾城遗址的东、西小城之外有长方形的环壕，环壕的转角近似直角，显然为人工开筑。通过对卫星航片进行分析，在东西小城之外可能存在阖闾大城。

分析了卫星航片之后再反观 1∶10000 的地形图，亦证明确有长方形环壕的存在。

（四）查阅与阖闾城遗址有关的研究论文

与阖闾城遗址有关的研究论文极少，大多根据文献和历史传说乃至民间传说进行研究，参考价值不大。

第二阶段，考古复查。

（一）阖闾城遗址的考古调查

从阖闾城遗址内水沟的剖面和采集的文化遗物分析，阖闾城遗址大致经历了马家浜文化、马桥文化和春秋早中期的吴越文化三个时期，阖闾城的城址叠压或打破春秋文化层，应晚于春秋中期。

阖闾城遗址东城和西城的北墙已夷平，东城、西城之间的隔墙和南城墙保存较好，环壕保存也较好，西城的北半部还有一道东西向的土墙，将西城分为南区和北区。

阖闾大城的城垣已不存，城外的长方形环壕保存完好。

闾江自东北向西南流经阖闾城，构成阖闾城外的环壕和城内的水系后，流入太湖。

阖闾大城北面有胥山，胥山下的胥山湾现为低洼的农田，仍可看出原来的形状。

（二）阖闾城遗址的考古测绘

采用全站仪进行考古测绘，凡高出地面的部分均用等高线标明。

根据测绘图划出方格网，然后进行考古钻探，同时又使钻探结果反映到测绘图上。

（三）阖闾城遗址的考古钻探

将阖闾城遗址划分成5×5米的网格进行全面的考古钻探，而城墙、城门、高台建筑遗迹等重点区域划分为1×1米的网格进行钻探。

根据钻探的情况分析判断，高出地面的东城、西城的城墙和西城内高台建筑遗迹均叠压或打破春秋早中期的文化层，城墙和高土台的包含物最晚为春秋中期，因而确定该类遗存的年代晚于春秋中期；东城的南城墙被汉代和宋代墓葬打破，因此城墙的年代应早于汉代。

东城、西城的城墙和西城内的高土台均用坚硬、纯净的浅黄色黏土堆筑而成，而城的四周皆为松软、肥沃的灰色水相沉积土，土质、土色的差异十分明显，可能筑城的土取自地下较深的土层。

考古钻探结果表明阖闾城遗址东城和西城年代的上限晚于春秋中期，下限早于汉代。

东城、西城内钻探的重点是城墙、城内的高土台和道路。

东城、西城的城墙均存有高出地面的城墙，城墙最高处约4.0米，一般高1米左右，其余部分存有墙基，墙基宽30～32米。

西城的北半部有一道东西向的墙，将西城分为南区和北区。

南区发现春秋时期的大型高台建筑遗迹4处，编号F1～F4，皆坐西朝东，呈建筑群分布，其中F3长约70米，宽约35米，为特大型建筑遗迹；F4的南面应有一对称的高台建筑，由于现代村庄无法进行钻探。

北区发现大型建筑遗迹1处，编号F5，呈西北—东南向。

东城内仅发现春秋时期的水井1口，编号J1；马桥文化的灰坑和灰沟编号为H1、H2；城内的3处高土台为宋代堆积，未编号。

西城与东城之间有陆门1座，编号CM1，并有长约10米的道路；西城的南区与北区之间发现陆门1座，编号CM4；西城南面发现水门2座，编号CM2、CM3，CM3两侧有成排的木桩。

阖闾大城高出地面的部分现已不存，因此大城钻探的重点是确认是否存在大城。钻探主要沿城壕内即大城的一周进行，由于村庄、道路、工厂以及高速公路的原因，许多地方无法进行钻探，仅在大城的西南角发现宽约34米城墙的墙基，墙基的土与东城和西城完全相同，即坚硬、纯净的浅黄色黏土，包含物最晚亦为春秋中期。考古勘探的结果确认了阖闾大城的存在，大城东西长约2100米，南北宽约

1400 米，面积约 2.94 平方公里，年代与小城相同。

胥山湾现为低洼的农田，钻探结果证明胥山湾为深黑色的湖相沉积土，并有水道与太湖相通，胥山湾以马家浜文化遗物为多，其次是春秋时期的文化遗物。考古钻探证明胥山湾原为太湖的天然湖湾，春秋之后逐渐湮没，最后成为低洼的农田。

（四）阖闾城遗址的考古物探

物探的目的主要是对考古钻探的结果进行叠加验证，对城壕、水门和城内水道情况进行探测和推测。

通过物探再次确认了西城内的水门、水道和西城内的大型建筑遗迹以及东城、西城外的城壕，并根据阖闾城城内的水门和水道情况模拟复原阖闾城西部的水系图，即引闾江入阖闾大城和东西小城后，形成城外的环壕和城内的水系，出阖闾大城后流入太湖。同时利用水系推测和复原了部分大城水门的位置。

（五）阖闾城遗址的测年

在阖闾城遗址的调查和钻探中，采集了部分泥炭标本。

泥炭标本由中国社会科学院考古研究所实验室进行了碳十四测年，测定结果如下：

ZK—3305：2188±46BP（公元前 238 年±46 年）

树轮校正年代：360BC（36.0%）280BC　260BC（32.2%）170BC

ZK—3306：2085±23BP（公元前 135 年±23 年）

树轮校正年代：155BC（13.3%）130BC　120BC（54.9%）50BC

ZK—3307：2069±26BP（公元前 119 年±26 年）

树轮校正年代：150BC（3.8%）130BC　120BC（62.9%）40BC　10BC（1.5%）AD

^{14}C 测定的年代与阖闾城遗址年代有一定的出入，可能因为是泥炭而不是木炭的原因所致。

（六）龙山石城的考古调查

阖闾城遗址以北的胥山、仆射山传说颇多，对此亦进行了考古调查，除部分可能为宋代的纪念性建筑遗迹外，未发现春秋时期的文化遗迹。

临太湖的龙山山脉自西南向东北为龙山、鸡笼山、马鞍岭、东湾山、莲花山、青龙山和惠山，沿太湖的山湾即著名的太湖十八湾。

龙山山脉的山顶和山脊沿十八湾分布着石冢和石城。

龙山石城蜿蜒分布，依山势高下而筑，目前已调查了盘坞湾—夏墓湾石城，石城两面用大石块垒砌，中部填土，为“石包土”的建筑形式。石城宽约 1.0 米，残高约0.4～0.7米，目前已调查的长度为2公里，其余十六湾尚未调查。通过调查，发现石城叠压在石冢之上。因此龙山石城的年代应晚于龙山石冢。

龙山石城的发现，将阖闾城遗址的范围由阖闾城大城扩大到龙山一带。

（七）龙山石冢群的考古发掘

龙山的山顶和山脊分布着石冢群。石冢群保存较好，自上而下排列有序。

龙山石冢群在阖闾城遗址以北，又被石冢叠压。为了解决龙山石冢群与阖闾城遗址和龙山石城的相互关系，在报经国家文物局批准后，对龙山石冢群进行了考古发掘。

石冢用巨石堆砌，分为墓道、墓门和墓室。

墓室由大块的铺地石、石墙和条形封顶石构成，墓门两侧为大块的条石，墓门与墓道之间用石块封门，墓道顶部则无封顶石。

在墓室和墓道的石墙外侧有护坡石，护坡石的外围用大石块围成石圈，最后再封土，形成高大的土墩。石冢从采石到建造，工程浩大。

龙山石冢随葬器物丰富，出土了陶器、印纹硬陶器、原始青瓷器等文化遗物150余件，主要为原始青瓷器，有罐、钵、碗、豆、盂、盅、盘、杯等，印纹硬陶器主要有瓮、坛、罐等。

根据随葬器物分析，龙山石冢的年代为春秋早期至春秋中期。

第三阶段，形成初步认识。

（一）阖闾城遗址

1. 吴国都城之名

根据文献的记载，吴国都城名“句吴”或“吴”[10]。如楚都数迁仍名“郢”一样，吴国都城虽多次迁徙，然其都城始终名“句吴”或“吴”。阖闾城亦名“吴城”，虽然唐代出现了“阖闾城”之名，然又称“筑阖闾城都之”。从阖闾城的城名分析，阖闾城应为吴国都城。

2. 阖闾筑城的背景

吴国的强盛始于寿梦。寿梦立而吴始益大，称王。自寿梦二年吴楚便战事不断；阖闾九年，吴终于攻入楚都郢。

越国的强盛始于允常。允常之时，拓土始大，称王，与吴王阖庐战而相怨伐。

《史记·吴世家》：“阖闾十年春，越闻吴王之在郢，国空，乃伐吴……阖闾十九年夏，吴伐越，越王句践迎击之槜李。”显然阖闾筑城迁都的目的主要是为了进攻越，因而阖闾城既表现出都城的布局和规模，又表现出强烈的军事性。

3. 阖闾城的年代

根据考古调查和钻探，阖闾城遗址叠压或打破春秋早中期的文化层，东城的南城墙被汉代墓葬打破，因此阖闾城遗址的筑城年代晚于春秋中期，早于汉代，大致为春秋晚期，与吴王阖闾的年代相当。

阖闾的年代为公元前515～公元前496年，因此阖闾筑城的年代应在公元前515～公元前496年。阖闾城遗址除高出地面的城墙和大型台基外，考古钻探未发现春秋晚期的文化层，因此推测阖闾城使用的时间不长，亦与吴王阖闾即位19年相吻合。

4. 阖闾城的布局与规模

阖闾城遗址外有大城，内有两小城，与《越绝书》记载的“城中有小城二”相符；另大型建筑群集中在西城，水门、陆门也集中发现于西城，亦与《越绝书》记载城内有阖庐宫、南城宫、东宫和西宫相符。而东城仅发现春秋时期的水井，因此西城的规格高于东城。阖闾城遗址附近的山水，亦见于历史文献。

从阖闾城大小城的布局和西城内高台建筑遗迹的分布分析，阖闾城的布局除防御功能外，还反映了吴民族以中为尊和以西为尊的思想。

将阖闾城与春秋战国时期的都城比较，其规模与春秋战国时期的都城大致相当。如：魏都安邑东西长4900米，南北宽3500米；燕下都武阳东西长4630米，南北宽4600米；郑韩故城东西长4300米，南北宽2400米；楚都郢东西长3700米，南北宽4500米；秦都雍城东西长3300米，南北宽3200米；齐都临淄东西长2800米，南北宽3300米；鲁都曲阜东西长2500米，南北宽3500米；晋都新田东西长1400米，南北宽1700米；而吴都阖闾城东西长2100米，南北宽1400米，符合春秋战国时期的都城的建制，亦符合春秋战国时期都城的规模。

阖闾城的规模和布局体现了春秋战国时期营造都城的基本思想和基本格局。

5. 阖闾城的性质

阖闾城遗址的年代为春秋晚期，与吴王阖闾的年代相当；阖闾城遗址有郭有城，西城内有完整的宫殿群，其规模、布局与春秋时期的都城基本相同；阖闾城遗址有水门和陆门，西城内有大型建筑群，大城外还有胥山湾和龙山石城，构成完整的宫殿群和完整的防御体系；阖闾城遗址的地理环境以及胥山、闾江等历史地名与历史文献记载相符；阖闾城遗址的地理位置、年代等亦与历史文献的记载相符。

根据考古复查，初步推断阖闾城遗址为春秋时期吴王阖闾的都城。

（二）龙山石城

根据文献记载，吴王阖闾“兴乐石城”，因此分布于龙山山脉的石城应名“石城”。龙山石城依山而筑，延绵数里，工程巨大，有城有台，俯瞰太湖，气势雄伟，虽局部有坍塌，但基本保存完好。

龙山石城为阖闾城遗址第一道防御工事，并与阖闾大城、东城、西城和胥山湾构成了完整的军事防御体系：石城立于太湖之滨，为阖闾城第一道防御；胥山湾为训练和驻扎水军之湖湾，构成阖闾城的东部水域防御；阖闾大城居住兵士和民众，构成阖闾城的第二道防御；东城居住兵士或民众，形成西城的外藩；西城的南区为大型建筑群（宫殿区），北区则加强了南区（宫殿区）防御的纵深。

龙山石城具备了“因地形，用险制塞”的基本要素，其建筑形制与中山长城相同，年代与阖闾城遗址相同，可能为年代仅次于楚长城和齐长城的“吴长城”。

（三）阖闾城遗址的保护范围

考古调查的结果表明阖闾城遗址的范围比原江苏省级文物保护单位划定的范围有所扩大，文化内涵也更为丰富。重新划定的阖闾城遗址的保护范围应包括两大区域：一、阖闾大城—胥山湾—胥山；二、龙山石冢—龙山石城。这些工作，将为合理规划、科学保护阖闾城遗址和制订大遗址保护规划提供科学而翔实的依据。

二　阖闾城遗址的保护设想

阖闾城遗址是第一座经过考古工作后确认的吴国都城。吴国都城在春秋时期的都城遗址中有着极为重要的历史地位，对于研究春秋吴国的历史和我国的都城发展史均有着积极的意义。

阖闾城遗址考古复查最重要的成果是发现并确认了阖闾大城和龙山石城，完整地复原了阖闾城遗址，为该遗址的保护提供了明确的对象和范围。

对阖闾城遗址的保护，我们提出了以下设想：

（一）根据阖闾城遗址的调查勘探的资料，科学规划，合理利用，并复原胥山湾的自然风貌和胥山的自然植被，将阖闾城遗址规划、建设成展示深厚吴文化底蕴的“阖闾城遗址公园”。

（二）龙山石冢群地处太湖十八湾与阖闾城遗址交接部，可复原 D1、D2 两座石冢的石室，其余的采用封土原复。现场保护、现场展示龙山石冢，使之成为太湖十八湾自然风光带中一个富有深厚文化内涵的人文景观带。

（三）十八湾石城为首次发现的“吴国长城”，对其进行全面的调查，分段修复，以文化长廊的形式显露在龙山山脉之上，“吴长城”将成为十八湾景区一道靓丽的风景。

（四）龙山石城、龙山石冢和阖闾城遗址，均以现场保护、现场展示为主，从而在十八湾自然风光带的基础上，形成具有地方特色的“吴文化景观群”。

无锡市委、市政府对阖闾城遗址的保护工作十分重视，2008 年 9 月 10 日，无锡市人民政府召开了“无锡阖闾城遗址专家论证会”。

参加论证会的有国家文物局、江苏省文物局的领导和北京、上海、浙江、山东、河南、湖北、江苏等地的考古学、历史学和文物保护规划的专家。

与会专家考察了阖闾城遗址和龙山石城遗址，听取了无锡市第三次全国文物普查办公室作的《阖闾城遗址考古复查工作汇报》，并就阖闾城遗址的现状、阖闾城遗址的保护和阖闾城遗址考古复查工作等进行了论证，同时对阖闾城遗址的保护提出了如下建议：

（一）鉴于阖闾城遗址初步被认定为吴国都城，建议省级文物保护单位“阖闾城遗址”的名称可改称“阖闾故城遗址”或“吴都阖闾城遗址”。

（二）鉴于阖闾城遗址的现状和考古复查的成果，建议重新划定省级文物保护单位阖闾城遗址的保护范围，并报请江苏省人民政府公布。

（三）鉴于阖闾城遗址丰富的文化内涵，建议在报经国家文物局批准后，可有计划有目的地对阖闾城遗址进行小规模的考古发掘，进一步发掘阖闾城遗址深厚的文化底蕴。

（四）鉴于阖闾城遗址的现状，建议尽快制订《阖闾城遗址保护规划》，对阖闾城遗址进行科学有效的保护，保护范围应包括阖闾大城和龙山石城。

（五）阖闾城遗址为春秋时期的吴国都城，在全国春秋时期的都城遗址中历史地位重要，对于研究我国的都城发展史意义重大。建议加快整理阖闾城遗址的相关资料，申报“第七批全国重点文物保护单位”。

无锡市人民政府已委托中国建筑设计研究院建设历史研究所对阖闾城遗址作全面的保护规划，根据保护规划，阖闾城遗址将会得到有效的保护。目前无锡市人民政府已在阖闾城遗址和龙山一带进行大规模的拆迁，大遗址的保护与风景区的规划建设有机地结合，在不长的时间内，阖闾城遗址将建成一座风景如画的遗址公园，龙山也将成为一道靓丽的人文景观。

注释

① 《越绝书·吴地传》："阖庐之时，大霸，筑吴［越］城。城中有小城二。徙治胥山。……吴大城，周四十七里二百一十步二尺。陆门八，其二有楼。水门八。南面十里四十二步五尺，西面七里百一十二步三尺，北面八里二百二十六步三尺，东面十一里七十九步一尺。阖庐所造也。……吴小城，周十二里。其下广二丈七尺，高四丈七尺。门三，皆有楼，其二增水门二，其一有楼，一增柴路。……阖庐宫，在高平里。南城宫，在长乐里。……东宫周一里二百七十步。［路］西宫在长秋，周一里二十六步。"

② 《吴越春秋·阖闾内传》："阖闾元年。……子胥乃使相土尝水，象天法地，造筑大城。周回四十七里，陆门八，以象天八风，水门八，以法地八聪。筑小城，周十里，陵门三，不开

东面者，欲以绝越明也。”

③ 《吴地记》：“阖闾城，周敬王六年，伍子胥筑。大城周四十五里三十步。小城八里六百六十步”。《吴地记后集》：“阖闾城，周敬王六年，伍员伐楚还，运润州利湖土筑之，……为大小二城。阖闾伐楚还，取以为号。子城在无锡富安乡，地名闾江。大城在阳湖界十六都八图。”

④ 《史记正义》：“吴，国号也。太伯居梅里，在常州无锡县东南六十里。至十九世孙寿梦居之，号句吴。寿梦卒，诸樊南徙吴。至二十一代孙光，使子胥筑阖闾城都之，今苏州也。”

⑤ 《吴郡志》：“阖闾城，吴王阖闾自梅里徙都，即今郡城。”

⑥ 《无锡金匮县志》：“阖闾城在州富安乡。今按：阖闾大城在姑苏，即今之平江是也；小城在州之西北富安乡闾堽其地，边湖，其城犹在。”

⑦ 《锡金考乘》：“敬王六年，阖闾徙姑苏。”

⑧ 《太伯梅里志》：“阖闾城在无锡县西南五十里富安乡，此盖阖闾小城也；阖闾大城在今苏州府。”

⑨ 《国语·越语》：“夫吴之与越也，仇雠敌战之国也。三江环之，民无所移，有吴则无越，有越则无吴，将不可改于是矣！”《吴越春秋·夫差内传》：越王曰：“吾将残汝社稷，夷汝宗庙。”《吕氏春秋·知化》：“越报吴，残其国，绝其世，灭其社稷，夷其宗庙。”

⑩ 《吴越春秋·吴太伯传》：“太伯起城，名曰句吴。”《世本·居篇》：“孰姑（即寿梦）徙句吴，诸樊徙于吴。”《越绝书·吴地传》：“阖闾之时，大霸，筑吴［越］城。”《史记正义》：“寿梦卒，诸樊南徙吴；至二十一世孙光，使子胥筑阖闾城都之。”

原载《江汉考古》2008 年第 4 期

镈钟与錞于*

一 镈钟

蘧邟钟，青铜铸造，计12件，其中钮钟7件，镈钟5件。1984年秋于江苏丹徒县北山顶出土，同出者还有石编磬12件。钟上铸有相同的铭文，自名为龢钟。龢者，五声相龢也。《尚书·尧典》云：“声依永，律龢声”，《诗·周颂·有瞽》云：“喤喤厥声，肃离龢鸣。”钟有圆钟与扁钟之分，据宋人沈括《梦溪笔谈·补笔谈》云：“古乐钟皆扁，如盒瓦。盖钟圆则声长，扁则声短。声短则节，声长则曲，……后人不知此意，悉为圆钟，急叩之多晃晃尔，清浊不复可辨。”圆钟声长，余音亦长，故寺庙中所悬皆圆钟；扁钟声短，余音亦短，不致相互干扰，故古人用之奏乐者皆扁钟。扁钟依其钮部及于部之异，又分为甬钟、钮钟和镈钟。此件即镈钟。镈亦作鑮，《说文·金部》：“鑮，大钟，”郑玄注《周礼·春官·镈师》和《仪礼·大射礼》谓“镈似钟而大。”今以出土古物证之，镈钟与甬钟、钮钟之别，除形体较大外，钮部甚宽，于部甚平。甬钟与钮钟皆可奏出两个音，而镈钟一般只奏出一个音。其实，镈钟的名称亦不统一，有自铭为钟者，如秦公钟；有自铭为镈者，如齐侯镈。在古代，钟磬主要用于宴乐与祭祀，其多寡似与使用者身份有关。《周礼·小胥》云：“凡悬钟磬，半为堵，全为肆。”郑玄注：“二八十六枚而在一簴谓之堵，钟一堵，磬一堵，谓之肆。”然今所见出土之钟磬，如安徽寿县蔡侯墓与湖北随县曾侯乙墓，其数多寡不一，与郑注并不尽合。据唐人刘餗《国史纂异》云：“润州曾得玉磬十二以献。”镇江，隋代称润州，时张率更以为晋代之古物，估计仍应为春秋之物，可见镇江一带在春秋时期可能以钟磬十二为一堵。

蘧邟镈钟最大者高31.8厘米，最小者高22.8厘米。钮为两夔卷曲相对，口中衔一衡杆组成，夔一足，身饰鳞纹，两夔的上下各有三条虬龙互相缠绕，虬龙身饰三角形云雷纹，舞面及篆部饰蟠螭纹，枚饰盘龙纹，鼓部由两两相对的四条变

* 原附插图4幅，现略去。

体龙纹组成，其一面的左右鼓部及钲间有铭文 72 字，其中重文 4 字：

“唯王正月初吉丁亥，舍（徐）王之孙，䣄（义）楚𣄰之子𨘋𨛭，择𠂇（厥）吉金，乍（作）铸龢钟，台（以）享于我先祖。余镛镠是择，允唯吉金，乍（作）铸龢钟，我台（以）题台（以）南，中嚊（鸣）媞好，我台（以）乐我心，它＝巳＝，子＝孙＝，羕保用之。”

舍王，即徐王。舍从口从余，口为义符，表示邦国、鄙邑或居地，如商、周、唐、宫等。余为国名兼声，甲文有“余方”，“余子余之鼎”即作余。徐通常从邑作郐，如徐王𩞁鼎、徐王义楚耑。此从口，当为从邑省，如郘𡢁鬲，郘作㖯一样。

䣄楚𣄰，即徐王义楚。秦公𣪕：“乍䣄宗彝”，𪔨镈：“与𨛡之民人都鄙”，一从口，一从邑，口亦当为邑之省。《说文・宀部》：“宜，多省声，宐亦古文宜”。𪔨镈之𨛡为地名，秦公𣪕之䣄，显然为祭名。《尚书・泰誓》：“宜于冢土”，注：“祭社曰宜，冢土，社也”，《尔雅・释天》：“起大事，动大众，必先有事乎社而后出，谓之宜”。又宜通仪，《诗・大雅・蒸民》：“我仪图之。”传：“仪，通宜。”䣄与宜皆从多得声，读音当相同。䣄楚，《左传》作仪楚，徐王义楚耑作义楚，《说文》引《春秋》作𨟶楚，䣄为𨛡之省，亦即𨟶之同音借字。𣄰在楚之后，楚𣄰上古同属鱼部，叠韵，楚𣄰即楚。另𣄰通父，即𨘋𨛭之父。又𣄰通甫，男子之美称也。《左传・昭公六年》：“徐仪楚聘于楚。”杜预注：“仪楚，徐大夫。”清光绪十四年江西高安出土了徐王义楚耑，后在江西靖安出土了徐王义楚盘，湖北襄阳出土了徐王义楚之元子剑，可知义楚在昭公六年之后曾为徐王。𠑽儿钟：“余义楚之良臣”，可证。

𨘋𨛭，作器者，即章羽。《春秋・昭公三十年》：“吴灭徐，徐子章羽奔楚。”《左传》、《公羊》俱作章禹，羽禹古音同。章羽为最后一个徐王。章，章母，羽，侯韵，𨘋，从甚得声，读若斟，亦章母，𨛭，读若六，屋韵，侯屋阴入对转，𨘋章双声，𨛭羽叠韵。

镛镠，镛即𨯾，《说文・黑部》：“齐谓黑为黸。”黸即黑金。《史记・夏本纪》集解引郑玄曰：“黄金之美者谓之镠。”邾公华钟：“玄镠赤镛。”郘钟：“玄镠镛铝。”与之义同。

台题台南，题即夏，《说文・夊部》：“夏，中国之人也”。夏即雅，《墨子・天志下》引《诗・大雅》作《大夏》。南，本钟之象形，又为南吕，《周礼・春官・大司乐》：“歌南吕，舞大磬，”又为南音，《诗・小雅・钟鼓》：“以雅以南”。传：“南夷之乐曰南。”《左传・成公九年》：“使与之琴，操南音。”

中嚊媞好，中即终。嚊即鸣，其右多一口符，仍当鸣字。《尔雅・释训》：“媞媞，安也。”《楚辞・七谏・怨世》：“西施媞媞而不得见兮。”王逸《章句》：“媞媞，好貌也。”沇儿镈、王孙遗者钟皆有“中𩁹且𦐖，元鸣孔皇，”与之义同。

台乐我心，《荀子・乐论》："以琴瑟乐心。"

它＝巳＝，它读若陀。《诗・鄘风・君子偕老》："委委佗佗，如山如河。"《尔雅・释训》："委委佗佗，美也。"沇儿镈："戠＝熙＝"，巳＝即熙＝。喻其余音绕梁不绝如缕也。

羕保用之，《说文・永部》："永，长也，象水坙理之长"，"羕，水长也"。《毛诗・周南・汉广》："江之永矣。"《韩诗》："江之羕矣。"羕即永。

韵读：亥、好、巳、之，之幽通韵，孙、金、南、心、孙，文侵东通韵。

铭文可分为两部分。上半部记叙了章羽的家世及铸钟的目的，下半部为吉语，赞美之辞，溢于言表。大意为：在王正月第一个吉日丁亥这一天，徐王的孙子，义楚的儿子章羽，选择了上好的青铜，铸造了这套龢钟，用来祭祀我的祖先。我选择了黄金（铜）与黑金（锡），确实是上好的青铜。铸造了龢钟，我悬挂起用来奏优美的音乐。其声音不高不低，非常悦耳，叮叮咚咚，余音不绝，我听了很开心。子子孙孙，永远传之用之。

徐国亦称为徐夷，是西周至春秋时期雄踞江淮之间的一个大国，其疆域主要在今洪泽湖周围。徐周之间曾多次有过战争，春秋中期以后，国力逐渐衰微，一度沦为楚、吴的附庸，鲁昭公三十年，终于被吴所灭。目前所见徐国青铜器全部出土在徐国疆域之外，如江西、山西、浙江等地均出土过徐器，遷邟钟亦不例外。这从一个侧面反映了徐国国力衰微以至灭亡之后，宝器外流的景况。由于《春秋》经传及《史记》等对徐国历史记载甚少，因而徐国青铜器上的铭文是研究徐国历史的重要史料。其中记载徐王世系的有徐王攦鼎，徐王季禀（攦）之子宜桐盂，徐王庚儿鼎，徐王庚之子沇儿镈、徐王彳又耑、徐王义楚耑等，而徐王章羽器则是第一次出土，章羽即遷邟，亦是第一次见诸金文。遷邟钟上的铭文翔实地记载了最后三代徐王世系，为探索徐国历史提供了新的佐证。从钟铭来看，其铸造年代当在义楚尚未为徐王之时，即鲁昭公六年（公元前536年）以前或稍后。

遷邟镈钟系用泥模分两次浇铸而成，即先铸好钮，再将钮嵌入模内，浇铸钟体。经化学分析，铜占71.12%，锡占14.85%，与《周礼・考工记》所云："六分其金而锡居一，谓之钟鼎之齐"基本相符。钟铸造精良，纹饰繁缛生动，钮部构思奇特，独具匠心。钟上铭文字体修美，言辞驯雅，用韵准确。将钟悬挂起来，轻叩鼓部，其音至今仍"中鸣媞好"，经音乐测定，音阶十分准确。因而遷邟钟不仅是一篇徐国的历史文献，同时也是罕见的徐国艺术珍品。它反映了春秋时期地处淮河下游的徐夷已与中原一样，同样具有精湛的青铜铸造工艺、先进的乐器制造技术和高度发达的文化水平。

二 錞于

錞于，亦称作錞，是古代用于指挥战争的一种军乐器，往往与丁宁、悬鼓等配套使用。《周礼·地官》云："以金錞和鼓。"《国语·晋语》云："战以丁宁錞于，儆其民也。"据《淮南子·兵略训》载，作战时，"两军相对，鼓錞相望"。从河南汲县山彪镇出土的水陆攻战纹青铜鉴上还可以见到指挥者执枹击悬鼓、錞于，双方兵士冲锋陷阵，勇猛厮杀的慷慨悲壮的战争场面。

吴国是春秋五霸之一（《荀子·王霸》），曾以其兵器制造之精良而闻名于世。《战国策·赵策》称："夫吴干之剑，肉试则断牛马，金试则截盘匜。"据云干将、莫邪、纯钧、鱼肠、湛庐、磐郢等皆为吴国有名的宝剑。屈原所作的《国殇》开首便是"操吴戈兮披犀甲"，可见吴国的兵器到了战国晚期仍享有极高的声誉。兵器之外，吴国的军队也是训练有素的。《吴越春秋》云："吴师皆文犀长盾，扁诸之剑，方阵而行"，而著名军事家孙武子操练女兵，则更是脍炙人口的故事。吴国从寿梦起"始益大，称王"，至阖庐时任用了伍子胥、孙武子等贤臣良将，一举破楚克郢而称霸，寿梦、诸樊、余祭、余昧、僚及阖闾等数代吴王皆披甲操戈，率军南征北战，有的甚至战死疆场。这件青铜錞于，于 1984 年在江苏丹徒县北山顶春秋墓中出土，据初步考证，墓主为吴王余昧。錞于一套 3 件，与之共出的还有丁宁、悬鼓和枹。《国语·吴语》中有"（吴）王乃秉枹，亲就鸣钟鼓、丁宁、錞于、振铎，勇怯尽应，三军皆哗，扣以振旅，其声惊天地"的记载，与墓中所出器物基本相符。这件是其中之一，器高 46.0 厘米，器身椭圆筒状。钮作虎形，取其勇猛之意。有盘，盘内饰蝶纹与云雷纹。肩部和口部有变体云雷纹，隧的两侧各有一由八条龙组成的图案。整个造型朴素端庄，而又给人以威严神圣之感。

錞于的起源，大概是由深腹釜演变而来。就目前所知，还未见到有早于春秋的。较原始的有山东沂水县刘家店子出土的莒国錞于和安徽宿县芦古城子出土的许国錞于。前者素面无盘，顶端有一绹索纹环钮；后者素面无钮，仅在盘的两侧各开一方孔用作系绳。这件青铜錞于，有钮有盘，应属于最完善的形式。这不仅是首次发现的吴国錞于，而且是我国最早的有盘虎钮錞于。

有趣的是，这种在春秋战国之际风靡一时的军乐器，到两汉时除西南少数民族仍在使用外，在我国大部分地区都已销声匿迹了，以至于到了魏晋南北朝，大多数人竟不识其为何物。《北史·斛斯椿传》云："乐有錞于者，近代绝无此器，或有自蜀得之，皆莫之识。（斛斯）征见之曰：'此錞于也'，众弗信之，征遂依干宝《周礼》注，以芒筒捋之，其声极清，众乃叹服。"至于为何到两汉之际一蹶不振，迄今仍是一个谜。

这件斑斓精美的青铜錞于，至少有2500余年的历史。如今，这身经百战的古代军乐器，默默地立在人们的面前，又有谁能知道它过去的辉煌经历和赫赫战绩呢?

原载《南京博物院藏宝录》，上海文艺出版社·三联书店（香港）有限公司，1992年。

鸿山越玉赏析*

一　越国玉器概况

越王句践卧薪尝胆，经过十年生聚，十年教训，终于西灭强吴，横兵江淮，号令中国，称霸诸侯，一举成为春秋战国之际最强大的国家之一。

有关越国和越文化的考古工作，数十年来始终没有突破性的进展，直至1996～1998年浙江绍兴印山越王陵的发掘，才第一次向世人展示了越国王陵墓的雄姿。然而由于印山越王陵墓几乎被盗掘一空，因此无法目睹越国贵族随葬器物的风采而成为一大缺憾。

2003～2005年，江苏无锡鸿山越国贵族墓地的发掘，是继绍兴印山越王陵之后最重要的考古发现。无锡鸿山越国贵族墓地中的特大型墓葬邱承墩，其等级规模仅次于印山越王陵，为越王句践时期地位显赫的越国大夫之墓。墓中出土了陶器、青瓷器、玉石器、琉璃器、象牙器等最高等级的随葬器物1098件，其器类之齐全，造型之奇巧，工艺之精良，气势之恢弘，为春秋战国时期越国贵族墓葬之最。鸿山越国贵族墓地的发掘不仅弥补了绍兴印山越王陵考古的缺憾，填补了春秋战国时期越国考古资料的空白，也极大地丰富了越文化的研究领域。

在众多的随葬器物中，最引人瞩目的首推越国玉器。

据《说文·玉部》记载：玉为石之美者，有仁、义、智、勇、洁五种美德；而据《孔子家语·问玉》记载，孔子认为玉有十一种天地之间的美德：“夫昔者君子比德于玉，温润而泽，仁也；缜密以栗，智也；廉而不刿，义也；垂之如坠，礼也；叩之，其声清越而长，其终则诎然，乐矣；瑕不掩瑜，瑜不掩瑕，忠也；孚尹旁达，信也；气如白虹，天也；精神见于山川，地也；圭璋特达，德也；天下莫不贵者，道也。”

春秋战国是玉器空前发展的时期，诸侯国的玉器摆脱了周礼的束缚，充满了神奇的色彩。鸿山越国贵族墓出土的玉器，既反映了春秋战国时期“君子于玉比德”、

* 原附插图28幅，现略去。

“君子无故，玉不去身”的思想已渗透到偏居东南一隅的越国，同时又将越人的思想、文化、习俗等观念，通过其精湛的治玉工艺，向玉器内涵的深处拓展和延绵。

早在4200年前的良渚文化时期，越地先民的治玉工艺即达到炉火纯青的境界，代表了我国史前时期治玉工艺的最高水平，良渚文化的细如发丝的阴刻兽面纹玉琮、高浮雕间阴刻兽面纹玉钺等已令人叹为观止。而春秋战国时期越国的治玉工艺，不仅继承了良渚文化的治玉传统，而且发扬光大，达到登峰造极的境界，在众多的诸侯国玉器中独树一帜。

越国玉器玉料精良，造型奇巧，工艺细腻，纹饰繁缛，神采飞扬，流动飘逸，显示出超然的个性。首次出土的龙凤首玉璜、螭凤纹璧形玉佩、双龙管形玉佩、飞凤形玉佩、盘蛇神兽纹玉管、兽面纹韘形玉佩等，精美、流畅、灵逸、奇幻，充满着神奇的色彩，当为越国玉器的峰巅之作。

春秋战国时期，诸侯争霸，百家争鸣，各诸侯国的玉雕艺术也争奇斗艳，精彩纷呈。此时佩玉特别发达，最具代表性的是呈“S”形的富有动感的龙形玉璜。

越国玉器在江浙一带的贵族墓中多有发现，绍兴印山[①]和坡塘[②]、安吉龙山[③]、长兴鼻子山[④]、杭州石塘[⑤]、苏州大真山[⑥]等越国贵族墓中都出土过玉器，然出土玉器等级最高、最完整的则是无锡鸿山越国贵族墓[⑦]，其中越国贵族的“五璜”与“五环（璧）”的发现，更是为研究越国贵族的佩玉方式，提供了极为珍贵的实物资料。

二 鸿山越玉

鸿山出土的“正佩”有成对的五璜、觿和单件的五环、双龙管形佩。由于墓葬早年被盗，璜略有缺失，所幸基本完整。

龙形玉璜，一对，造型和纹饰相同，为同一玉料剖成，可能由于玉料有坡面，在打磨边缘时出现了大小略异。一件长12.6、宽4.8、厚0.4厘米；另一件长11.8、宽5.3、厚0.4厘米。青白玉，受沁呈白色，边缘局部呈褐色，微透明。璜呈回首卷尾的龙形，身体蜷曲，背部向上呈弧形弯曲，有一穿，一足残。两面纹饰相同，头、角、爪、尾部均有阴刻细平行线纹，龙身阴刻云纹，边缘阴刻平行线纹。

璜为“六瑞”之一。《周礼·春官·大宗伯》：“以玉作六器，以礼天地四方：以苍璧礼天，以黄琮礼地，以青圭礼东方，以赤璋礼南方，以白琥礼西方，以玄璜礼北方。”六瑞中，琥与璜为佩玉。

根据文献记载，璜最早出现在夏代，《左传·定公四年》：“分鲁公以大路，大旂，夏后氏之璜。”而根据考古发掘，玉璜早在新石器时代即已大量使用。《说文》玉部：“璜，半璧也。”而考古出土的新石器时代的玉璜，既有条形璜，亦有半璧形璜，而春秋战国时期，璜的造型千姿百态，精彩纷呈，然主要流行“S”形的龙形璜。

《周易·乾卦》：“初九，潜龙勿用；九二，见龙在田，利见大人；九五，飞龙在天，利见大人。”《礼记·礼运》：“麟凤鱼龙，谓之四灵。”《说文》龙部：“龙，鳞虫之长。能幽能明，能细能巨，能短能长。春分而登天，秋分而潜渊。”龙作为四灵之首，是为至尊，因此龙也是贵族身份和地位的象征。

龙凤首玉璜，仅存1件。长9.6、宽4.4、厚0.3厘米。青白玉，局部有绿色花斑，半透明。一端为龙首，有弯角，龙目为一穿；一端为凤首，双圈纹目，有卷曲的冠；璜身卷曲，背部向上呈弧形弯曲，有一穿。两面纹饰相同，璜边缘减地呈凹槽，上下各出一角形牙饰，璜身阴刻极浅极细的鳞形纹、弧线纹、卷云纹，间有细斜方格纹，边缘阴刻平行线纹和绞丝纹。

龙凤首玉璜造型独特，龙与凤的神态安详平和，纹饰细腻，层次分明，尤其是卷云纹、斜方格纹、平行线纹和绞丝纹等阴刻纹饰，线条流畅，细如毫发，当属我国最早的“微雕”工艺。凤同样为四灵之一。龙与凤和谐地统一在一件璜上，表明越人对龙凤的崇拜。

云纹玉璜，一对，器形纹饰完全相同，为同一玉料剖成。长8.6、宽2.0、厚0.3厘米。青白玉，间有绿色花斑，两端呈黄褐色，半透明，略残。上下均出牙，两端开条形槽，中部上方有一穿。两面纹饰相同，均阴刻卷云纹。

双龙首玉璜，仅存1件。长7.5、宽1.9、厚0.4厘米。青白玉，受沁呈白色，局部有绿色花斑，半透明。两端作对称的龙首形，鼻上翘，目突起，口内獠牙呈一圆圈形成圆穿，獠牙上阴刻极细的平行线纹，龙首的边缘阴刻细密的平行线纹和绞丝纹，中部上方有一穿。两面纹饰相同，璜身饰减地谷纹，边缘减地成凹槽。

龙首玉璜，仅存1件。长6.5、宽1.4、厚0.2厘米。青白玉，受沁呈白色，间有绿色花斑，半透明。一端为龙首，张口，牙作平行线纹，目阴刻，角出牙，一端为龙尾，尾上卷，中部上方有一穿。两面纹饰相同，璜身阴刻粗细相间的云纹和卷云纹，云纹与云纹之间阴刻极细的弧线纹和斜线纹。

云纹玉觿，一对，造型纹饰相同。一件长6.2、宽1.0、厚0.3厘米；另一件尖残，残长6.2、宽1.0、厚0.3厘米。青白玉，受沁呈白色，局部呈黄褐色，微透明。弯月状，一端宽而平，两侧出牙，有一穿，一端细尖。两面纹饰相同，上部阴刻谷纹，下部阴刻云纹，边缘阴刻斜线纹。

《诗经·卫风·芄兰》：“芄兰之支，童子佩觿。虽则佩觿，能不我知。容兮遂兮，垂带悸兮。”童子佩觿表示成人之礼。

蟠螭纹璧形玉佩，1件。外径6.5、内径2.8、厚0.3～0.4厘米。白玉，受沁呈白色，局部边缘呈黄褐色，微透明。正反两面满饰减地呈浅浮雕的蟠螭纹，内外边缘凸起。

《说文》玉部：“璧，瑞玉，圜也。”璧的形状通常呈扁圆形，中有一圆孔，与璧近似的还有玉瑗和玉环，《尔雅·释器》：“肉倍好谓之璧，好倍肉谓之瑗，肉好若一谓之环。”璧、瑗、环的区别在于中心圆孔的大小，大者为瑗，孔与边沿相等者为环，小者为璧。除圆璧外，春秋战国时期还出现了出郭璧，即在圆形轮廓外雕有龙形或其他形状的钮。

璧原为礼天的礼器，《周礼·春官·大宗伯》：“以苍璧礼天；”璧亦可作为葬玉，《周礼·春官·典瑞》：“疏璧琮以敛尸”；此外，璧还可作为信物，《荀子·大略》：“问士以璧，召人以瑗，绝人以玦，反绝以环。”春秋战国时期，璧已脱离了礼器的范畴，而成为佩玉。

螭凤纹璧形玉佩，1件。外径5.1、内径2.6、厚0.4厘米。白玉，局部边缘呈褐色，半透明。一面满饰减地呈浅浮雕的蟠螭纹和凤鸟纹，螭与凤相互纠结，减地部分阴刻斜线纹，形成地纹，内外边缘凸起；一面在加工后又磨去凸起的边缘和纹饰，然仍可见原有纹饰的残留痕迹。

谷纹环形玉佩，1件。外径4.8、内径3.3、厚0.4厘米。青白玉，受沁呈白色，不透明。圆环形，边缘对称出牙，正反两面均饰减地而凸起的谷纹，间有卷云纹，边缘凸起。

绞丝纹环形玉佩，1件。外径4.4、内径2.5、厚0.3厘米。青白玉，受沁呈白色，局部边缘呈黄褐色，不透明。正反两面均阴刻绞丝纹，中部厚，内外边缘减薄。

出郭龙纹璧形玉佩，1件。长4.4、宽3.6、厚0.4厘米。青白玉，受沁呈白色，间有绿色花斑，不透明，尾残。龙首、龙尾出郭，龙首减地呈鼻、目，龙角上扬，龙颈、龙尾阴刻平行线纹和弧线组成的大鳞纹，内外边缘凸起。正反两面均减地成凸起的云纹和卷云纹。

双龙管形玉佩，1件。长4.6、宽2.4、厚0.6厘米。青白玉，受沁呈白色，上部略呈橘红色，中部、下部间有绿色花斑，半透明。中部为扁方形管，一孔上下贯穿，管的正反两面均阴刻双钩云纹，间以极细的斜方格纹；管两侧各有一透雕的龙，龙回首张口，身体弯曲呈“S”形，龙身阴刻短斜线纹，间以细密的鳞纹。

双龙管形佩的造型，在我国春秋战国时期众多的玉器中，是独一无二的。玉管的玉质晶莹，色彩斑斓，红白绿三色相间，镂空的双龙神采飞扬，龙身细密的斜线纹和卷云纹极富动感；管上的卷云纹飘逸流畅，而细密的网格纹严谨细匀，又形成极大的反差。双龙管形玉佩奇特的造型和繁缛的纹饰，反映了越国玉雕的神奇境界和高超工艺。

璜是贵族身份的象征，璜的大小、多少和复杂程度代表了贵族身份的高下。虽然《周礼》中并未见明确的佩璜数量的记载，从出土情况来看，春秋战国时期的诸侯佩带5件不同造型的璜，称之为“五璜佩”，此外还有“三璜佩”、“二璜佩”和“一璜佩”。目前发现佩有五璜的有三门峡虢国墓地、山西天马曲村晋侯墓地和陕西韩城梁带村周代大墓等。

佩戴“五璜”是身份等级的象征，而越人在佩带五璜的同时又加了五环（璧），反映了越国贵族在仿照中原佩璜的礼仪的同时，凸显越国的等级观念；而在造型风格和治玉技术上又充分地表现出越人的独特的审美情趣，充分展现出越人高超的琢玉工艺。

鸿山越墓出土了成对的龙形璜、龙凤首璜、云纹璜、双龙首璜、龙首璜和云纹觿，从而构成完整的“五璜佩”；同时出土的还有单件的“五环”，自大而小为蟠螭纹璧形佩、螭凤纹璧形佩、谷纹环形佩、绞丝纹环形佩、出郭龙纹璧形佩和双龙管形佩。

成对的五璜和觿应佩带在胸前两侧。而璧形、环形和双龙管形佩组成的五环，应佩带在胸前中部，即两列玉璜之间，与两侧成对的璜和觿组成一套完整的“正佩”。而其他动物和管形玉佩则作为璜或环之间的间隔。

双龙管形玉佩是作为胸前中部“五环（璧）”下的玉佩，故采用完全对称的造型，其龙首向外，与两边“五璜”的五个龙首遥相呼应，端庄威严而不失神韵灵动，给人以深远莫测之感。

飞凤形玉佩，3件。一件长3.8、高3.4、厚0.4厘米。白玉，受沁呈白色，局部呈黄褐色，不透明。凤作振翅欲飞状，两面纹饰相同，冠、翅及尾采用边缘切割成形，目减地成高浮雕，颈及身阴刻羽片纹，翅阴刻卷云纹和羽状纹，尾阴刻羽状纹，腿阴刻斜线纹，一小孔上下贯穿。另一件长3.2、高2.6、厚0.5厘米。白玉，受沁呈白色，微透明，凤额有一红色圆斑。凤作振翅欲飞状，两面纹饰相同，冠、翅及尾采用边缘切割成形，双目及冠减地成高浮雕，头下部阴刻极细的网格纹，颈、身、翅及尾均阴刻极浅、极细的羽片纹，内为羽状纹，翅及尾的边缘阴刻斜线纹，一小孔上下贯穿。再一件长3.7、高2.6、厚0.4厘米。青玉，受沁后局部呈黄褐色，半透明。凤作振翅欲飞状，两面纹饰相同，冠、翅和尾采用边缘切割成形，阴刻圆圈纹目，颈及身阴刻羽片纹，翅阴刻羽状纹和卷云纹，尾阴刻羽状纹，腿阴刻斜线纹，一小孔上下贯穿。

《说文·鸟部》："凤，神鸟也。凤之像也，麟前鹿后，蛇颈鱼尾，龙纹龟背，燕颔鸡喙，五色备举，出于东方君子之国，翱翔四海之外。"龙与凤都是古代最高的神灵。

白玉凤形佩的玉凤作振翅欲飞状，形象生动，正反两面纹饰相同，双目及冠减地成高浮雕，头下部阴刻极浅极细的网格纹，颈、身、翅及尾均阴刻极浅极细的羽片纹，内为羽状纹，翅及尾的边缘阴刻斜线纹，凤额还利用巧色留有一红色的圆斑，或许寓意"鸿运当头"。

微雕工艺的一般定义就是用肉眼看不见或看不清，必须借助放大工具方可看见或看清的雕刻工艺。玉凤身、翅、尾部极浅极细的阴刻羽片纹和羽状纹，即为真正的微雕。生动的造型，工整的纹饰，是玉凤的基本特色，而鬼斧神工的微雕工艺，具有极强的艺术感染力。

兔形玉佩，2 件。一件长 1.8、宽 1.0、厚 0.4 厘米。青白玉，受沁呈白色，间有绿色，半透明。兔作匍匐状，两面纹饰相同，颈部、前胸、腹部及腿部饰阴刻网格纹，一小孔上下贯穿。另一件长 1.8、宽 1.3、厚 0.6 厘米。黄白玉，受沁呈黄褐色，局部有花斑，微透明。兔作回首奔跑状，两面纹饰相同，用卷曲的阴线刻成首、耳、目及腿的上部，一小孔上下贯穿。

玉凤和玉兔在正佩中作为五璜或五璜之间的间隔，可能蕴涵有"金乌玉兔"之意。

盘蛇神兽纹玉管，2 件，器形纹饰完全相同。长 3.7、宽 1.4、厚 0.8 厘米。青白玉，半透明。管状，截面呈三角形，一小孔上下贯穿。上下两端均为神兽，一端似人面，一端似枭首，身体前部减地成鳞片纹，内阴刻极细的网格纹，背面有翼，翼阴刻平行线，呈羽状纹，内阴刻极细的网格纹；兽身盘绕三条蛇，蛇身阴刻鳞纹，一蛇头在背面，两蛇头在正面。整器采用高浮雕技法，局部透雕，身体的低凹处阴刻极细的网格纹。

盘蛇神兽纹玉管的正面为等边三角形，以棱为中轴，上下两端均为神兽，一端似人面，两目炯炯有神，神态威仪；一端似枭首（或似象首和羊首），圆目、弯角（或大耳），长喙（或长鼻），形象夸张，两神兽浑然一体，身体前部减地成鳞片纹，内阴刻极细的网格纹；背面有翼，翼阴刻平行线，呈羽状纹，内阴刻极细的网格纹；兽身盘绕三条蛇，蛇身阴刻鳞纹，一蛇头在背面，两蛇头在正面。整器采用高浮雕技法，局部透雕，身体的低凹处阴刻极细的网格纹。

器身雕刻多层纹饰，整器采用高浮雕技法，低凹处阴刻极细的网格纹，局部还有透雕。在极有限的空间巧妙地塑造了五个神物，盘蛇写实，神兽缥缈，结构紧凑，纷繁复杂，虚实结合，既夸张又概括，多层纹饰华丽繁缛，变化无穷，充满幻想，趣意盎然。尤为难能可贵的是两件盘蛇神兽纹玉管经测量和利用拓片重叠等方法反复比对，除尺寸及造型完全相同外，管身各部的纹饰也完全相同，其精确程度令人叹为观止。

“杂佩”主要有削形和韘形玉佩及小玉环等。

云纹削形玉佩，1件。长11.4、削宽1.3、柄宽0.6、背厚0.5、刃厚0.1、环径1.5～1.2、环孔径0.8～0.4厘米。青白玉，受沁呈白色，间有绿色花斑，不透明。环首，两面纹饰相同，削与环首阴刻卷云纹，柄阴刻直线纹和斜方格纹。

兽面纹韘形玉佩，1件。外径4.0～2.7、高1.35、鋬长1.1、宽0.7、厚0.6厘米。青白玉，受沁呈白色，局部呈浅黄色，间有绿色花斑，半透明。韘孔一端大，一端小，一侧出一方鋬，向外的一面浅浮雕一兽面纹，两侧及边缘阴刻卷云纹，上方有一横穿，向内的一面阴刻一兽面纹。

韘是套在指上用于开弓射箭时用的钩弦器。《说文·韦部》：“韘，决射也。”韘一般为短圆筒形，上端呈斜面，下端平直，一侧出一方鋬。

兽面纹韘孔一端大，一端小，一侧出一方鋬，韘向外的一面浅浮雕兽面纹，两侧及边缘阴刻卷云纹，上方有一横穿，向内的一面阴刻一兽面纹，方鋬则浅浮雕卷云纹。玉器内壁的阴刻，其工艺的复杂程度难以想象。

《诗经·卫风·芄兰》：“芄兰之叶，童子佩韘。虽则佩韘，能不我甲。容兮遂兮，垂带悸兮。”可见觿在春秋战国时已作为佩玉。

兽面纹韘形玉佩尽管与玉韘器形相似，然其上部有穿，且内壁及其边缘皆有纹饰，显然是用于佩带。此类与兵器有关的玉佩显然有别于璜、环等“正佩”，一般称为“杂佩”，佩于腰间以表示勇武或用于辟邪。

兽面纹滥觞于良渚文化，其后发展为饕餮纹而成为商周青铜器上的主要纹饰。春秋战国时期玉器的主要纹饰有卷云纹、谷纹、蟠螭纹、蟠虺纹等，而兽面纹玉器极为罕见。韘形玉佩的内外都饰兽面纹，或许是继承了良渚文化的文化传统。内外有兽面纹的韘形玉佩十分罕见，其造型规整，纹饰疏密有致，线条流畅，弯曲自如，严谨而不失飘逸。

绞丝纹环形玉佩，1件。外径2.1、内径0.9、厚0.2厘米。白玉，受沁呈白色，间有黄褐色条纹，微透明。两面阴刻绞丝纹，内外边缘减薄。

葬玉主要有玉覆面和玉带钩，葬玉的基本特征是单面纹饰。

龙纹玉覆面，1件。长7.9、宽5.8、厚0.2～0.4厘米。青白玉，夹有绿色花斑，半透明。椭圆形，背面微凹，两耳外凸，上有两穿，正面以十字形条带纹分为四部分，各有一浅浮雕“S”形龙纹，龙身阴刻卷云纹、平行线纹和斜刻划纹、条带阴刻斜线纹和细方格纹；周边阴刻卷云纹、斜线纹及细方格纹。

四蛇四凤纹玉带钩，1件。长5.8、宽3.7、厚1.2、扣长径1.7、扣短径1.5厘米。青白玉，局部呈黄褐色，半透明。钩为蛇首状，蛇阴刻鳞形纹、细斜线纹，间以阴刻斜方格纹；带钩身的中部为一绞丝纹圆环，圆环中心为一椭圆形浅浮雕，上阴刻细密的斜方格纹，其外框为透雕的四凤，四角向内出凤首，四蛇身与四凤相连，蛇首穿过中心的圆环，凤身、蛇身皆阴刻羽状纹、细斜线纹和鳞纹；带钩背面素面，有一椭圆形扣。

《尚书·顾命》："越玉五重，陈宝。"马融注："越地所献玉也。"可见西周之时已出现"越玉"之名。春秋战国时期，于越为百越之首。允常之际，"拓土始大，称王"；而句践灭吴后，横兵江淮，号称霸王，由于国力的强盛，导致越国玉器在林立的诸侯国中独树一帜、独领风骚，春战之际当为越玉发展的又一个高峰。

越玉的基本特征可归纳为玉料精良、精雕细琢、造型奇巧、纹饰细腻。由于浙江绍兴印山越王陵几乎被盗掘一空，而长兴、安吉等地的越国贵族墓出土的玉器较鸿山玉器为逊，因此鸿山玉器当为目前所见的最高等级的越玉。鸿山玉器代表了越国治玉工艺的最高水平，将越玉的特征表现得淋漓尽致。

琉璃璜，1件。长8.05、宽1.8、厚0.4厘米。深绿色琉璃。两端各开一槽，槽的一边有两个未钻穿的小孔，上部正中有一穿。琉璃璜既有浇模，亦有成形后的加工工艺。

镶嵌琉璃扁珠，2件。一件长1.6、宽0.9、厚0.6厘米。绿色琉璃，不透明。珠上用白色琉璃镶嵌成鼻、目，成枭首形，四周镶嵌成大斜点纹，一孔上下贯穿。另一件长1.6、宽1.2、厚0.5～0.7厘米。绿色琉璃，不透明。珠上用黄色、白色琉璃镶嵌成鼻、目，成枭首形，四周镶嵌粗斜线纹，一孔上下贯穿。

琉璃器也称作料器，即低温铅钡玻璃。民间传说琉璃为越大夫范蠡发明，原名"蠡"，后由于西施泪流在其上，故名"西施泪"，又名"流蠡"。

琉璃被认为是人造的美玉，由于琉璃得之不易，尤其是色彩绚丽的琉璃。《论衡·率性》："道人消烁五石，作五色之玉，比之真玉，光不殊别。"

琉璃是经过熔融、冷却和固化的硅酸盐化合物，石英是溶制琉璃的主要原料，在溶制过程中，有铜粒子会侵入到玻璃质中，在高温中由于氧化还原作用，因此琉璃多呈现出钴蓝色或钴绿色。

琉璃大约出现在西周时期，春秋战国时期主要流行于楚、越等南方国家。湖北江陵出土的越王句践剑的剑格上镶嵌片状琉璃，为青铜与琉璃的结合，也表明琉璃为越国最高贵族所使用；而鸿山出土的琉璃釉盘蛇玲珑球形器和镶嵌枭首琉璃珠，是琉璃与陶的结合，琉璃胎的主要成分是陶土，其成分是二氧化硅、氧化铝和少量的氧化铁、氧化钙和氧化锰，在800°～900°的低温中烧制，由于是同时烧制而成，其烧制技术和温度的控制可能比在青铜器上镶嵌琉璃更为复杂，因此镶嵌琉璃器代表了春秋战国时期琉璃制造的最高工艺水平。

三　越国玉器的鉴定

鸿山越墓发掘后，首先在《文物》月刊发表了考古发掘简报，不久又由文物出版社出版了《鸿山越墓发掘报告》和《鸿山越墓出土玉器》。由于鸿山玉器的独特魅力，因而在全国尤其是江浙沪和台湾地区产生了较大的反响。

鸿山玉器在引起玉器收藏家的高度重视的同时，也引起玉器作伪者的高度重视。目前市场上已出现螭凤纹璧形玉佩、双龙首玉璜、飞凤形玉佩等鸿山玉器的伪作，其水平之高，几可乱真！由于众所周知的原因，不便将别人收藏的伪作仿品的情况公布，因此有必要将辨析越国玉器的基本方法作一介绍。

战国时期的治玉，已使用砣具。而一般情况下，利用聚光手电筒和20倍的放大镜，即可对玉器进行肉眼观察。根据笔者的经验，辨析鸿山玉器的真伪主要有以下几点：

1. 玉质和玉沁的观察

鸿山越玉的玉料十分精良，玉质晶莹，一般呈半透明状，与良渚文化的玉器有明显的区别，虽历经千年，受沁后局部或全部呈鸡骨白，然在强光下有明显的“开窗”现象。

如双龙管形佩呈半透明状，而龙形玉璜与出郭龙纹璧形玉佩呈不透明状，但在强光下用20倍的放大镜对其进行玉质观察，鸿山越玉的玉质内无开片现象，也不夹绵，致密度大致介于岫岩玉与和田籽玉之间，所有玉质的表现形态基本一致。

鸿山越玉几乎都有沁，由于玉质的差异和埋葬情况的差异，受沁的程度和色泽也产生一定的差异。然无论沁色呈点状或是片状，其界缘都十分模糊，呈自然过渡状态，而伪作的沁不是呈点状就是界缘十分僵硬。

2. 阴刻弧线观察

观察鸿山玉器的阴刻也是辨析玉器真伪的主要方法之一，而最关键的是观察阴刻弧线。在20倍的放大镜下，可清晰地看见阴刻弧线的转折处采用直刀法，即利用短直刀弯曲成弧线，每一刀的运刀都是起刀重而收刀轻，刀与刀之间有明显的接点或接痕。在龙纹玉覆面、云纹削形玉佩和龙首玉璜的阴刻纹饰上，可清晰地看见阴刻弧线的转折。而伪作的阴刻弧线转折较为流畅。

3. **减地工艺观察**

鸿山玉器的治玉工艺中有浅浮雕和高浮雕，可在20倍的放大镜下观察减地的工艺。十分明显的是浮雕的纹饰经过处理，表面光洁润滑，而减地处均未经处理，在兽面纹韘形玉佩、谷纹环形玉佩和蟠螭纹璧形玉佩上，可清晰地看见减地处的凌乱的砣痕。

4. **地纹细部观察**

在鸿山玉器中，有不少玉器有地纹。在螭凤纹璧形玉佩、神兽纹玉管和龙纹玉覆面等玉器上，可见不同的地纹。地纹的纹饰怎样有阴刻的短平行纹、短弧线纹、人字纹、“×”形纹和网格纹等。螭凤纹璧形玉佩、神兽纹玉管和龙凤首玉璜的地纹可清晰地观察到阴刻地纹的情况。而伪作的地纹处理则明显杂乱无章。

5. **“微雕工艺”观察**

鸿山越玉中的部分玉器上还出现了“微雕工艺”，鸿山越玉可能与现代微雕工艺有一定的差异。“微雕工艺”一般认为肉眼看不见或看不清而必须借助放大镜才可看清楚的阴刻工艺。“微雕工艺”的特征是阴刻的线条极细极浅，在龙凤首玉璜、双龙首玉璜和飞凤形玉佩上都发现有“微雕工艺”，尤其是 双龙首玉璜牙齿上的平行线纹，在20倍的放大镜下方可观察，有鬼斧神工之效。伪作在处理微雕时或打磨抛光，或线条较粗放。

6. **琉璃器表面观察**

琉璃器目前已有不少藏家收藏，主要是收藏“蜻蜓眼”。琉璃的工艺与现代玻璃的差异主要表现在琉璃表面的光滑和光洁程度。在20倍的放大镜下可清晰地看到古代琉璃有许多小孔或裂痕，而镶嵌不同色彩的琉璃之间也有一定的缝隙。

总之，鸿山越玉刚刚面世即引起不少收藏家对越国玉器的关注，越国玉器也成为一个新的收藏门类。然而由于越国玉器的相关资料相对匮乏，因此希望本文能为越国玉器的研究抛砖引玉，能对越国玉器的收藏有所裨益，也就甚感欣慰了。

注释

① 浙江省文物考古研究所：《印山越王陵》，文物出版社，2002年。

② 浙江省文物管理委员会：《绍兴306号战国墓发掘简报》，《文物》1984年第1期。

③ 浙江省文物考古研究所、浙江安吉县博物馆：《浙江安吉龙山越国贵族墓》，《南方文物》

2008 年第 3 期。

④ 浙江省文物考古研究所、长兴博物馆：《浙江长兴鼻子山越国贵族墓》，《文物》2007 年第 1 期。

⑤ 古方主编：《中国出土玉器全集·浙江卷》，科学出版社，2005 年。

⑥ 苏州博物馆：《真山东周墓地》，文物出版社，1999 年。

⑦ 南京博物院、江苏省考古研究所、无锡市锡山区文物管理委员会：《鸿山越墓发掘报告》、《鸿山越墓出土礼器》、《鸿山越墓出土乐器》、《鸿山越墓出土玉器》，文物出版社，2007 年。

原载《收藏家》2009 年第 8 期

补记：《镈钟与錞于》与《鸿山越玉赏析》属文物鉴赏类文章，吴越各选一篇。春秋战国时期，吴国青铜器和越国玉器分别代表了长江下游吴越文化的精髓，代表了吴越文化的最高成就。作为本文集“吴越文化的考古与研究”单元的补充，《镈钟与錞于》与《鸿山越玉赏析》分别从不同的角度对吴国青铜器和越国玉器进行赏析。

鸿山越墓出土礼器概说

鸿山越国贵族墓地位于无锡市锡山区鸿山镇的东北约1公里处，与苏州市相城区的黄埭镇毗邻。鸿山镇在无锡市的东南，苏州市的西北，距两地均约20公里。

由于鸿山开发区的建设，自2003～2004年，南京博物院考古研究所在开发区的范围内发掘了7座战国早期的越国贵族墓，7座墓葬按土墩由南向北依次编号为老虎墩（WHDⅠM1）、老坟墩（WHDⅡM1）、曹家坟（WHDⅢM1）、邹家墩（WHDⅣM1）、杜家坟（WHDⅤM1）、万家坟（WHDⅥM1）、邱承墩（WHDⅦM1）[①]。

一 墓葬概况

根据封土的规模、墓葬的结构和随葬器物的种类、数量，7座墓葬可分为小型墓、中型墓、大型墓和特大型墓。

小型墓

2座。

老坟墩　长圆形馒首状土墩，东西向，长24.5、宽15.0、高2.5米。长方形浅坑墓，长4.75、宽3.25、深0.2米，方向112°。随葬器物52件。

邹家墩　长圆形馒首状土墩，东西向，长36.5、宽23.5、高1.7米。墓葬位于土墩近中部，坑长3.88、宽2.34、深0.35米，方向112°。随葬器物46件。

中型墓

2座。

曹家坟　长方形覆斗状土墩，东西向，长35.0、宽26.9、高3.5米。墓葬位于土墩中部，坑长8.56、宽2.32、深1.95米，方向112°。随葬器物93件。

杜家坟　长方形覆斗状土墩，东西向，长42.6、宽35.9、高2.8米。墓葬位于土墩近中部，坑长8.05、宽2.44、深1.02米，方向112°。随葬器物74件。

大型墓

2座。

万家坟　长方形覆斗状土墩，东西向，长42.6、宽35.9米，封土高3.8米。墓葬位于土墩中部，直接在表土上铺垫木料构筑而成墓床，即先纵铺3条东西向垫木，在其上再横铺60余根经过加工的南北向木料，形成长方形墓床，长16.68、宽5.07米，方向110°。墓床上放置墓主和随葬器物516件。

老虎墩　由于筑路挖取封土，土墩及墓葬上部已完全破坏，仅存墓底。土墩为长方形，东西向，其残留部分长约56、宽约43米。墓葬位于土墩中部，墓床为直接在表土上铺垫横木构筑，墓床形制与万家坟相同，垫木残长8.6、宽6.6米，方向约110°。随葬器物散落四周，经过清理，可修复者达365件。

特大型墓

1座。

邱承墩　长方形覆斗状土墩，东西向，封土长78.6、宽50.8、高5.4米。墓葬位于土墩中部，竖穴，深坑，平面呈“中”字形，由于土墩东部已被挖去，墓坑残长56.7米，方向110°，分为墓道、墓室和后室三部分，墓室内还用木板隔成主室和南、北侧室。墓道长21.2、宽3.65米；墓室长23.6、宽6.3米；后室长11.9、宽3.2米；坑深3.0米。墓道南壁有长圆形壁龛，底部稍低于墓道，长3.4、宽0.9、高0.5米；墓道中间有一条宽0.2米的排水沟；后室之外还有长梯形斜坡状排水沟，沟长约12米。

该墓早年被盗，四个盗洞均在墓室上方，开口于原封土之上，直达墓底，大致在置放墓主的位置。尽管如此，随葬器物仍多达1098件。

墓葬的基本概况可归纳为：

小型墓，坑长4.0米左右，随葬器物50件左右；

中型墓，坑长8.0米左右，随葬器物100件左右；

大型墓，墓长16.0米左右，随葬器物500件左右；

特大型墓，坑长60.0米，随葬器物1000件左右。

二　礼器概况

礼器主要出土于特大型墓葬邱承墩和大型墓葬老虎墩、万家坟，中、小型墓葬中亦随葬少量礼器。所有墓葬出土的礼器皆为明器，即仿青铜器的青瓷器或陶器。仿铜的礼器不仅造型与青铜器一致，还贴有青铜器常见的兽首流、兽面耳或铺首，而纹饰则以戳印的“C”形或“S”形纹模仿春秋战国时期流行的蟠螭纹或蟠虺纹。

邱承墩随葬青瓷礼器500余件，器形有盆形鼎、甗形鼎、兽面鼎、盖豆、壶、三足壶、扁腹壶、盒、盖盒、盆、三足盆、鉴、匜、罍、罐、盉、温酒器、冰酒器、酒杯、吊釜、盘、三足盘、钵、碗、小豆、虎子、角形器、璧形器和琉璃釉盘蛇玲珑球形器等，除罍、鉴等大件青瓷器置放于墓室前部、青瓷璧形器和角形器置放于墓室后部外，主要置放于后室，而四件琉璃釉盘蛇玲珑球形器则与玉器置放在一起，当在墓主的身上或身旁。

老虎墩随葬硬陶礼器 100 余件，器形有盆形鼎、兽面鼎、罍、罐、盉、三足匜、圈足炉盘、炙炉、碗、钵、盅、角形器、璧形器等，置放情况不明。

万家坟随葬硬陶、泥质陶礼器 100 余件，器形有盖鼎、提梁罐、盉、匜、盆、盘、炉盘、炙炉、角形器、璧形器等，主要置放于墓葬西部。

出土礼器数量最多的墓葬是邱承墩，而且全部礼器均为青瓷制作；其次为老虎墩，随葬的礼器为硬陶制作；而万家坟出土的礼器少量为硬陶，大部为泥质陶制作。

根据随葬礼器的数量质地分析，邱承墩随葬的皆为青瓷乐器；老虎墩主要为硬陶器，而万家坟主要为泥质陶器。因此大型墓葬还可分为两个等级，即老虎墩的等级高于万家坟。

三　礼器概说

鸿山越国贵族墓出土的礼器，大致可分为两个系统，即越系统和中原系统。

仿中原系统的礼器有盖鼎、盖豆、壶、盆、盘、鉴、匜、盉等，基本组合为鼎、豆、壶，然越可能受到楚、徐的影响，其数量明显不合周礼。

越系统的礼器有越式鼎，包括盆形鼎、甗形鼎和兽面鼎，而兽面鼎在越之外还流行于舒；常见的礼器还有罐、筒形罐、盆、盘、碗、鸟形钮盖钵、角形器、璧形器等。而温酒器、冰酒器、吊釜和沥水器、扁腹壶、圈足炉盘、长方形炙炉、虎子、琉璃釉盘蛇玲珑球形器等，都是新发现的越国礼器。

成套的青瓷温酒器、冰酒器是首次发现，由此可见越国贵族生活的奢华。冬季使用的温酒器由炉盘、温酒器组成，炉盘内置炭，有的底部还有细条形镂孔，温酒器内置水，小孔内置酒杯，以火温水，以水温酒，科学合理；夏季使用的冰酒器与温酒器的结构基本相同，其下为承盘，内可置冰，冰酒器内置水，小孔内置酒杯，冰降水温，水降酒温。南方的吴越亦有冰室，“阊门外郭中冢者，阖闾冰室也”[②]；“东郭外南小城者，句践冰室，去县三里”[③]。冰酒器的发现，可证春秋战国时期的吴、越有冰室并非虚言。

青瓷吊釜、沥水器是在釜内烧水用以烫碗、烫酒杯的卫生器皿，吊釜内的水烧开后，将碗或酒杯倒扣在沥水器内，置入釜中，沥水器提起后，碗、杯上的水自然流下，既卫生又科学。虎子亦同样为卫生器具，这是目前所发现的最早的青瓷虎子，其造型与江苏丹徒王家山出土的青铜虎子相同，然流上有缺，显然为溺器。可见虽在蛮荒之地的越国贵族，其生活也十分讲究。

除青瓷礼器外，硬陶礼器的制作亦有浓郁的地方特色。

硬陶盉的器身作小口罐形，下有三足，前出兽首流，肩部有对称的半环形提耳，为首次发现的越国礼器。

硬陶提梁罐的提梁为兽身，两端出兽首和兽尾，身上装饰鸡冠状脊刺，为罕见的越国礼器。

硬陶带盖盂的盖钮为一立鸟，肩部贴三个立鸟，造型十分生动。

硬陶圈足炉盘是典型的越国礼器，其造型与诸暨次坞上河出土的青铜炉盘相同。青铜圈足炉盘还见于徐[④]，越地流行的圈足炉盘可能受到徐的影响。

硬陶长方形炙炉为烤肉用的器具，其造型与西汉南越王墓出土的青铜炙炉完全相同，可见越国贵族烤肉的传统一直延续到西汉。

此外，礼器中的低温烧制的陶胎琉璃釉盘蛇玲珑球形器更是罕见，整个玲珑球由盘曲的八条蛇构成，蛇身饰点状琉璃釉和红彩。蛇是越人的图腾，据《吴越春秋》记载：伍子胥“造筑大城，……越在东南，故立蛇门，以制敌国。……越在巳位，其位蛇也，故南大门上有木蛇，北向首内，示越属于吴也”[⑤]，此云吴人以蛇代越；而《越绝书》云：“于是作为策楯，婴以白璧，镂以黄金，类龙蛇而行者，乃使大夫种献于吴”[⑥]，则是越人以蛇自代，以示屈吴。可见在春秋战国之际，越仍以蛇作为国家的象征。琉璃釉盘蛇玲珑球形器不见于记载，亦不知其器名与作用。根据其置放位置和由越国的图腾蛇构成，可能为越国王权或神权的象征。

礼器的质地、数量、组合，不仅反映了春秋战国时期越国存在着森严的等级，而且反映了越国在模仿中原的同时，更是顽强地保留了自身的礼制特征，可能在越国内部，可能存在着鲜为人知的“越礼”。

鸿山越国贵族墓出土的礼器，以青瓷器居多。其中有少量的青瓷器造型规整，胎色泛白，内外施釉，釉色泛青泛绿，胎釉结合极好。然囿于以往的习惯认识，凡汉代以前的青瓷器均冠以“原始”，称之为原始青瓷器。

判断是否为青瓷或原始青瓷的标准原本是一个理化标准，当对某一件瓷器进行理化测试时，符合这一标准的即成熟青瓷，而达不到这一标准的即原始青瓷。然很长一段时间内，这一理化标准转换成了时代标准：即汉代以前的青瓷，皆称之为原始青瓷；而汉代以后的青瓷皆称之为成熟青瓷或青瓷。这一概念的转换显然是极不科学的。

自汉代开始，历朝历代都有王公贵族使用的瓷器，亦有平民使用的瓷器；明清时期，既有官窑烧制的瓷器，亦有民窑烧制的瓷器。官窑和民窑烧制的瓷器有着品质的高下，而贵族和平民使用的瓷器更有着天壤之别，不可同日而语，亦不可一言以蔽之。事实上，在大量使用青瓷的六朝时期，在众多的小型墓葬中出土的青瓷器根本达不到成熟瓷器的理化标准；同样，在汉代以前的春秋战国时期，既有贵族使用的青瓷器，更多的是平民使用的青瓷器。以往在江浙地区发掘的绝大多数是小型土墩墓，进行理化测试的样本即出自这些平民墓，而未见一件高等级贵族墓葬出土青瓷的样本。以这一标准作为一个时代的标准，显然是以偏概全。任何一个时代，尤其是奴隶制时代，其最高的制作工艺生产的最高水平的产品是服务于最高等级的贵族。鸿山越国贵族墓出土的青瓷礼器，不仅器类复杂，器形罕见，而且青瓷的质量与常见的“原始青瓷”有着较大的差异。因此在描述鸿山越墓出土的青瓷礼器和乐器时，统称之青瓷，而不称置换概念后的“原始青瓷”。

鸿山越国贵族墓葬的发掘，还纠正了以往出土的越国礼器名称上的混乱。在浙江的绍兴、杭州、诸暨、慈溪、黄岩、上虞、余姚、萧山、海盐、海宁、长兴、安吉和江苏的苏州、吴江等地，均出土过越国礼乐器，然由于大多为零星出土和征集，而系统出土的较少，因此在器物定名上出现了许多模糊认识，如将乐器悬铃定名为“权”[⑦]，将温酒器的炉盘定名为“三足鉴”[⑧]等，不一而足。

因此，鸿山越国贵族墓出土的成组成套的礼乐器，为深入研究春秋战国时期越国的礼乐制度，为研究越国礼乐器的组合，乃至研究越文化与秦、楚、吴、徐、舒文化的相互关系，无疑有着重要的意义。

注释

① W，无锡；H，鸿山；D，土墩；Ⅰ—Ⅶ，土墩编号；M，墓葬。

② 《越绝书·卷二·记吴地传》，上海古籍出版社，1985年。

③ 《越绝书·卷八·记地传》，上海古籍出版社，1985年。

④ 徐器自名“炉盘”。见江西省历史博物馆：《江西靖安出土春秋徐国铜器》，《文物》1980年第8期。

⑤ 《吴越春秋·阖闾内传》，江苏古籍出版社，1986年。

⑥ 《越绝书·卷十二·九术》，上海古籍出版社，1985年。

⑦ 绍兴征集，见绍兴市文物管理局：《绍兴文物精华·下卷》，浙江人民美术出版社，2000年。

⑧ 萧山征集，见杭州市园林文物局：《杭州文物精华》，人民美术出版社，2001年。

原载《鸿山越墓出土礼器》，文物出版社，2007年。

鸿山越墓出土乐器概说

（第一部分“墓葬概况”与《鸿山越墓出土礼器概说》相同，略去）

二　乐器概况

乐器主要出土于大型墓葬WHDⅠM1、WHDⅥM1和特大型墓葬WHDⅦM1，乐器的质地皆为青瓷或硬陶，显然是明器。

鸿山越国贵族墓出土的乐器虽然不能测音，也不能演奏，但皆为1∶1仿制，造型逼真，组合完整，因此对于研究春秋战国时期越国乐器的种类与组合乃至越国的礼乐制度，有着重要意义。

出土乐器的墓葬中，以特大型墓邱承墩为最，乐器全部为青瓷制作，其数量达140件，器形有甬钟、镈钟、编磬、句鑃、錞于、丁宁、振铎、三足缶、悬鼓座和悬铃等十类。除磬和悬铃置放于墓葬西部的后室外，其余乐器均置放于墓道南侧的壁龛内。

其次为大型墓老虎墩，出土的乐器既有青瓷制作，亦有硬陶制作，由于遭破坏，已修复和无法修复的乐器计119件，器形有甬钟、镈钟、编磬、句鑃、錞于、丁宁、悬铃等七类。乐器置放情况不明。

大型墓万家坟出土的乐器全部为硬陶制作，计121件，器形有甬钟、镈钟、编磬、句鑃、錞于、丁宁、悬鼓座和悬铃等八类；另外，墓葬中还出土了1件堆塑的硬陶蜥蜴，与邱承墩出土的三足缶上堆塑的蜥蜴相同，蜥蜴腹部的弧度也与缶的上腹部大致相同，由此推测还应有缶。乐器置放于墓葬的西部。

根据乐器质地分析，特大型墓皆为青瓷乐器；大型墓葬老虎墩中青瓷乐器和硬陶乐器参半，而万家坟皆为硬陶乐器。因此大型墓还可分为两个等级，即老虎墩的等级高于万家坟。

三　乐器概说

出土的乐器大致可分为两个系统，即中原系统和越系统，然越系统的乐器中又采用了中原礼制，如錞于、振铎都出现了一件造型独特的有别于其他成组的乐器，可能为中原礼制中的“特悬”，耐人寻味。

仿中原系统的乐器有甬钟、镈钟和编磬，越系统的乐器有句鑃、錞于、丁宁、振铎、三足缶、悬鼓座和悬铃，其中振铎、三足缶和悬鼓座为首次发现或首次确认的越国乐器。中原系统的钟、镈、磬等皆为常见乐器，不赘述，但在一件编磬的戳印的“C”形纹之间，很隐蔽地刻划着一个叶脉纹，相同的叶脉纹还见于绍兴漓渚出土的青瓷匜内[①]，可能与窑口有一定的关系。

现主要就越系统的乐器作简要的分析。

越系统的乐器中，句鑃为最主要的演奏乐器。其置放方式与甬钟相反，即于朝上，柄朝下，自大至小插于簴架，以桴击之。

“句鑃”一名不见记载，而青铜句鑃主要出土于越地。浙江绍兴出土的“配儿句鑃”[②]、德清出土的“其次句鑃”和江苏常熟出土的“姑冯句鑃”等[③]，皆自名“句鑃”，可见句鑃为典型的越国乐器。

錞于和丁宁在吴越地区常见，往往成组出土，镇江王家山、丹徒北山顶等春秋晚期的墓葬中皆出土过青铜錞于和丁宁，一般三件錞于配一件丁宁。

錞于未见有铭文，更无自名，然多见于文献记载。《周礼·地官·鼓人》：“以金錞和鼓，”郑注：“錞，錞于也。圜如碓头，大上小下；”《国语·晋语》：“战以錞于、丁宁，儆其民也。”

丁宁又名镯、钲，《周礼·地官·鼓人》：“以金镯节鼓，”郑注：“镯，钲也。形如小钟，军行鸣之，以为鼓节；”《说文·金部》：“镯，钲也。”除文献有记载外，钲还有自名，“徐茜尹钲铖”、“余冉钲铖”等，均自名“钲铖”。

振铎为首次发现的越铎。《周礼·地官·鼓人》：“以金铎通鼓，”郑注：“铎，大铃也。振之以通鼓，”贾疏：“此是金铃金舌，故曰金铎；”《说文·金部》：“铎，大铃也。两司马执铎。”

《国语·吴语》：“昧明，既陈。王乃秉枹，亲就鸣钟、鼓、丁宁、錞于、振铎，勇怯尽应，三军皆哗，扣以振旅，其声动天地。”

因此，铎应有两个不同的系统，即“执柄振之”的中原系统和“悬而扣之”的吴越系统。

三足缶亦首次发现，而越国有缶亦不见记载。《说文·缶部》：“缶，瓦器，所以盛酒浆，秦人鼓之以节歌；”《诗·宛丘》：“坎其击缶，宛丘之道；”《易·离卦》九三：“日昃之离，不鼓缶而歌；”《史记·廉颇蔺相如列传》：“蔺相如曰：‘赵王窃闻秦王善为秦声，请奏盆缶秦王，以相娱乐’，……于是秦王不怿，为一击缶；”《史记·李斯列传》：“夫击瓮叩缶，真秦之声也。”在以往的考古发掘中，从未出土过或从未确认过乐器缶，由于缶与其他乐器同置放于壁龛，性质自明。缶为叩击乐器，其叩击部位为宽沿，宽兽面耳的背面与口沿之间用圆柱形泥条相连，从而使另一半口沿不产生共振；而三足使底部悬空，缶又为深腹，这样叩击时底、腹可产生共鸣和共振。文献记载中，仅见缶用于秦，从未见之用于越。浙江绍兴印山越王陵在其四周至今保存有完好的隍壕，而隍壕设施仅见于陕西凤翔的秦公大墓，这似乎暗示着秦、越之间可能有着某种必然的联系，表明秦、越之间有着相互交流，秦文化对越文化产生了一定的影响[④]。越国三足缶的发现，亦可与此相互印证。

悬鼓座亦为首次发现。安徽舒城九里墩春秋墓[⑤]出土过青铜鼓座，其基本特征是座身中部有一管状插孔，与之相同；湖北随县曾侯乙墓[⑥]中出土的建鼓，其鼓座与之稍异。绍兴306号战国墓出土的伎乐铜屋内，前排右侧的伎乐俑危坐，敲击悬鼓，其鼓座的形态与鸿山出土的鼓座相同[⑦]；而江苏丹徒北山顶春秋墓出土的鼓环，可以360°旋转，表明其为悬鼓环[⑧]。尽管春秋战国时期的鼓有建鼓和悬鼓之分，然吴越流行的应为悬鼓。

悬铃亦不见记载。《太平御览》引《伯乐相马经》："目如悬铃"[⑨]，形容良马眼目高巨。可见此类半球形、中空并可悬挂的乐器可能名"悬铃"。青瓷和硬陶悬铃在浙江的绍兴、萧山等地均有零星出土，人们往往根据外形推测此类乐器是"权"，或认为是"镇"[⑩]。由于鸿山越国贵族墓中出土了成组的大小有序的悬铃，从而可以确认该类器物应为乐器。

鸿山越国贵族墓中出土的乐器，大致包括了乐音乐器、节音乐器、滑音乐器和噪音乐器。

乐音乐器主要用于演奏，其基本特征为造型相同，大小有序。甬钟、镈钟、编磬和句鑃皆为乐音乐器；錞于、振铎虽为军旅之用，然其达到一定数量亦可作为乐音乐器。

三足缶、丁宁应为节音乐器，即节拍乐器。

悬铃的基本特征虽符合乐音乐器，然其形体较小，且数量较多，可能是悬挂成排以桴来回滑动以演奏上、下滑音的滑音乐器。

悬鼓座的发现表明应有悬鼓，悬鼓可能为节音乐器，但更主要的是作为烘托气氛的噪音乐器。

如以上分析不误，那么鸿山越国贵族墓出土的乐器，已具备了大型乐队的基本要素。

鸿山越墓中出土的近400件乐器，可以组成庞大的乐队。乐器的器类繁多，造型各异，可谓洋洋大观。鸿山越国贵族墓中乐器的出土，不仅使我们第一次了解了越国乐器的器类和组合，第一次目睹了越国乐器独特的风采，更重要的是透过这些乐器，第一次揭示了越文化在保留自身文化传统的同时，是如何吸收、改造和融合中原文化的。

注释

① 绍兴市文物管理局：《绍兴文物精华·下卷》，浙江人民美术出版社，2000年。

② 绍兴文管会：《绍兴发现两件句镭》，《考古》1983年第4期。

③ 董楚平：《吴越徐舒金文集释》，浙江古籍出版社，1992年。

④ 浙江省文物考古研究所：《印山越王陵》，文物出版社，2002年。

⑤ 安徽省文物工作队：《安徽舒城九里墩春秋墓》，《考古学报》1982年第2期。

⑥ 湖北省博物馆：《曾侯乙墓》，文物出版社，1989年。

⑦ 浙江省文物管理委员会：《绍兴306号战国墓发掘简报》，《文物》1984年第1期。

⑧ 江苏省丹徒考古队：《江苏丹徒北山顶春秋墓发掘报告》，《东南文化》1988年第3、4合期。

⑨ 《太平御览》卷八百九十六·兽部八·马四。

⑩ 同①。

原载《鸿山越墓出土乐器》，文物出版社，2007年。

鸿山越墓出土玉器概说

（第一部分“墓葬概况”与《鸿山越墓出土礼器概说》相同，略去）

二 玉器概况

鸿山越国贵族墓出土的玉器在以往发现的越国贵族墓葬中数量最多，种类也最为复杂，对于研究春秋战国时期越国的佩玉制度和丧葬用玉，有着重要意义。

鸿山越国贵族墓地共计出土玉器48件，其中老虎墩3件，曹家坟1件，邹家墩6件，其余皆为特大型墓葬邱承墩出土。邱承墩出土的玉器组合基本完整，可作为鸿山越国贵族墓葬出土玉器的代表。

邱承墩出土的随葬器物可分为四类：即仿铜青瓷礼器、仿铜青瓷乐器、陶制生活用品和玉器，其中最引人瞩目的是玉器。

由于特大型墓邱承墩置放墓主的位置被盗，因此随葬的玉器当有所缺失。墓室的前部计出土了玉器38件，其中石质3件，此外还有琉璃器33件。根据玉器在墓葬中的出土位置和玉器造型，可将其分为葬玉和佩玉。

葬玉有覆面、带钩以及石璧。葬玉的主要特征为单面纹饰，与佩玉有明显的差异；而仿玉的石璧则制作草率。

龙纹覆面的正面以十字形条带纹分为四部分，各有一浅浮雕“S”形龙纹，条带及周边阴刻云纹、斜线纹、细方格纹；背面微凹，无纹饰。

蛇凤纹带钩的中部为一绞丝纹圆环，圆环中心为一椭圆形浅浮雕，上阴刻细密的斜方格纹，其外框为透雕的四凤，四角向内出凤首，四蛇身与四凤相连，蛇首穿过中心的圆环，凤身、蛇身皆阴刻羽状纹、细斜线纹、鳞纹；背面有一椭圆扣，无纹饰。

覆面用的是龙纹，而带钩用的是蛇纹，龙与蛇的纹饰组合应代表了越国最高贵族的身份。杭州石塘出土的一套玉剑饰上，玉剑格上刻有“越王”、“越王之子”，可证墓主的身份之高，而玉剑鞘的纹饰则正是龙蛇组合纹饰，其龙纹与覆面上的龙纹如出一辙。

石璧的位置大致在墓主的足部。云纹石璧制作粗糙，另外两件无纹饰。

佩玉皆双面有纹饰，制作精美。根据佩带的方式和佩带部位的不同，佩玉还可分为正佩和杂佩，正佩象征身份、等级和地位，佩带在胸前，为条形的璜和圆形的璧（环），间以管形或动物造型的佩饰。杂佩主要有削形、韘形等与兵器有关的佩饰，佩带在腰间或身体的其他部位，或许有辟邪之意。

璜自大而小呈现五种不同的形态，即龙形璜、龙凤璜、云纹璜、双龙首璜和龙首璜。

龙形璜两件，呈回首卷尾的龙形，身体蜷曲，背部向上呈弧形弯曲，有一穿。

龙凤璜一件，身体蜷曲，背部向上呈弧形弯曲，有一穿，一端为龙首，有角，龙目亦为一穿，一端为凤首，有冠。

云纹璜两件，上下均出牙，两端开条形槽，中部上方有一穿。

双龙首璜一件，两端作龙首形，口内獠牙呈一圆圈形成圆穿。

龙首璜一件，一端为龙首，一端为龙尾，尾上卷。

另外还有云纹觿两件，弯月状，一端宽而平，两侧出牙。

从出土情况推测，璜应是成对的，可能因盗墓而有所缺失。大小有序的五对璜与一对觿，表明墓主生前使用的是“五璜佩”。

璜是贵族身份的象征，璜的数量代表了贵族身份的高下。从已发掘的贵族墓分析，春秋战国时期的贵族墓有一璜、二璜、三璜和五璜，诸侯为五璜；至于天子佩七璜还是九璜，由于东周的王室墓尚未发掘，不得而知。

龙形璜、龙凤璜、云纹璜、双龙首璜、龙首璜加上云纹觿组成的“五璜佩”是成对的，应佩带在胸前两侧。

璧形或环形的佩饰自大而小是蟠螭纹璧形佩、螭凤纹璧形佩、谷纹环形佩、绞丝纹环形佩和出郭龙纹璧形佩。

蟠螭纹璧形佩一件，正反两面满饰浅浮雕的蟠螭纹。

螭凤纹璧形佩一件，正反两面均满饰浅浮雕的螭纹和凤纹，螭与凤相互纠结，减地部分阴刻斜线纹，形成两层纹饰。

谷纹环形佩一件，边缘对称出牙，正反两面均饰减地谷纹。

绞丝纹环形佩一件，正反两面均阴刻绞丝纹。

出郭龙纹璧形佩一件，正反两面均减地成云纹和卷云纹，龙首、龙尾出郭，阴刻直线和弧线组成的大鳞纹。

另外还有双龙管形佩一件，中部为方形管，一孔上下贯穿，两侧各有一透雕的龙，龙回首张口，身体弯曲呈“S”形。

璧形、璧形、环形、环形、出郭璧形佩加双龙管形佩组成的“五环（璧）

佩”，应自上而下佩带在胸前中部，即两列玉璜之间，与两侧成对的璜和觽组成一套完整的“正佩”。

春秋战国时期越国贵族“五璜佩”的发现，为研究越国贵族的佩玉方式，提供了极为珍贵的实物资料。

在正佩的璜与璜之间或环（璧）与环（璧）之间，还间有管状和动物造型的玉饰，其中造型特殊、工艺精良的有：

凤形佩三件，造型各异，均作振翅欲飞状，应佩在璧、环之间。其中一件白玉凤双目及冠减地成高浮雕，正反两面均阴刻极浅极细、肉眼几乎看不出的羽纹，可谓我国最早的“微雕”。

三角形神兽管两件，大小、造型及纹饰完全相同，应佩在璜与璜之间。上下两端均为神兽，身上盘绕三条蛇，一蛇头在背面，两蛇头在正面，整器采用高浮雕技法，局部透雕，身体的低凹处阴刻极细的网格纹，背面则为羽状纹，构思奇特，布局严谨。

动物形和管形的佩饰应为璜或环（璧）之间的间隔，单一的可能用在环（璧）形佩之间，成对的可能用在璜形佩之间，成为正佩的重要组成部分。

杂佩主要为仿兵器的玉饰。

兽面纹韘形佩，中空，一端大，一端小，一侧出一方鋬，正面浅浮雕一兽面纹，两侧阴刻卷云纹，上方有一穿。

削形佩，环首，削与环首阴刻云纹，柄阴刻直线纹和斜方格纹。

韘为拉弓射箭之用，而韘形佩尽管形似，然其上部有穿，且内壁及其边缘皆有纹饰，显然是用于佩带；削即小刀，削形玉佩十分罕见。

此外还有剑首和剑格，剑首和剑格皆为剑饰，然出土时并未见青铜剑，仅有象征意义。这一现象在浙江的越国贵族墓中亦有类似情况，可能为越国的一种特殊葬俗。

三　玉器概说

在距今五千年前后的良渚文化时期，越地之玉就已独领风骚。良渚文化的典型器物有玉琮、玉璧和玉钺。良渚玉器硕大而深沉，神秘而严谨，尤其是玉琮上阴线细刻的兽面羽人纹和玉钺上的浅浮雕兽面纹，其治玉工艺技艺达到登峰造极的地步，为越玉发展的第一个高峰。越在甲骨文中为“戉”，越之名越，可能来源于良渚文化特有的玉钺。

西周时，天子所陈宝物中即有越玉。《尚书・顾命》：“越玉五重，陈宝。”马融

注："越地所献玉也。"

春秋战国时期，诸侯争霸，百家争鸣，各诸侯国的玉雕艺术也争奇斗艳，精彩纷呈。此时佩玉特别发达，最具代表性的是造型呈"S"形的富有动感的龙、凤形玉璜，而璜的多少又代表了贵族身份的高下。

于越为百越之首，允常之际，"拓土始大，称王；"句践灭吴后，横兵于江淮，号称霸王。因此，春秋战国之际当为越玉发展的第二个高峰。尽管以往在绍兴印山、坡塘，苏州真山，杭州石塘，安吉龙山、垅坝，长兴鼻子山，东阳前山等地的越国贵族墓出土过玉器，但无论是玉器的器形、器类，玉器组合，还是制作的精美程度都较之鸿山玉器为逊。因此，鸿山玉器代表了越国最高等级的玉器，代表了越国最高水平的治玉工艺。

《礼记·玉藻》："古之君子必佩玉，……行则鸣佩玉。……居则设佩，朝则结佩……凡带必佩玉，……君子无故，玉不去身，君子于玉比德焉。"

《孔子家语·问玉》孔子曰："夫昔者君子比德于玉，温润而泽，仁也；缜密以栗，智也；廉而不刿，义也；垂之如坠，礼也；叩之，其声清越而长，其终则诎然乐矣；瑕不掩瑜，瑜不掩瑕，忠也；孚尹旁达，信也；气如白虹，天也；精神见于山川，地也；圭璋特达，德也；天下莫不贵者，道也。诗云：'言念君子，温其如玉'，故君子贵之也。"

鸿山越国贵族墓出土的玉器，反映了春秋战国时期"君子比德于玉"、"君子无故，玉不去身"的思想已渗透到偏居东南一隅的越地。

越国玉器的基本特征可归纳为玉料精良、精雕细琢、造型奇巧、纹饰细腻，在林立的诸侯国中独树一帜，而鸿山越国贵族墓出土的玉器，将越玉的这些特征表现得淋漓尽致。

鸿山越玉的造型，由于受中原礼制的影响，而采用"五璜"和"五环（璧）"；同时也或多或少受到楚文化的影响，在造型上与楚玉相同或相近，如龙形璜。除此之外，在非"五璜"的玉器上，则凸显越玉的风采。如蛇凤纹带钩上四蛇、四凤相互交织；三角形神兽管上三条蛇从双头神兽的胸前盘至脑后；振翅欲飞的凤形玉佩，羽毛纹饰细到肉眼难辨；双龙管形佩、龙凤璜和双龙首璜的造型和纹饰融为一体。表现了越人独特的宗教信仰和审美情趣。

鸿山越玉不仅有越地传统的治玉工艺，如镂孔、边缘切割、减地、钻孔、抛光、阴刻单线或双勾云纹、网格纹、鳞纹、羽状纹、绞丝纹等，亦有春秋战国时期新出现的器形和纹饰，如剑首、剑格、韘形、削形佩和减地谷纹璧等，而凤形佩、神兽管、龙凤璜、双龙首璜、螭凤纹璧形佩等，将良渚文化的阴线细刻发展成"微雕"，尤其反映出越玉奇巧和细腻的特征。

鸿山越国贵族墓出土的玉器，为春秋战国玉器中的一朵奇葩，它不仅展示了越人治玉的高超技艺，更展示了越国王侯玉器的风采。

原载《鸿山越墓出土玉器》，文物出版社，2007年。

补记：《鸿山越墓出土礼器》、《鸿山越墓出土乐器》、《鸿山越墓出土玉器》属大型图录，与《鸿山越墓发掘报告》形成一套完整的考古发掘资料。

《鸿山越墓出土礼器》、《鸿山越墓出土乐器》、《鸿山越墓出土玉器》的“概说”，主要侧重文物学的研究，而《鸿山越墓发掘报告》则主要侧重考古学的研究，因此，《鸿山越墓出土礼器》、《鸿山越墓出土乐器》、《鸿山越墓出土玉器》可视作《鸿山越墓发掘报告》重要的补充。

在“镇江文物精华展览座谈会”上的发言

在“镇江文物精华展览”中，青铜器部分是令人瞩目的。除少量传世品之外，绝大多数为近三十年来的出土文物。从1954年丹徒县烟墩出土的“宜侯夨簋”、“角状器”等直至1984年丹徒县北山顶出土的编钟和1985年丹徒县王家山出土的錞于等，可谓琳琅满目，使人流连忘返。

十分遗憾的是，由于是“文物精华展览”，过分强调了文物，而未能配合一些辅助性的图，尤其是缺少一张标明出土青铜器具体位置的地图，确实有点美中不足。在原镇江地区，出土青铜器比较重要的地点除武进淹城内城河、丹阳司徒、溧水乌山和宽广墩、高淳顾陇外，主要集中在丹徒县从圌山至谏壁一带沿江山脉，从东到西，有烟墩山“宜侯夨”墓、荞麦山磨子墩西周墓、磨盘墩周墓、北山顶春秋墓、粮山春秋墓和王家山春秋墓等。由于笔者曾在这一带作过考古调查和发掘，情况比较熟悉，也顺便提一下调查到的其他墓葬情况：如1958年左右青龙东山被破坏大墓一座，出土过直径约40厘米带盖青铜鼎和其他青铜器，估计为春秋墓。1983年被破坏了一部分的席家螺丝墩大墓出土过带鸟形捉手器盖的青铜器等，估计为西周墓。此外还有保存完好尚未进行发掘的青龙西山大墓等。从目前掌握的情况来看，这些墓葬有以下一些规律：1. 多葬在沿江山脉的顶部或高山地面的土墩上，并多有高大的封土堆，背山面江，气势雄伟；2. 在一个墩子上或一座山头上只有一座墓，并多有土坑，与江南“土墩墓”迥然不同；3. 多随葬青铜礼器，有的还有乐器、军乐器、车马器等，不仅数量多，而且种类也较全。前面提到的武进淹城内城河出土的青铜器，具体埋藏情况不清楚；丹阳司徒是铜器窖藏；溧水乌山、宽广墩和高淳顾陇则是一些小型墓葬，而大型墓葬仅见于丹徒这一带。在苏州及其周围，除吴县何山发现过东周墓之外，还未见到过西周墓葬，更不用说是大型墓葬了。从出土的青铜器来看，也是以春秋以后的兵器、工具为多，而基本上不见礼器。为什么在苏州一带不见西周青铜礼器呢？而在丹徒以大港为中心东至圌山，西至谏壁出青铜礼器的西周和春秋大型墓葬则屡见不鲜呢？在1980年江苏省第一次考古学会上，镇江博物馆的陆九皋馆长提出“太伯奔吴说”是可信的，吴的分布范围应与湖熟文化相一致，在宁镇山脉一带，笔者认为这种提法是有充分根据的。随着近几年对“吴文化”讨论研究的深入和在这一地区考古工作的开展，人们的认识也不断地更新和提高。下面想就吴国青铜器谈两点自己的看法：

一、研究吴国青铜器，首先要有时间概念和地域概念，这是一个大前提。有的同志往往把江苏出土的青铜器混在一起来研究。严格地讲是欠妥的。江苏在历史上确有过一个强大的吴国，但江苏与吴国之间是不能画等号的。在江苏的东南隅是越国，江淮之间曾有过一个邗国，洪泽湖周围也曾有过一个徐国，因而江苏出土的青铜器不一定就是吴器。如仪征破山口出土的青铜器，很多人都把它纳入“吴文化”的范畴，当做吴器来进行分期研究，其实吴至寿梦时才“始益大，称王”，虽然《左传》中有“吴城邗”的记载，但其时已到了春秋末。又据故宫博物院藏“邗王是埜”戈，据郭沫若先生考证为吴王寿梦之戈，那么在寿梦以前吴的势力范围是否到达长江以北还是问题，破山口在蜀冈之尾，从地域上来看，它接近邗而距吴较远，这使人不禁要问：这批青铜器为什么是吴器而没有可能是邗器呢？

二、研究吴国青铜器除了吴国境内出土的之外，在吴土以外带有铭文可以明确为吴器的也应予以重视，如山西、安徽、湖北等地都出过吴器。然而，有些已被定为吴器的现在看来还可以再讨论，如浙江出土的“配儿句鑃”，沙孟海先生认为是吴器入越，但现今可见到的吴国人名中没有带“儿”的，相反，徐器中人名倒是常见带“儿”的，如“沇儿”、“庚儿”等，因而“配儿句鑃”很有可能是徐器，徐器入越也是完全有可能的。另外，铭文中带“攻敔”二字的也未必是吴器，如江苏六合程桥1号墓出土的编钟，因其铭文中有“攻敔”二字而被认为是“吴国人所制造的”。然而，铭文中写得很清楚，作钟的臧孙是“攻敔仲终□之外孙，坪之子”，假若是“攻敔××之子”或“攻敔××之孙”，那当然是吴人，而外孙就很难说了。据目前所知，与吴国通婚联姻的有徐、宋、蔡等，《左传》中有“徐子，吴出也”的记载；“吴王光鉴”有吴王阖闾嫁女与蔡侯的记载，那么，徐国和蔡国都应有攻敔的外孙。而六合原为楚之棠邑，伍子胥的父亲伍尚还曾作过棠邑大夫，其后曾一度属吴，之后又属越、属楚，这里的历史情况是很复杂的，所以说墓是否为吴墓，编钟是否为吴器，还可以再度推敲。

最后，就“镇江文物精华展览”中的青铜器谈一点新的认识。

这次展览中的青铜器（除传世品和少数青铜器外），可以说是在吴国土地上发掘出土的真正的吴国青铜器，而且是有代表性的精华。镇江博物馆能展出这么多同一国家不同时期的青铜器（当然还有陶器、原始青瓷器等），供人大饱眼福，是难能可贵的，它把史籍中时隐时现的谜一般的早期吴国历史，用实物展现在我们面前。至于吴国青铜器的制造工艺、造型风格和花纹装饰等特点，很多同志都已谈到，这里不再重复。所展出的青铜器中，最早出土也是最为重要的首推“宜侯夨簋”，该器铭长一百二十余字，早在50年代，郭沫若、唐兰、陈梦家诸先生都曾著文考证，最近李学勤先生也在《文物》上发表了《宜侯夨簋与吴国》一文，读后令人兴奋。文中认为锡土把川列在首位，且有三百余条，正合苏南的自然风貌，尤其是将铭文的第四行第五字释为“迁”，即“王命虞侯夨曰：迁侯于宜”，不仅考释正确，使其文通字顺，而且与早期吴国的史实也基本相符。然而其中也有一些推断不能使人完全信服。在“宜侯夨簋”铭文中，最为关键的应是“宜”和“夨”二字。宜是地名，夨是人名，是可以肯定的，然宜为何地？夨为何人？则众说纷纭。笔者认为，吴国的方言与中原是有一定差距的，用颜师古的话来讲，吴国方言中带有“发声”，用现代音韵学来解释，就是复声母。中原人的语言是以单音节字为主，听了带复声母的语言便有一种多音节之感。现在我们所能见到的史籍中关于吴国的人名都是中原一带的人所记，从一人多名和有些人名既古怪又不可理解来推测，史书中对吴国人名的记载实际上是一种音译。如《春秋》：“吴子乘卒”，《左传》为“吴子寿梦卒”；《春秋》“吴子遏伐楚”，《左传》为“吴子诸樊伐楚”等等。在上古音中，“寿梦”疾读即为“乘”，“诸樊”疾读也就是“遏”。“宜侯夨簋”为中原人所铸，夨也就是中原人对吴国人名的一种音译。唐兰先生早就指出：“夨应该就是周章，夨和周章的声母是很接近的”，其实，夨与乘、遏一样，是周章、寿梦和诸樊的异译，周章疾读也就是夨，而与熊遂则相去太远了。同样，史籍中对吴国地名的记载也是采用音译。据《路史》记载，“润之丹徒东二十里曰朱方”，其方位正在今烟墩山东南。朱方，最早见于《左传》，朱方之方应犹《诗·常武》中“震惊徐方”之方，其地名应为朱，“宜侯夨簋”之“宜”，应释为“俎”，从字形上来看，像两块肉置于且上，郭老等先生释为宜，也不错。俎、宜实为一字，容庚先生曾作过训诂，宜应为俎的派生字。“俎”和“朱”在上古读音是一样的。在吴国青铜器的铭文中，吴自称为“攻敔”、“攻勴”等，“宜侯夨簋”为中原人所铸，铭文中的“俎”（宜）和《左传》中的“朱”，在上古音中，与“攻敔”二字疾读是很接近的，实际上都是“攻敔”二字的不同音译。至于有人认为丹徒附近存在过一个“宜国”，这实在是一种误解，从“宜侯夨簋”的铭文来看，其受周王如此隆重的大封，岂非无名小国？然为何不见经传呢？前面提到，李学勤先生考释出铭文中“迁侯于宜”，这无疑是正确的。值得注意的是，《诗地理考》引《世本·居篇》云：“孰姑徙丹徒句吴”，丹徒的句吴应该就是《左传》中朱方之朱，也应该就是铭文中的“俎”（宜）。至于丹徒以外的句吴即既出土过早期青铜器且古地名的读音与句吴相近的有江宁县的陶吴和湖熟，由于与这次“镇江文物精华展览”关系不大，这里不再多谈。

“宜侯夨簋”从出土至今已有三十余年了。三十年来，不断地有人对其铭文作出考证和研究，企图通过它来解决吴国历史上一些悬而未决的问题。笔者认为，对铭文中的人名和地名，从古音的角度来考虑并作出解释，也许更能接近当时的实际。

原载《中国历史博物馆馆刊》总第九期，1986年。

在“苏鲁豫皖考古座谈会”上的发言

我讲一下关于点将台的问题，近几年，我们在宁镇地区做了一点工作，发现了以点将台遗址下文化层为代表的文化遗存。点将台在南京江宁县，这种文化遗存在50年代就被发现了，但当时没有被认识，70年代做了点将台遗址后，才把它分出来。最近几年做的有句容城头山遗址、丹徒团山遗址、高淳朝墩头遗址。城头山遗址相当于这个阶段的遗存，在湖熟文化的下面是第六层，第五层相当于湖熟文化的早期，第七层相当于崧泽文化的中晚期。在团山遗址，这个地层在早期湖熟文化地层下面，它是第十一层。第十层是早期湖熟文化。在朝墩头遗址发现这个地层属第三层，第四层相当于崧泽晚期到良渚早期，上面是西周的。通过这几个遗址排下来，相当于点将台下文化层的文化遗存，基本上上下限都可以卡住了，大致相当于龙山晚期到二里头阶段，比二里岗下层还要早一些。

在这个地区我们发现相当于点将台下层的文化遗存里面，有相当大的比例是河南王油坊类型的东西。比较典型的像绳纹罐形鼎、大袋足甗、浅盘的高柄豆、带宽把的杯和一些篮纹的罐，纹饰主要是篮纹、绳纹、方格纹。宁镇地区，北阴阳营文化和湖熟文化总的面貌是红陶的比例相当大，而到了这个阶段虽然红陶的比例也还有，但黑陶和灰陶的比例明显增多。这一段时期比较特殊，我排了一下，大致可分为三组器物，一组继承了宁镇地区新石器文化传统，是最主要的；第二组就是王油坊的这类东西，比例相当大；第三组是很典型的岳石的东西就是带突棱的典型器，但从比例上来看本地的这套东西为主，而王油坊占的比例是第二位的，岳石是第三位的。这个阶段有三种东西组成了这么一个共同体。后来我曾经提出，是不是可以叫“点将台文化”，因为它毕竟还是一种地方性的文化。商丘地区是王油坊的分布范围，这是很清楚的。而宁镇地区在安徽的东南角，斜跨安徽省，王油坊的东西是怎么样到宁镇地区来的？安徽有没有这样的线索？据李伯谦先生介绍，王油坊之后在商丘地区基本上是岳石的文化圈。那么王油坊类型的东西到哪去了，是融合在岳石文化或二里头文化里面，还是跑掉了，文化迁徙了？我们考虑可能同文化迁徙有关，它在商丘地区消失以后可能到了宁镇地区。因为我们从器形排队来看感觉到宁镇地区这批东西，从时代和发展序列来讲可能和王油坊最晚的东西衔接起来。所以我把这个问题提出来，主要是想通过交流提出线索，就是说宁镇地区和河南地区还是有点关系，现在还理不清，通过今后的工作，我们将会对这种关系有进一步的认识。

原载《文物研究》第七期，《苏鲁豫皖考古座谈会纪要》，1991年。

在“淮河流域古代社会文明化进程学术研讨会”开幕式上的发言

各位代表：

今天，“淮河流域古代社会文明化进程学术研讨会”在国家级历史文化名城徐州隆重开幕了，应邀出席会议的有来自社科院考古所和山东、河南、湖北、安徽、浙江、广东等地文物考古研究所和山东大学、郑州大学、复旦大学、中山大学、南京大学、南京师范大学的专家学者，有《中原文物》和《东南文化》编辑部的专家，有江苏省文化厅、徐州市政协、徐州市文化局的领导，还有我省考古学会的会员代表，可谓少长咸集，群贤毕至。在此我谨代表会议的主办单位之一江苏省考古学会，向与会的各位代表表示热烈地欢迎和衷心的感谢！向为筹办本次会议付出辛勤劳动的徐州博物馆表示衷心的感谢！

1991年在安徽省合肥市召开了“苏鲁豫皖考古座谈会”，与会专家提出了许多新的设想和建议，对淮河流域的考古工作产生了积极的指导作用。合肥会议之后，社科院考古所和苏鲁豫皖的考古所在淮河流域做了一系列的考古工作，除发表了大量的考古发掘报告外，还先后出版了《枣庄建新》、《兖州六里井》、《大汶口续集》、《山东王因》、《驻马店杨庄》、《舞阳贾湖》、《蒙城尉迟寺》、《龙虬庄》、《花厅》等大型考古发掘报告，为淮河流域文明化进程的研究提供了一大批新的资料，本次会议可以说是合肥会议的继续。

2002年以来，中国社会科学院古代文明研究中心先后与上海、湖北、山东、四川等地的高校和文物考古研究所联合在上海、武汉、济南、成都召开过长江下游、长江中游、中国东方地区和长江上游文明化进程学术研讨会，本次会议主要议题是讨论淮河流域古代社会的文明化进程，因此也可以说是以上研讨文明化进程会议的继续。

淮河是我国第三大河流，也是我国水系最发达的河流之一。我国古代将“江、河、淮、济”并称为“四渎”，白居易词《长相思》云：“汴水流、泗水流，流到瓜洲古渡头，吴山点点愁。”寥寥数笔便勾勒了大半个淮河流域；而“走千走万，不如淮河两岸”这古老的歌谣不知流传了多少年，多少代。

发源于河南桐柏山太白顶的淮河，起初只不过是轻浅如线的一股细流，涓涓蜿蜒于长江与黄河之间的危岭野谷，它不停地聚集着、流淌着，来到浩瀚的大平原时，便以博大的胸怀汇纳百川，将泉河、汝河、颍河、涡河、淝河、浍河、沱河、濉河、汴河、史河、淠河、泗河、奎河、沂河、沭河、射阳河等数百条河流拥入自己的怀抱，并迅速地变得泱泱荡荡，成为匍匐在我国心腹地带并流向海洋的一条大河。在中国的版图上，没有任何一条河流像淮河那样密如蛛网般地纵横交错，其一级支流 120 余条，二级支流 460 余条，流域面积约 28 万平方公里，人口 1 亿 5 千万，人口密度雄居全国各大流域之首。

淮河流域东至黄海，西北至嵩山和外方山，西至伏牛山和桐柏山，西南至天柱山和大别山，北至沂蒙山，南至长江，大致包括了今河南的东南部，山东沂蒙山的东西两侧及鲁南，安徽、江苏的淮北全部和淮南大部。

淮河是中国南北的界河，淮河流域土地肥沃，气候温暖，雨量充沛，植被茂盛，物产丰富。早在新石器时代，淮河流域的先民就生息繁衍在这块土地上，并以其发达的稻作农业和先进的礼乐文化立于黄河、长江流域各氏族或部族之林。这一区域内经过考古发掘的重要遗址有河南新郑裴李岗、密县莪沟北岗、舞阳贾湖、淮阳平凉台、永城王油坊、驻马店杨庄，安徽蒙城尉迟寺，山东滕县北辛、邹县野店、泗水尹家城、兖州王因和西吴寺、泰安大汶口、五莲丹土、日照两城镇，江苏淮安青莲岗、徐州铜山丘湾、邳县大墩子和刘林、新沂花厅、小徐庄、高邮龙虬庄以及目前正在发掘的邳州梁王城等。以淮河流域史前遗址命名的考古学文化或文化类型有裴李岗文化、贾湖类型、北辛文化、大汶口文化、龙山文化的王油坊类型、岳石文化的尹家城类型、龙虬庄文化等。淮河流域介于黄河与长江之间，其东部面向海洋，西部已深入中原，因而淮河流域的古文化表现出特有的多元性、过渡性和开放性，探讨淮河流域的文明化进程对于探讨我国古代社会文明化进程有着积极的意义。

我国古代社会的文明化进程可以说是华夏与东夷两大集团长期相互斗争、相互消长和相互交融的过程。据说尧曾封彭祖于徐州，国号大彭；据《孟子》记载，五帝之一的虞舜即为东夷之人，在进入华夏国家文明时有虞氏曾起过重要的作用；而我国第一个进入国家文明的夏，从夏禹至夏桀都与淮河流域有着千丝万缕的联系，文献记载“禹娶涂山氏”和“放桀于南巢”，涂山、南巢均在淮河流域。换言之，从龙山时代至夏代，东夷、淮夷在由方国向王国的文明化进程中扮演着重要角色。

商代的淮河流域主要为徐国，据《左传》记载，武王克商时分殷遗民六族即有徐氏。徐州铜山丘湾是我国第一次发现大型商代社祭遗迹的遗址，为反映淮河流域商代社会形态和文明化进程的重要文化遗存；西周时期，淮河流域的徐国是当时唯一可与宗周抗衡的国家，《后汉书·东夷传》记载，徐国“地方五百里，行仁义，陆地而朝者三十又六国”，徐国曾“率九夷以伐宗周，西至河上。”《诗经·常武》、《诗经·閟宫》、《礼记·檀弓下》、《史记·鲁世家》等均有类似的记载。可以说在商周时期，徐夷、淮夷在由王国向帝国的文明化进程中同样扮演着重要的角色。

淮河自古出豪杰。春秋战国时期伟大的思想家孔子、孟子和老子、庄子所代表的儒家和道家思想皆产生于淮河流域；而从孙膑、庞涓的马陵之役到陈胜、吴广的揭竿而起，从项羽、刘邦的反秦起义到曹操、吕布的大战徐州，从淝水之战的刀光剑影到淮海战役的枪林弹雨，历史上英雄豪杰在淮河流域演绎了一幕又一幕可歌可泣的历史画卷。

然而在很长一段时间内，在我国的考古学研究中，均不提淮河流域的考古学文化。显然，对于淮河流域的考古学文化，没有引起足够的重视和正确的认识；至于以往已发现的淮河流域古文化，不是将黄淮之间的考古学文化归入了黄河流域，就是将江淮之间的考古学文化归入了长江流域。

因此，召开本次会议的目的是为淮河流域古代社会文明化进程的研究和相互交流提供一个平台，为探讨淮河流域原始文化的特征和发展演进、淮河流域原始文化与黄河流域、长江流域原始文化的相互关系和相互作用，为研究和探讨徐夷、淮夷文化在商周时期的历史地位提供一个重新认识和重新研究的平台，更重要的是江苏的考古工作者与兄弟省市相比有着较大的差距，本次会议也为我省的考古工作者提供一个向各位专家学者请教学习的良机。会议的目的并不在于解决了什么学术课题，而在于通过相互交流、相互启发而提出问题，为今后淮河流域的考古和文明化进程的研究开拓更广阔的空间，勾勒更美好的前景。如果说合肥会议对淮河流域的考古工作产生了深远的影响，我们希望徐州会议也能成为推动淮河流域古代社会文明化进程的一个新的里程碑。

徐州为《禹贡》九州之一，古称彭城，传说尧封彭祖于大彭而寿考八百。其南面的宿迁，是“力拔山兮气盖世”的项羽的故乡；其北面的沛县，是“威加海内兮回故乡”的刘邦的故里。金秋的徐州，山清水秀，天高云淡，愿与会的各位代表都能沾点高祖的帝王之气，彭祖的长寿之气，精神愉快，身体健康！

再次对各位代表光临徐州表示衷心的感谢！

原载《中国社会科学院古代文明研究中心通讯》第 9 期，2004 年。

补记：原文刊用时删去首尾二小节，为保持文章的完整，根据打印稿补齐。

在“骆驼墩文化遗存与太湖西部史前文化学术研讨会”上的发言

一 马家浜文化的命名

今天在这里讨论“骆驼墩文化”，我想还是应该从马家浜文化开始谈起。

马家浜文化的命名与青莲岗文化有着密切的关系。青莲岗遗址位于淮安县宋集乡青莲岗村，1951～1958年先后进行了四次考古调查。赵青芳先生在青莲岗遗址的调查报告中认为青莲岗遗址代表了淮河下游面貌独特的考古学文化[①]，并于1956年召开的第一次全国考古工作会议上，在《南京北阴阳营遗址的发掘报告》[②]中第一次正式提出了“青莲岗文化”的命名。

1961年，曾昭燏、尹焕章先生发表了《江苏古代历史上的两个问题》[③]；1963年，对该文全面修改后又以《古代江苏历史上的两个问题》[④]为题，作为《江苏省出土文物选集》的代前言，由文物出版社出版。曾昭燏、尹焕章先生将江苏境内的原始文化分为“青莲岗文化、刘林文化遗存、龙山文化、良渚文化、湖熟文化”，认为“青莲岗文化是江苏境内最早的考古学文化”，山东、浙江、安徽的早期新石器时代遗存可归入“青莲岗文化系统”。

1973年，纪仲庆先生署名吴山菁发表了《略论青莲岗文化》[⑤]，文中将龙山文化、良渚文化之前的新石器时代考古学文化统统称为“青莲岗文化”。《略论青莲岗文化》是在江淮地区考古学文化遗存几乎一片空白的情况下，将黄淮平原龙山文化之前的考古学文化称为“青莲岗文化的江北类型”，而将长江以南良渚文化之前的考古学文化称之为“青莲岗文化的江南类型”，江南类型中又分为“马家浜期、北阴阳营期和崧泽期”。

《略论青莲岗文化》发表后即在全国考古学界引起争议。尹达、安志敏先生均对青莲岗文化的命名提出过不同的见解；夏鼐先生认为：“从前多将这种文化和大汶口文化合称为‘青莲岗文化’，或分称为‘江南类型’和‘江北类型’青莲岗文化。实则二者虽也有相同点，但就整个文化面貌而论，是两种不同的文化。我以为还是以分别定名较为妥当。为了避免混淆，‘青莲岗文化’这一名词似可避免不用。我建议把二者分别叫做‘大汶口文化’（包括刘林、花厅村、大汶口、青莲岗等）和‘马家浜文化’（包括马家浜和崧泽，但南京北阴阳营下层墓葬，似乎代表另一种文化）”[⑥]。

可见马家浜文化是夏鼐先生在避免不用“青莲岗文化”的前提下，建议将其叫做“马家浜文化”的。因此，马家浜文化的命名是在没有经过充分论证的情况下，在不符合夏鼐先生提出的“考古学文化定名”[⑦]的基本原则的情况下，仅仅是为了“避免不用青莲岗文化”而提出的，由此可见马家浜文化的命名，显然是一篇“急就章”。

1977年，在南京召开了“长江下游新石器时代文化学术讨论会”。南京博物院的学者对青莲岗文化进行了重新构建，对江南类型不再分期，而是分为马家浜类型、北阴阳营类型、崧泽类型和张陵山类型。然而在讨论会上大多数学者都否定了“青莲岗文化”的命名，牟永抗、魏正瑾先生在此次会议上发表了《马家浜文化和良渚文化——太湖流域原始文化的分期问题》[⑧]，才第一次对马家浜文化进行了全面的论述；其后在中国考古学会第二次年会上，姚仲源先生发表了《二论马家浜文化》[⑨]，对马家浜文化做了进一步分析，而此时的马家浜文化基本遵从了夏鼐先生的意见，即包括了“马家浜”和“崧泽”；由于当时马家浜时期的考古学资料主要是苏州草鞋山遗址和湖州邱城遗址，因此，马家浜文化也包括了太湖的东部与西部。

在讨论会上，严文明先生在《论青莲岗文化和大汶口文化的关系》[⑩]一文中对青莲岗文化提出了不同的见解，认为青莲岗文化与大汶口文化属于一个系统，它们之间所以产生差别的原因，不是地方性的，而是时代性的。根据这两个遗址命名的文化，当然是前者早于后者，即“青莲岗文化”早于“大汶口文化”，……苏南浙北和苏北山东是不同族别创造的不同系统的文化。江南最早的文化称河姆渡文化，最晚的称良渚文化，而青莲岗文化的江南类型建议称之为“草鞋山文化”。

严文明先生提出“草鞋山文化”的命名无疑是有前瞻性的，尤其是在骆驼墩遗址发掘之后。

二　马家浜文化的陶釜

首先发现马家浜文化的陶釜存在差异的是陈晶女士。陈晶女士在发掘常州圩墩遗址后，发现马家浜文化的陶釜存在明显的差异，即存在平底与圜底的差异。

1984年，陈晶女士主要根据马家浜文化陶釜的差异，将马家浜文化分为草鞋山—圩墩类型和罗家角类型[11]；其后，陈国庆先生对此提出异议，认为陈晶女士搞错了草鞋山、圩墩和罗家角遗存的相对年代关系，从而拿后段和前段当成平行发展的两个序列[12]。

陈晶女士和陈国庆先生的分歧在于圜底釜与平底釜是在不同空间平行发展还是在不同时间的前后发展序列，即圜底釜与平底釜是平行发展的空间差异还是先后发展的时间差异。分歧的孰是孰非，姑且不论，然圜底釜与平底釜的差异显然早已成为研究马家浜文化的重要前提，也成为讨论“骆驼墩文化”是否成立的重要前提。

三 马家浜文化的类型

马家浜文化诸遗址的文化内涵存在着明显的差异，因此诸多学者都对其进行过文化类型的划分。

陈晶女士将马家浜文化划分为草鞋山—圩墩和罗家角两个类型[13]；王明达先生将马家浜文化进一步划分为罗家角类型、吴家埠类型和草鞋山—圩墩等三个类型[14]；张照根先生将马家浜文化划分为东山村、草鞋山和罗家角三个类型[15]，与陈、王不同的是张照根先生将圩墩划入了东山村类型，吴家埠划入了罗家角类型。

马家浜文化类型划分产生歧义的重要原因之一是缺乏太湖西部的考古学资料，在缺乏完整的环太湖流域考古学资料的情况下，无从对马家浜文化进行全面的综合考察。

宜兴骆驼墩、西溪和溧阳神墩[16]等遗址的发掘，为全面认识和考察环太湖地区马家浜时期的考古学文化提供了全新的十分重要的考古资料，今天在江苏宜兴召开的“骆驼墩文化论坛——骆驼墩文化遗存与太湖西部史前文化学术讨论会”，是继江阴、嘉兴两次马家浜文化的讨论会之后，又一次围绕太湖地区马家浜时期考古学文化进行的学术会议。

骆驼墩遗址无疑是太湖西部最重要的马家浜时期遗址，骆驼墩文化遗存无疑是太湖西部最重要的马家浜时期文化遗存。

2004年，笔者在《关于环太湖地区原始文化的思考》[17]中，在对环太湖西部马家浜文化时期的文化遗存进行分析后认为：吴县草鞋山是太湖东部的典型遗址，草鞋山遗址出土的马家浜时期的炊器皆为圜底釜；宜兴骆驼墩是太湖西部的典型遗址，其马家浜时期的炊器皆为平底釜。圜底釜与平底釜的差异不仅反映了太湖东部与西部考古学文化的差异，更反映了生产方式和生活方式的差异。因此，“草鞋山文化”和“骆驼墩文化”应代表太湖东部与西部马家浜文化时期的考古学文化。在常州圩墩遗址发掘后，已有学者意识到太湖东部和西部存在着差异，然而由于文化内涵庞杂的马家浜文化早已命名，因而造成太湖西部考古学文化命名时的尴尬与无奈，尽管其后有学者提出了“骆驼墩文化”和“祁头山文化”[18]。

四 几点认识

早在1984年苏秉琦先生即指出：马家浜诸文化中的“圩墩、罗家角、马家浜、草鞋山都是一条板凳上的兄弟，有共同的因素，共同的渊源，走过一条相似的道路，他们的根现在还不清楚，……这就需要我们继续做工作”[19]。

骆驼墩遗址的发掘和骆驼墩遗存的发现，正是为马家浜文化继续做的工作，正是为寻求马家浜诸文化之“根”而继续做的考古工作。

马家浜文化在命名之时主要根据嘉兴马家浜遗址和湖州邱城遗址，实际上已包含了以圜底釜与平底釜为代表的两类文化遗存，因此马家浜文化在命名之时即为文化内涵庞杂的考古学文化早已既成事实。

由于马家浜文化已命名多年，已约定俗成，而且在《新中国的考古发现与研究》、《中国大百科全书·考古卷》以及全国高校的《考古学通论》或《新石器时代考古》教材中已成定论，因此，目前在对太湖西部的骆驼墩、西溪和神墩等遗址尚未编辑出版考古发掘报告的情况下，在对以骆驼墩遗址为代表的新石器时代考古学文化尚未进行全面、客观和科学研究的情况下，不宜再命名其他文化来取代马家浜文化，或者再命名其他文化来割裂马家浜文化。

在太湖西部进行系列的考古工作，目的是希望填补太湖西部考古学遗存的空白，以全面地鸟瞰环太湖地区马家浜时期的考古学文化面貌。

1. 通过骆驼墩、西溪、神墩等遗址的考古发掘，终于发现并确认了太湖东、西部圜底釜和平底釜发生的原点——“草鞋山”和“骆驼墩”。太湖东部和西部的圜底釜遗存和平底釜遗存围绕太湖呈半月形分布，因此在太湖的南部和北部诸多遗址中都出现了圜底釜与平底釜并存的现象，如南部的余杭吴家埠遗址和北部的无锡彭祖墩遗址，在划分这两类不同的文化遗存的空间分布时，往往出现界缘不确定或不清晰的现象，即出现两类文化遗存相互交织的现象。

因此可将这两类不同的文化遗存暂称之为“草鞋山文化遗存”和“骆驼墩文化遗存”或马家浜文化的“草鞋山类型”和“骆驼墩类型”。

2. “草鞋山类型”和“骆驼墩类型”代表了太湖东部和西部马家浜文化的两个不同类型。“草鞋山类型”和“骆驼墩类型”在其发展的过程中呈现出东部的文化特征逐渐向西部渗透，至马家浜文化的晚期整个环太湖地区出现了东部特征逐渐明朗而西部特征逐渐衰微的现象，即呈现出“草鞋山类型”逐渐取代“骆驼墩类型”的趋势。

“草鞋山类型”和“骆驼墩类型”通过相互交融，最终都发展演进为崧泽文化，因此“草鞋山类型”和“骆驼墩类型”都是崧泽文化之源。

3.“草鞋山类型”和“骆驼墩类型”文化遗物的器类基本相似，除陶釜存在着明显的差异；“草鞋山类型”和“骆驼墩类型”的文化遗迹也大致相同或相近，在“骆驼墩类型”中也同样存在着俯身直肢葬的习俗。

4. 将以骆驼墩遗址为代表的文化遗存命名为“骆驼墩文化”，本无可厚非。但命名一个新的考古学文化，需循序渐进，需将考古发掘资料进行整理并编写出版考古发掘报告，因为编写考古发掘报告的过程也是一个深入研究和深化认识的过程。如果仅仅根据需要，有目的、有选择地在《东南文化》上发表一篇简报，公布一部分考古资料，而不是对骆驼墩文化遗存和太湖西部的新石器时代考古学文化进行深入的研究，认真、细致地对骆驼墩遗址的考古发掘资料进行整理，科学、严肃地编写考古发掘报告，客观、全面地公布考古发掘资料，只是用召开“论坛”的形式进行考古学文化的命名，似有哗众取宠之隙、操之过急之嫌。另外，将“骆驼墩文化”与“马家浜文化”并列，似乎出现了考古学文化与考古学文化的不对称性，因为马家浜文化的文化内涵庞杂，即马家浜文化中实际上既包含圜底釜文化遗存，也包含大量的平底釜文化遗存。

全面、客观、科学地公布考古发掘资料，老老实实、踏踏实实地做好考古学基础研究，既有助于考古学界的共同研究，也有助于得到考古学界的普遍认同。一个新的考古学文化是否成立，开会论证或由专家权威认定似乎是需要的，但一个考古学文化得到学科的普遍认同，需要经过认真、深入、细致的科学研究，还需要经过时间和实践的检验。

5. 倘若当年严文明先生的意见得到足够的重视，将不典型的内涵庞杂的马家浜文化命名为“草鞋山文化”，那么今天“骆驼墩文化”的命名也许就顺理成章。若将太湖东、西部的考古学文化分别命名为“草鞋山文化”和“骆驼墩文化”来取代“马家浜文化”，而不是用“骆驼墩文化”来割裂“马家浜文化”，似乎更能体现命名考古学文化的目的和意义。

因此，环太湖地区早期新石器时代考古学文化目前仍应继续保留已约定俗成的“马家浜文化”，暂将“马家浜文化”划分为“草鞋山类型”和“骆驼墩类型”，可能更具有现实意义。

注释

① 华东文物工作队：《淮安县青莲岗新石器时代遗址调查报告》，《考古学报》第九册。

② 《1956年全国考古工作会议专题报告集》的《编辑后记》，《考古学报》1957年第1期；南

京博物院：《南京市北阴阳营第一、二次的发掘》，《考古学报》1958年第1期。

③ 曾昭燏、尹焕章：《江苏古代历史上的两个问题》，《江海学刊》1961年第12期。

④ 曾昭燏、尹焕章：《古代江苏历史上的两个问题》，南京博物院等：《江苏省出土文物选集》，文物出版社，1963年。

⑤ 吴山菁：《略论青莲岗文化》，《文物》1973年第6期。

⑥ 夏鼐：《碳一14测定年代和中国史前考古学》，《考古》1977年第4期。

⑦ 夏鼐：《关于考古学上文化的定名问题》，《考古》1959年第4期。

⑧ 牟永抗、魏正瑾：《马家浜文化和良渚文化——太湖流域原始文化的分期问题》，《文物》1978年第4期。

⑨ 姚仲源：《二论马家浜文化》，《中国考古学会第二次年会论文集（1980）》，文物出版社，1982年。

⑩ 严文明：《论青莲岗文化和大汶口文化的关系》，《文物集刊（1）》，文物出版社，1980年。

⑪ 陈晶：《马家浜文化两个类型的分析》，《中国考古学会第三次年会论文集（1981）》，文物出版社，1984年。

⑫ 陈国庆：《长江下游地区史前文化的炊器研究》，《考古学文化论集（2）》，文物出版社，1989年。

⑬ 同⑪。

⑭ 浙江省文物考古研究所：《余杭吴家埠新石器时代遗址》，《浙江省文物考古研究所学刊·建所十周年纪念（1980～1990）》，科学出版社，1993年。

⑮ 张照根：《关于马家浜文化的类型问题》，《农业考古》1999年第3期。

⑯ 南京博物院、宜兴市文物管理委员会：《江苏宜兴骆驼墩遗址发掘报告》，《东南文化》2009年第5期；南京博物院、宜兴市文物管理委员会：《宜兴西溪遗址试掘简报》，《东南文化》2002年第11期；南京博物院、常州博物馆、溧阳市文化局：《江苏溧阳神墩遗址发掘简报》，《东南文化》2009年第5期。

⑰ 张敏：《关于环太湖地区原始文化的思考》，《庆祝张忠培先生七十岁论文集》，科学出版社，2004年。

⑱ 林留根：《骆驼墩文化初论》，《东南文化》2009年第5期；张童心、王斌：《论祁头山文化》，《东南文化》2009年第5期。

⑲ 苏秉琦：《太湖流域考古问题》，《东南文化》1987年第1期。

原载《东南文化》2012年第1期

读《赵陵山：1990～1995年度发掘报告》有感

2012年，文物出版社出版了昆山赵陵山遗址的考古发掘报告。赵陵山是江苏最重要的良渚文化遗址，赵陵山遗址的考古发掘被评为“1992年度全国十大考古新发现”，其重要性当不言而喻。

早在1984年，苏秉琦先生即指出：“良渚文化在中国古代文明史上，是个熠熠发光的社会实体。……我们这个号称具有五千年历史的文明古国的黎明期历史虽然还是若明若暗，但已不再是虚无缥缈的传说神话了”[①]。

自1936年在浙江良渚镇发掘良渚文化遗址至今，良渚文化的考古发掘与研究已经历了大半个世纪，环太湖地区相继发现和发掘了江苏吴县草鞋山、张陵山，武进寺墩，昆山赵陵山，常熟罗墩，江阴高城墩，无锡邱承墩；浙江余杭瑶山、反山、汇观山、莫角山、美人地、庙山、文家山，桐乡新地里，平湖庄桥坟，湖州昆山和上海福泉山、亭林等诸多重要的良渚文化遗址，尤其是自上世纪80年代浙江发现反山、瑶山、汇观山、莫角山等一批重要的良渚文化遗址以来，良渚文化立即引起众多学者的高度关注，成为研究和探索华夏文明起源的重要途径。

俞伟超先生对良渚文化的重大发现给予了极高的评价：“由于近年来余杭县反山、瑶山的族群酋领墓地及其随葬的大批精美玉器的发现，特别是余杭县果园那个巨型的宫殿群式的居住遗址的发现，可以认为是同时期文化发展水平最高的另一支文化。这就是说在5000～4000年以前的我国的文明曙光时代，以东方的龙山和东南的良渚文化的光芒最亮，同时期黄河中游的龙山阶段诸文化，其发展水平还不到这个高度”[②]。

由于在余杭一带的良渚文化遗址中，相继发现了大型的高土台和贵族墓葬、宫殿群式的居住遗址和良渚古城，其后又发现了大型水利工程和大型水稻田等大量的华夏国家文明的因素，因此凡研究和探讨华夏文明起源的学者无不对良渚文化的重大发现给予高度的重视和高度的赞誉。

静止是相对的，运动是永恒的。考古学的研究，一是对同一时期各种文化现象的研究，属相对静止的研究；一是对不同时期文化发展演进的研究，属动态的研究。

在浙江发现的诸多高等级、高规格的良渚文化遗址，表明了良渚文化的政治中心在环太湖地区的南部。但以瑶山、反山、汇观山、莫角山、美人地为代表的高等级、高规格的良渚文化遗址，其时代大多为良渚文化中期，即良渚文化中期的政治中心在环太湖地区的南部，因此对于浙江发现的良渚文化的政治中心的研究，当属相对静止的研究。

太湖是江苏的太湖，环太湖地区的东部、北部和西部都在江苏，即环太湖地区的大部都在江苏。如何动态地研究良渚文化的发展演进，如何动态地研究良渚文化政治中心的发生、发展、繁荣和衰亡的进程，如何动态地研究良渚文化政治中心在时间和空间上的变化、发展和演进，显然需放眼整个环太湖地区，需在一个更宽泛的时间内和在一个更广袤的空间内对良渚文化进行动态的研究，需在一个全新的视野下鸟瞰良渚文化，从而进一步探讨良渚文化在华夏国家文明起源中发挥的历史作用。

而在上海和江苏发现的高等级、高规格的良渚文化遗址有福泉山、草鞋山、张陵山、寺墩、赵陵山、高城墩和邱承墩，其时代既有良渚文化早期，亦有良渚文化的中期和晚期，表明良渚文化的政治中心不仅在空间上，而且在时间上，在环太湖地区的东部、西部和北部皆有分布，因此环太湖地区的东部、西部和北部皆属动态地研究良渚文化的重要地区。

良渚文化高等级、高规格的遗址在环太湖地区按时间早晚的分布，呈由北向南再由南向北发展变化的趋势，即使在同一时期也呈多政治中心的态势，表明良渚文化可能是一个具有多元政治中心的考古学文化。显然，多元政治中心的考古学文化与一元政治中心的考古学文化向华夏国家文明迈进时应有着不同的发展轨迹和不同的演进途径。《赵陵山：1990～1995 年度发掘报告》（以下简称《赵陵山》）的出版无疑为研究和探讨华夏国家文明的起源增添了新的考古学资料。

自上世纪 80 年代发现赵陵山遗址以来，南京博物院的考古工作者多次对遗址进行过考古调查；1990～1995 年南京博物院与苏州博物馆、昆山市文物管理委员会对赵陵山遗址进行了三次考古发掘，发掘面积计 1215 平方米，发现或清理了高土台、祭台、红烧土堆积、灰坑等文化遗迹和 90 座墓葬，出土了大量的陶器、石器、玉器等文化遗物。《赵陵山》正是这三次考古发掘资料的汇编和总结。

《赵陵山》分为上、下两册，上册为记录考古工作全过程的发掘报告，并有附录、附表和附图；下册为现场遗迹和文化遗物的彩色图版。时间相距久远和其他各种客观原因，为赵陵山资料的整理带来诸多不便，无形中增加了资料整理的难度，也无形中增加了报告编写的难度。如今，历尽沧桑的《赵陵山》放在案头，精美质朴的装帧和图文并茂的内容，令人爱不释手。捧读再三，不由人不感慨报告编写者的艰辛历程和良苦用心。本书不仅是南京博物院编辑出版的一部大型考古发掘报告，更是江苏诸多考古发掘报告中的一部划时代的报告，一部史诗般的巨著。

《赵陵山》的第一章利用了宋代以来各类方志的文字、地图和现代地图、实测图，详细介绍了昆山的历史与环境、张浦镇与赵陵山；在介绍历年考古调查、发掘和整理概况时，不仅详尽介绍了调查、发掘、采集、鉴定等工作情况，而且对参加考古调查、发掘、整理和参加采集、鉴定的考古工作人员以及参加发掘的民工一一进行了记录，并用图表的形式对历次调查、发掘、整理等关系进行了概括。

第二章介绍了赵陵山遗址的地层堆积和主体地层结构的划分。由于历年考古发掘划分的地层情况不尽一致，报告先客观地对历年划分的地层进行介绍，在此基础上以列表的形式逐一进行了对应，以还赵陵山遗址地层堆积的原貌；并通过对典型地层剖面的解析，追述了赵陵山遗址的形成过程。

第三章介绍了赵陵山遗址的新石器时代文化遗存。在文化遗存一章中，首先介绍了高土台、祭台和红烧土堆积等与良渚文化礼制、祭祀或埋葬习俗相关的重要文化遗迹，对土台和红烧土的形成的过程和顺序、沿用时间和废弃时间以及其功能进行了分析和推测；其次对灰坑遗迹逐一进行了客观地介绍；赵陵山最重要的文化遗迹是清理了 90 座墓葬，根据墓葬的层位关系划分为土台上墓葬和土台下墓葬，同时对墓葬进行了分区，并廓清了墓葬与墓葬之间的叠压与打破关系，并用文字、线图和拓片等详细介绍了墓葬和地层内出土的文化遗物。

第四章介绍了历史时期的文化遗存。

第五章介绍了对赵陵山遗址新石器时代的地层堆积过程、各文化遗存之间的关系、墓葬等文化遗存的性质进行的初步分析，对土台与墓葬的相对年代进行的推论；此外还对与各类文化遗存相关的问题进行了讨论。

严文明先生曾指出："我认为任何考古报告都应该是田野考古工作的忠实记录和集中表述。"严文明先生认为考古发掘报告至少要包括遗址所在地的自然环境和历史背景、文化堆积和地层关系、文化遗迹与遗物、检测报告和专题研究报告[③]。从报告中可以看出，《赵陵山》完整地体现了编写考古报告的基本原则。

从《赵陵山》的结构来看，似与大多考古报告无异，但细细品味，清新的文风阵阵扑面而来，字里行间无不透露出实事求是的精神和朴质无华的学风，从而成为江苏考古发掘报告的范本之一。

《赵陵山》的特点是客观真实，返璞归真。在赵陵山遗址已清理的 90 座墓葬中，M77 为等级最高的一座墓葬。报告不仅详细介绍了发掘的时间、发掘过程、墓坑的位置和层位、人骨葬具的保存情况、随葬器物的位置、数量及各种质地所占的比例，而且对其中的存疑问题例如墓坑的尺寸作了客观地交代："目前公布的墓坑数据偏小，在发掘时墓坑外侧似乎还有一周更大的坑线范围，即目前所谓的墓坑可能是椁或者外层葬具的范围。"如此详细客观的内容，在《赵陵山》中比比皆是，如图三四八和图三四九，分别标明"具有打破关系的墓葬"和"可能具有打破关系的墓葬"。类似的描述在报告中甚多，兹不一一列举，仁者见仁、智者见智，相信诸位读者都会在《赵陵山》中有所获益。

除报告的正文外，《赵陵山》的附录也通过公布当时的探方日记和回忆录的形式对报告作了重要的补充，使报告的内容更加翔实和丰富。另外，《赵陵山》还分类收录了历年采集的文化遗物、出土玉石器的化学成分和微量元素分析、人骨的鉴定和与赵陵山相关的历史文献、碑记、诗词以及近年对赵陵山遗址出土文物的研究等，其内容涵盖了赵陵山遗址的古今记载和人文、科技研究，因此《赵陵山》应为一部全面而系统地反映赵陵山遗址考古的"史诗"，应为一部全面而科学地反映赵陵山遗址考古学和现代科技研究的巨著。巨著并非篇幅巨大，而是内容丰富翔实，资料汇集全面。

《赵陵山》更是一部划时代的考古报告。《赵陵山》的出版，不仅填补了良渚文化早、中期研究资料的空白，构成了环太湖地区时代完整的良渚文化考古发掘报告的体系，宣告了环太湖流域缺乏良渚文化早、中期考古发掘报告的时代的终结；自上世纪末出版《南京人化石地点》和《龙虬庄》后，江苏进入了一个大量编辑出版考古发掘报告的时代，除南京博物院编辑出版了《龙虬庄》、《花厅》、《祁头山》、《南京驼子洞》、《鸿山越墓》、《高城墩》、《邱承墩》之外，徐州、扬州、南京、淮安、苏州、常州的博物馆或考古研究所也先后编辑出版了徐州北洞山汉墓、扬州唐城、南京宝船厂遗址、淮安高庄战国墓和运河村战国墓、昆山绰墩遗址、常州新岗遗址的考古发掘报告，而《赵陵山》的出版，不仅宣告了一个编写考古报告的时代的终结，也意味着江苏将进入一个以研讨、论证和论坛形式进行考古学研究的新时代。

施昕更先生在《良渚》的"卷首语"中曾发出悲怆的呐喊："我们上古的祖先，坚忍地开辟了这广漠的土地，创下了彪炳千秋的文化。我们今日追溯过去，应当如何兢兢业业的延续我们民族的生命与光荣的文化呢？可是，我们现在的子孙，眼看到这祖先开辟遗下的国土，一天天的沦亡，我们的文化，也被敌人疯狂地摧残，这正是存亡绝续的重大关头。然而，中国绝不是其他民族可以征服了的，历史明明告诉我们，正因为有渊源悠久、博大坚强的文化，所以我们生存在这艰巨伟大的时代，更要以最大的努力来维护来保护我国固有的文化，不使毁损毫厘，才可使每一个人都有了一个坚定不拔的信心"[④]！

一个有良知的考古工作者，必然是一个天然的爱国主义者。正是因为《赵陵山》的编写者有着“一个坚定不拔的信心”，虽历时二十余载，虽历经千辛万苦，现在终于出版了，也终于了却了我任考古所长时的最后一个夙愿。我愿借此机会，在向编写赵陵山考古发掘报告的同仁表示感激的同时，也乐意向广大关心环太湖地区考古、关心良渚文化研究的朋友们推荐这部有着无穷魅力的考古发掘报告。

注释

① 苏秉琦：《太湖流域考古问题》，《东南文化》1987年第1期。

② 俞伟超：《龙山文化与良渚文化衰变的奥秘》，《纪念城子崖遗址发掘60周年国际学术讨论会文集》，齐鲁书社，1993年。

③ 严文明：《关于编写考古报告的谈话》，《走向21世纪的考古学》，三秦出版社，1997年。

④ 施昕更：《良渚：杭县第二区黑陶文化遗址初步报告》，浙江省教育厅出版，1938年。

原载《中国文物报》2013年5月10日

读《皖南商周青铜器》有感

2006年9月，文物出版社出版了安徽大学和安徽省文物考古研究所编著的《皖南商周青铜器》，捧读再三，爱不释手。翻看着书中一件件亲手摩挲过的熟悉的青铜器，还有那些陌生的或似曾相识的青铜器，真是百感交集，思绪万千。

我对商周考古的兴趣始于大学期间。由于李伯谦先生对吴城文化和对南方几何印纹陶文化的分区分期研究的精彩讲授，深深地吸引了我，于是在参加工作之后，我便将宁镇地区青铜文化作为主要的研究方向。

1983年，我任文化部文物局主办的苏浙皖赣四省文物干部培训班安徽组的考古实习辅导员，辅导安徽学员发掘江苏句容的城头山遗址。安徽学员来自各市县，大多参加文物工作多年，有的还参加过薛家岗遗址的发掘。我对皖南青铜文化产生浓厚的兴趣也正是因为考古实习期间，来自南陵县文管所的刘平生君向我展示了南陵出土的“攻敔王光剑”的铭文拓片，使我第一次领略了皖南青铜器的风采，吸引我将研究宁镇地区青铜文化的目光开始转向与之相邻的皖南。

在长江下游的数省市中，皖南出土的商周青铜器数量最多，器类齐全，造型风格迥异。由于皖南所处的独特的地理位置，因此在商周青铜器上表现出的文化因素也更为复杂。皖南不仅有铜矿，还有商周时期的矿冶遗址；皖南不仅有商周时期的城址、遗址，还有大量的土墩墓。皖南在商周时期有着重要的地位，因此凡研究长江下游青铜文化者无疑会对皖南地区给予高度的关注。然在很长时间内，苦于皖南青铜器研究资料的匮乏，因此对于皖南青铜器的认识多还停留在屯溪的弈棋村和繁昌的汤家山。

为了解皖南商周遗址、墓葬和青铜器的情况，自1983年起我曾利用各种机会先后去过皖南的马鞍山、当涂、芜湖、繁昌、南陵、泾县、铜陵、宣城、广德和郎溪等地，在当地文物干部的陪同下调查了商周时期的遗址、墓葬、铜矿和矿冶遗址，还看了各文管所收藏的青铜器。当我在许多县文管所的破旧的库房里，看着他们打开陈旧的木箱，小心翼翼地取出用一层一层旧报纸包裹着的青铜器，真是感慨万千！皖南之行虽谈不上历尽千辛万苦，但收集皖南青铜器的资料确实非常困难；由于绝大多数青铜器资料没有发表，因而利用皖南出土的青铜器进行研究则更加不易。

多年以前我就殷切地期盼皖南青铜器资料能够整理发表或出版，这也许是每一位关注长江下游青铜文化的学者的共同期望。在李伯谦先生的倡议下，安徽大学和安徽省文物考古研究所历时两年，走遍皖南各市县，在全面调查的基础上，对代表性的商周青铜器进行遴选、分类、记录、摄影和拓片，编辑出版了《皖南商周青铜器》。这是第一次对皖南出土的青铜器进行全面系统的梳理，也为长江下游青铜文化和青铜器的研究提供了十分珍贵的科学资料。

《皖南商周青铜器》是一部大型图集，而又不同于"文物精华"之类的图录。其显著特点归纳起来大致有三：

一、在皖南出土的500余件商周青铜器中精选出150件结集成书，虽然数量不多，但涵盖了商周的不同时期，而且兼顾了不同的器类和器形，一册在手，皖南青铜器的风光尽收眼底；

二、每一件青铜器除照片外，还都按比例附了该器物的正视、剖视、俯视图和纹饰、铭文的拓片，为皖南商周青铜器的研究者提供了极大的便利，非一般图录可比拟；

三、文字部分有李伯谦先生的《序》、邹厚本先生的《序》、陆勤毅、杨立新先生的《前言》和宫希成先生的《皖南商周青铜器发现与研究》，分别从考古学、历史学、历史地理和古文字的角度对皖南的铜矿和商周青铜器进行介绍和综合研究。介绍面面俱到，研究既有深度，也有广度。

我关注皖南青铜文化已有20余年，对皖南青铜器也曾作过一些肤浅的研究，故在此不揣浅陋，谈谈自己的认识。

我认为要认识皖南的商周青铜器，首先要认识皖南。

皖南是指安徽省的长江以南，但皖南并不属于同一个地理单元。地理单元的划分对于研究皖南商周青铜器的国属十分重要。皖南的九华山山脉以西，与鄱阳湖地区相邻，应属鄱赣流域；皖南的黄山、天目山山脉以北，为长江水系，属长江流域；而黄山、天目山山脉以南，则为钱塘江水系，属太湖钱塘江流域。根据山脉河流，皖南的地理单元应划分为东部、西部和南部，东部与宁镇地区同属于吴文化区，南部与太湖地区同属于越文化区，西部可能属于楚（赣）文化区，而与之一江之隔的江淮平原则为群舒文化区。

商至西周时期，皖南地区的这一格局基本是稳定的；而春秋之后，由于吴楚、吴越的争霸，这一基本格局也随之发生变化。皖南出土的商周青铜器，从一个侧面反映了这一地区的历史进程。

皖南的商代青铜器主要出土于皖南东部。铜陵出土的商代早期的兽面纹斝和兽面纹爵，表明皖南地区受到商文化的强烈影响，但爵的流根部相捏，独柱，可能反映了一定的地域特色。马鞍山和宣城出土的商代晚期的云纹大铙，显然与湖南宁乡、江西新干出土的青铜铙一样，同属于南方大铙系统，马鞍山大铙的舞内和钲内还满饰云纹，除表现地域特色之外，可能还有功能上的差异。皖南的商代青铜器反映了二里岗时期商文化对这一地区产生了强烈的影响，而到了殷墟时期，商文化的影响急剧衰微，这与宁镇地区是基本一致的。

皖南出土的西周青铜器数量较多，器类也较复杂，东部主要出土于铜陵、南陵、繁昌、当涂和青阳等地，南部的屯溪和歙县亦有出土。皖南东部西周青铜器的主体呈现西周文化的风格，但也强烈地表现出浓厚的地域风格。当涂出土的独耳窃曲纹鼎、宣城出土的素面鬲上的绹索纹耳等，都是皖南东部和宁镇地区特有的装饰风格；宣城出土的龙纹钟、郎溪出土的镂孔瓿形器等，更是本地区特有的造型；而铜陵、南陵、芜湖、繁昌出土的曲柄甗形盉，则有可能为与江淮之间的徐、舒相互影响的产物。皖南南部的屯溪等地出土的青铜器，同样在造型和纹饰上以西周风格为主，但“五柱形器”、方形插座等具有独特地域风格的器物，显然是钱塘江流域的造型风格，方形插座甚至延续到春秋时期的钱塘江下游。除此之外，皖南青铜器的纹饰与宗周器基本相同，主要为夔纹、重环纹、窃曲纹等，但或简化，或添加，或变形，而素面加凸弦纹或类似几何印纹陶的纹饰则为本地的主要装饰风格。

如果说商周时期皖南的青铜器是对商代、西周青铜器的吸收、改造和融合，那么春秋战国时期皖南青铜器则更多地表现出舒、楚、吴、越的特征。

小口鼎、兽面鼎、牺首尊、曲柄甗形盉等流行于江淮之间的徐、舒。皖南的青阳、芜湖出土的兽面鼎和牺首尊显然为舒器；而铜陵、青阳、繁昌等地出土的小口鼎，也应为徐器或舒器；铜陵出土曲柄甗形盉更是延续了西周时期的传统。皖南与江淮地区的徐、舒之间的相互影响始于西周，春秋早期得到加强，甚至深入到皖南；春秋中期以后徐、舒的影响消失殆尽。

值得注意的是皖南的繁昌、青阳出土的鱼龙纹盘、龙钮圈足盖盉与江苏仪征破山口西周墓出土的造型风格完全一致。仪征破山口西周墓国属可能为春秋早期被吴所灭的干（邗）国。干（邗）国地处江淮东部，繁昌、青阳出土的“干（邗）器”，是否意味着干（邗）国被灭之后向赣地的迁徙或逃窜？

春秋时期皖南地区十分典型的楚器并不多，青铜器中主要的是吴器，越器亦占一定的比例，其中越式鼎以歙县出土的最为典型，青阳出土的雷纹铎、广德出土的成组的句鑃，也是典型的越器。

兵器中，除有自铭的“攻敔王光剑”为吴器、“王”字矛为越器之外，吴越兵器很难区分，其中不乏带暗花纹的高等级的兵器剑、戈、矛、铍、镞矢等。

杂器的器类也较复杂，铜陵出土的“鸟首饰件”可能为虬杖的杖首，而繁昌出土的“鸟首饰件”也可能为鸠杖的杖首。与兵器一样，杂器中也同样有高等级的器物。杂器中还有一些至今不识的器物，如铜陵出土的“人面形牌”，人面的背面内凹，下有方銎，其用途和定名还值得进一步探讨。

皖南出土的春秋青铜器主要反映了这一时期吴、越在皖南地区势力范围划分和再划分，而长江以北的徐、舒、干（邗）等国也对皖南产生过一定的影响或留下相应的踪迹。

战国时期，皖南青铜器主要为越器和楚器。越器有繁昌出土的素面鼎，楚器有贵池出土的云纹敦等。

《皖南商周青铜器》的《序》、《前言》和《皖南商周青铜器发现与研究》中，对皖南商周青铜器的许多问题都进行了有益的探讨，读后颇多感慨，亦颇受启发。尽管《皖南商周青铜器》中对皖南古文化、青铜器、铜矿和矿冶等多有涉及，然仍感到对皖南商周青铜器的分区、分期和分国别的研究，图录和文字中均未涉及。看来相关的研究，任重而道远。以上感慨，权作抛砖引玉，以期引起更多的关注，以期在更广的空间和更深的领域对皖南商周青铜器进行更深入的研究。

《皖南商周青铜器》的出版，毕竟为研究者得以全面而系统地了解皖南的商周青铜器提供了十分珍贵而翔实的科学资料。随着《皖南商周青铜器》的出版，相信在不久的将来会出现皖南商周青铜器的研究热潮，我期望这一热潮的早日到来。

原载《中国文物报》2007年4月11日

序《常州新岗——新石器时代文化遗址发掘报告》

新石器时代的长江下游，可分为太湖地区、宁镇地区和江淮东部三个考古学文化区。

长江以南的太湖地区和宁镇地区大致以南北走向的茅山山脉为界，其东为太湖地区，其西为宁镇地区，与之相邻的长江以北则为江淮东部地区。太湖地区的空间范围为钱塘江以北的环太湖流域；宁镇地区的空间范围为宁镇山脉以南地区，并向西延伸至皖南东北部；江淮东部的空间范围为里下河平原和滨海平原。太湖地区主要为沉积平原，地势低平，水系发达，主要属太湖水系；宁镇地区多低山丘陵，间有河岸和湖滨的冲击小平原，水系不发达，皆属长江水系；江淮东部主要为地势低洼的周高中低的碟状沉积平原，河网纵横，多属淮河水系。自然环境的差异导致生产方式和生活方式的差异，因此太湖地区、宁镇地区和江淮东部在考古学文化面貌上的反映也各不相同。生产力水平的差异导致社会形态发展的差异，因此太湖地区、宁镇地区和江淮东部形成了不同的文明化发展进程。

距今7000～5500年，三个地区的发展基本是同步的。太湖地区的马家浜文化、崧泽文化，宁镇地区的丁沙地文化、北阴阳营文化和江淮东部的龙虬庄文化，都呈现出欣欣向荣的发展趋势，沿着自身的发展轨迹缓慢地向前发展。

距今5500～5000年，太湖地区率先打破了这一平衡发展的格局，呈现出强势文化的态势。随着崧泽文化的西进与北扩，在崧泽文化的中、晚期，宁镇地区和江淮东部的考古学文化遭受到前所未有的重创。至良渚文化早期，太湖地区的先民彻底毁灭了宁镇地区和江淮东部的考古学文化。长江下游第一次出现了大分化、大改组的局面，第一次出现了考古学文化的大整合。

在华夏国家的文明化进程中，太湖流域的礼制、礼器等在文明化进程中出现的“良渚模式”和“良渚要素”有着举足轻重的地位，正是由于太湖地区原始先民扩大了生存空间，俘获了大量的劳力资源，掠取了丰富的包括玉矿和玉工在内的玉资源，才出现了良渚文化的土筑“金字塔”，出现了大型聚落和大型墓葬，出现了大规模的稻田和大型水利工程，出现了大量精美的玉器和由此衍生的繁缛的宗教礼仪，出现了显著的阶级分化和社会分层，不仅铸就了良渚文化的辉煌，而且预示着良渚文化正朝着史前国家文明大步迈进。

通过以上简要勾勒的长江下游文明化进程的画卷，可以看出这一文明化进程中有两个重要的结点，一是太湖地区、宁镇地区和江淮东部的空间结点，二是崧泽文化中、晚期至良渚文化早期的时间结点，而常州的新岗遗址恰处于长江下游新石器时代考古学文化发展的空间结点与时间结点。

新岗遗址位于常州市北部，遗址所处的地理位置正是宁镇丘陵向太湖平原过渡的中间地带，同时也是古长江下游最狭窄的地段之一，这种特殊的区位环境决定了新岗遗址必然同时受到来自宁镇地区、太湖流域、江淮地区甚至长江中游诸文化的强烈影响。

新岗遗址自 20 世纪 70 年代发现以来，常州市博物馆于 2002～2008 年先后五次对该遗址进行抢救性考古发掘，发掘面积 1700 平方米，清理新石器时代墓葬 115 座、房址 4 座、灰坑 13 座、水井 3 口、灰沟 3 条，出土陶、石、玉器等各类文物 1000 余件。

新岗遗址有马家浜文化与崧泽文化的文化堆积，其中马家浜文化地层较薄，仅发现 16 座马家浜文化的晚期墓葬，随葬品亦较少。而崧泽文化的地层堆积丰富，文化年代贯穿崧泽文化始终。因此，新岗遗址是一处以崧泽文化氏族墓地为主的新石器时代遗址，是一处序列完整的崧泽文化遗址。

新岗遗址的年代上迄马家浜文化向崧泽文化的过渡时期，下至崧泽文化向良渚文化的转型时期，既反映了马家浜文化向崧泽文化之间的过渡，又反映了崧泽文化与良渚文化之间的传承。

新岗遗址尤其是新岗墓地的发现，不仅为太湖西北部崧泽文化的发生、发展、演进和转型进行动态的研究提供了翔实的考古资料，也为新石器时代长江下游地区文化传播路线以及不同文化区之间相互关系的研究提供了全新的科学资料。

在陈丽华馆长的关心、督促、协调和指导下，在黄建康副馆长的带领下，年轻的常州博物馆的考古工作者克服了重重困难，不辞辛劳，对大量的文化遗迹和文化遗物进行了认真细致的资料核对、文物修复和绘图照相，查阅了大量的考古报告和文献资料，全馆上下同心协力，几易寒暑，锲而不舍，终于编写出版了江苏省第一部全面反映太湖西北部崧泽文化的考古发掘报告，也是继《崧泽》和《南河浜》之后的又一部反映崧泽文化发展进程的考古发掘报告。

江苏省已出版的大型考古发掘报告有反映马家浜文化的《祁头山》和《昆山绰墩遗址》，反映良渚文化的《高城墩》和《邱承墩》，反映北阴阳营文化的《北阴阳营》，反映龙虬庄文化的《龙虬庄》，而《常州新岗》的出版，填补了江苏崧泽文化时期考古发掘报告的空白，构成了江苏在长江下游的完整的系列考古发掘报告。

及时编写出版考古发掘报告，不仅反映了考古工作者的发掘与研究水平，更反映了考古工作者高尚的素质修养和科学的工作态度。《常州新岗》是继苏州考古研究所编写出版《昆山绰墩遗址》之后，由常州博物馆编写出版的又一部大型考古发掘报告。今应陈丽华馆长的盛情相邀为《常州新岗》作序，不禁联想起太湖流域的吴县草鞋山遗址和宜兴骆驼墩遗址，不禁联想起“草鞋山文化”和“骆驼墩文化”如何落入文化命名尴尬境地的怪圈。

“沉舟侧畔千帆过，病树前头万木春。”但愿草鞋山、骆驼墩等著名的、甚至有可能对长江下游新石器时代考古学产生重大影响的遗址的发掘报告，不要成为考古发掘报告中的“沉舟”。

《常州新岗》的出版，是江苏考古学界的荣耀，是一件值得称誉和值得骄傲的大事。《常州新岗》的出版，必将载入江苏考古的史册；《常州新岗》的出版，为推进环太湖流域的考古学研究乃至华夏文明化进程的研究，必将产生积极的影响，有着深远的意义。

原载常州博物馆：《常州新岗——新石器时代文化遗址发掘报告》，文物出版社，2012年。

序《淹城探谜》

三道城墙巍然屹立，三道城河碧波荡漾的淹城，犹如一颗璀璨的明珠，镶嵌在美丽富饶的江南大地上。千百年来，如诗如画的淹城留下了多少动人的传说，令人陶醉；而始终笼罩着古老淹城的神秘面纱，更令人神往。

如今，一本厚厚的《淹城探谜》就放在我的书桌上，这是林志方先生历时十载，呕心沥血完成的巨著。字里行间，流露出志方先生对淹城的无限眷恋；广征博引，更表明了志方先生对学术的孜孜追求。捧读再三，爱不释手。

自1935年陈志良先生发表《淹城访古记》以来，淹城就成为吴越文化研究的一个重点；而1958年淹城内城河出土了置放13件青铜器的独木舟之后，更是在学术界产生了极大的反响。青铜器中，有尊、三足匜、双兽三轮盘、牺首盉和句鑃，其中蟠螭纹尊、牺首盉、三足匜和双兽三轮盘工艺复杂，制作精良，造型奇特，加之7件一组的句鑃，这一切都表明器主在春秋战国时期拥有极高的身份，同时也表明淹城在春秋战国时期有着极高的地位。淹城现为全国重点文物保护单位，已体现了淹城的重要性，而淹城出土的青铜器不仅收藏于国家博物馆，而且在《中国青铜器全集》、《中国美术全集・青铜器》等大型青铜器图录中多有著录，更表明了淹城青铜器以其独特性而在我国青铜器中占有重要的地位。

《越绝书・吴地传》："毗陵，故为延陵，吴季子所居；毗陵县城南，故古淹君地也。东南大冢，淹君子女冢也，去县十八里，吴所葬；毗陵上湖中冢者，延陵季子冢也，去县七十里。上湖通上洲。季子冢古名延陵墟。"早期关于淹城的记载，或者说最有价值的记载，仅见于此。其后的《太平寰宇记》、《毗陵志》、《常州府志》、《武进阳湖志》等或辟新解，或沿旧说；而自陈志良先生发表《淹城访古记》以来，研究者甚众，归纳起来，大致有以下几说：

一、淹城为江南土著所筑。

二、淹城为奄人南迁所筑，即古淹君地。

三、淹城为吴城，即吴囚越质子处；或云吴季札之延陵邑；或云吴国都城；或云吴国的军事城堡，更有考定为吴王阖闾为训练水军所筑。

四、淹城为汉毗陵城。

五、淹城为隋沈法兴所筑，等等。

关于淹城的性质，众说纷纭，莫衷一是，这也从一个侧面反映了淹城研究的复杂和困难。

自20世纪80年代开始，由南京、常州和武进的考古人员组成的淹城考古队对淹城进行了一系列的考古工作，也取得了一定的进展。然由于考古发掘报告至今尚未发表，从发掘者透露的只鳞片爪中，似乎也未能对淹城的性质得出相应的结论。这对于研究者来说，无疑是个极大的缺憾，同时也增加了研究工作的难度。

正是在这种极度困难的情况下，志方先生不揣浅陋，不畏艰险，知难而上，十余年如一日，痴迷于淹城的研究，沉醉于淹城的探谜。今日终成正果，可喜可敬可贺！

志方先生从初居淹城的族属入手，并将淹城放在长江下游的大文化空间和大跨度的时间内进行研究，其时空范围和文化内涵包括了新石器时代的马家浜文化、崧泽文化、北阴阳营文化、良渚文化和青铜时代的马桥文化、点将台文化、湖熟文化等。志方先生认为淹城的初居族属为源自山东并在周成王之际被逐之江南的古奄族，同时对奄族居淹城的时间、淹城一名的由来和奄族迁出的原因等进行了详尽的分析和考证；研究范围涉猎淹城的三道城墙、三道城河的修筑时间和不同时期的用途，淹城出土青铜器的时代和国属，大型土墩墓——头墩的墓主等一系列重大课题；围绕奄族和淹城，还对吴国、宜国、夨国的始末和都城的迁徙等进行了综合研究。

在志方先生的研究中，不乏独创性的见解。如江南新石器时代的马家浜、崧泽、良渚和北阴阳营文化为吴国诸族创造的文化，其年代的上下限为春秋中期早段至春秋晚期末；点将台文化为宜国诸族创造的文化，其年代的上限在周初；湖熟文化为宜族和吴国诸族创造的文化；马桥文化为春秋晚期吴国诸族和越国诸族创造的文化；奄族居淹城时隶属于宜国，奄族的姓氏为嬴和淹，奄族的图腾为鸟——鹌鹑等。志方先生供职于武进博物馆，在忙忙碌碌的行政工作之余，在极度艰难的情况下，潜心研究，笔耕不辍，著书立说，终成一家之言，为淹城的研究乃至吴越文化的研究增添了新的思路和新的内容。

我虽未深究过淹城，但对于志方先生的研究结论，不敢完全赞同，同时也产生不少疑问：江南新石器时代诸考古学是否可与奄、宜、吴等古国古族相对应？分布空间、文化年代和文化内涵不尽相同的考古学文化是否可归属于同一族属？江南是否存在过宜国？淹城除奄之外，是否有可能为吴城或越城？而淹城出土的青铜器，是否有可能为越国青铜器？等等。

但无论如何，我不得不佩服志方先生在《淹城探谜》中所凝聚的心血和付出的艰辛，不得不为志方先生在《淹城探谜》中所取得的成就感到由衷的欢欣和鼓舞。

总之，《淹城探谜》是目前最为全面、最为完整的淹城研究成果的总结，其中饱含着志方先生的多少喜怒哀乐，多少酸甜苦辣，也只有在阅读中细细地品味和慢慢地体会了。

路漫漫其修远兮。愿志方先生在今后淹城研究的道路上越走越远，也愿《淹城探谜》在吴越文化的研究中产生越来越大的影响和发挥越来越大的作用。

是为序。

原载林志方《淹城探谜》，黑龙江人民出版社，2007年。

序《吴文化的起源与发展》

张永初、缪礼华、张志杰先生的大作《吴文化的起源与发展》付梓在即，张永初先生嘱我为序。拜读再三，感慨系之。

太史公曰：“孔子言：太伯可谓至德矣，三以天下让，民无得而称焉。余读春秋古文，乃知中国之虞与荆蛮句吴兄弟也。延陵季子之仁心，慕义无穷，见微而知清浊。呜呼，又何其闳览博物君子也！”《吴文化的起源与发展》正是闳览博物之君子所作仁心慕义之举也！

正如作者所云，《吴文化的起源与发展》为“吴文化读本”。读本即读书学习用的课本，而此吴文化读本则是吴地文化的大百科全书，涵盖了政治、经济、历史、地理、考古、民族、民俗、语言、文学等方方面面，包罗万象，通俗易懂，图文并茂，雅俗共赏，是本书最重要的特征之一。

《吴文化的起源与发展》的内容是吴地文化的起源与发展，吴地文化的范畴是泛文化或泛吴文化。泛文化的长处是可超越时空进行广征博引，而泛文化的不足之处是不免流俗。《吴文化的起源与发展》不落俗套，在广袤的时空中，时而翱翔俯仰，时而细究其详，这又是本书最重要的特征之一。

《吴文化的起源与发展》中，倾注了作者热爱家乡故土的炽热情怀，通篇洋溢着对吴地文化的赞美和弘扬，字里行间流露出作者对吴地文化的眷念和景仰，令人油然而生敬意。恋吴情结贯穿始终，这更是本书最重要的特征之一。

我与张永初先生相识于无锡的考古工地，先生为无锡的吴文化事业不顾年事，不辞辛劳，对于无锡考古工作的关心和热情，对于无锡吴文化的热爱和追求，令人感动。

我于吴文化的理解局限于考古学文化，显然与张先生的吴地文化在认识上存在着较大的差异。嘱我为序，真真是勉为其难了。然既受人之托，也只好不揣浅陋，班门弄斧了。

考古学是在特定的时间和特定的空间内，动态地对古代历史文化遗存进行研究，研究的对象即考古学文化。超越时空的吴地文化博大精深，吴地文化自然而然地包括了吴地的历史和吴地的考古。我最大的感慨是考古工作必须尽快走出考古学的象牙之塔，将考古学的研究成果客观地、科学地转换为大众所能接受的知识乃至常识，使考古学研究的成果在吴地文化的研究中充分发挥其应有的作用。

考古学吴文化是指吴立国至句践灭吴之间在吴国的疆域内由吴民族所创造的物质文化。这一概念涉及历史、地理和物质文化内涵；而吴地文化则是以吴国文化为基点，并由此上溯下延，把吴地的旧石器时代文化至当今吴地文化的蓬勃发展都囊括其中。两者的差异显而易见。

然而，考古学吴文化与无锡吴文化又有相通的共同点，即吴国文化的研究。“太伯避历，江蛮是适；文武攸兴，古公王迹。阖庐弑僚，宾服荆楚；夫差克齐，子胥鸱夷；信嚭亲越，吴国既灭”；应是吴国文化起源、发展直至衰亡的全过程。也只有在对吴国文化进行科学研究的基础上，才有可能在宽广无垠的时空中瞻前顾后，左顾右盼，而上溯下延。

在《吴文化的起源与发展》中，对吴文化的含义与区域、起源与发展、特征与历史地位、交融与传播、科技与文化、环境与资源和吴文化的精神等进行了详尽的阐述，并进行了独到的分析，立一家之说，成一家之言，可喜可贺！

《吴文化的起源与发展》虽可圈可点，然科学地、客观地、公允地反映吴国的历史和文化，应是包孕吴越的博大胸襟和宽广情怀的体现。如在书中增添一些相关的内容，更有可能锦上添花：一、在鲁国“初税亩”和晋国“铸刑鼎”之时，吴国社会形态的研究；二、文明与野蛮、先进与落后、礼仪与暴力等吴国两重性的研究；三、吴国在由古国时代—王国时代—帝国时代的发展进程中发挥作用的研究；四、吴文化在我国进入大一统的中华文明中所发挥的作用的研究……

张永初先生在《后记》中满怀激情地写道：“吴文化的起源与发展是一个新课题，文献资料十分匮乏，有关这方面的研究文章读之甚少。经过努力，是年底终算草草写就，但未能及时出版。……全国先秦区域文化研讨会上，到会的北京两家出版社与一家省级出版社的编辑看过样稿后，表示赞赏，愿意出版并全国发行，奈我们资力有限，又只得搁下来，心中十分焦虑。……只得咬咬牙齿，硬硬头皮，自力更生付印出版，实现我们回报社会的愿望。”

洋洋洒洒的大作《吴文化的起源与发展》，绝非“草草写就”，而是张先生的呕心沥血之作，书中倾注了张先生对无锡吴文化的赤子情怀，倾注了张先生对无锡吴文化的毕生心血和孜孜不倦的追求。太史公曰：“盖西伯拘而演《周易》；仲尼厄而作《春秋》；屈原放逐，乃赋《离骚》；左丘失明，厥有《国语》；孙子膑脚，《兵法》修列；不韦迁蜀，世传《吕览》；韩非囚秦，《说难》、《孤愤》；《诗》三百篇，大氐贤圣发愤之所为作也。”大凡究天人之际，通古今之变，成一家之言者，唯俶傥非常之人称焉。

愿《吴文化的起源与发展》成为无锡的乡土教材，在建设和谐无锡中发挥越来越大的作用。

是为序。

原载张永初《吴文化的起源与发展》，中国出版集团·中国对外翻译出版公司，2009年。

序《刘志洲山岩画谜踪》

连云港是江苏最美丽的城市，也是历史悠久、人文荟萃的地方。连云港由新浦、海州和连云港组成，曾称“新海连市”。江苏最高的云台山就在连云港，江苏最美的海州湾也在连云港。

连云港有江苏最古老的桃花涧、锦屏山等旧石器地点，有江苏最壮观的大伊山石棺墓葬群，有江苏最神秘的将军崖石刻岩画和孔望山摩崖造像，还有江苏最完整的藤花落龙山文化城址。连云港的地名和山名最早见诸文献记载的有海州和朐山，而刘志洲山正是朐山的一座小山峰。

一方水土养一方人，凝重而深沉的历史和文化，养育了一代又一代热爱家乡一山一水、一草一木的连云港人。高伟先生是我的老友，20余年来，先后供职于连云港博物馆和连云港文管会。高伟先生热爱家乡的山山水水，也热爱蕴含无限宝藏的刘志洲山。

日前，高伟先生将其近作《刘志洲山岩画谜踪》送来，嘱我为序。这对于我来说，确实有点勉为其难。

我所从事的是考古工作，多年来主要与地下遗存和地下文物打交道，而对于地上遗存和地上文物知之甚少，于刘志洲山的文化遗存和地面文物更是茫然。

然我深知高伟先生是一个脚踏实地的人，是一个对文物考古事业无限眷恋并执著追求的人。

多少年来，高伟先生的足迹踏遍了刘志洲山，刘志洲山的每一块岩石上、每一处草丛中，无不留下高伟先生的足迹，无不洒下高伟先生的汗水。

刘志洲山上的每一处文物古迹，高伟先生无不了如指掌；多年来，对刘志洲山上的每一处文物古迹，高伟先生心揣手摩，广征博引，详加考证，沉迷于文物古迹之中，陶醉于考据钩沉之间。

洋洋洒洒十余万言的《刘志洲山岩画谜踪》，就放在我的案头，书中倾注了多少逆境中的心血，包含着多少不计恩怨的酸甜苦辣，个中滋味，也只有在阅读中分享和体味了。

正缘于此，我才愿为高伟先生说几句题外的话。

《刘志洲山岩画谜踪》，我已先睹为快。捧读再三，不得不佩服高伟先生的踏实与博学。与其说这是一部关于刘志洲山的文物志或山志，不如说是一部关于刘志洲山的百科全书。

刘志洲山是锦屏山东南端的一座小山峰，然却是一座蕴涵丰富文化底蕴的宝山。刘志洲山有古代的城墙、大量的文字题刻和大量的岩画石刻，其年代久远，内容庞杂。

高伟先生不辞劳苦，对刘志洲山所有的文字题刻和岩画石刻进行调查、记录和测绘，并进行详尽的考释和考证，其研究范围涉及历史学、考古学、民族学、民俗学、天文学、地理学和建筑学，虽着墨不多，却落在实处。

文字题刻和岩画石刻遍布全山，文字题刻文字明了，主要与宋、金的战争有关；而岩画石刻则内容丰富，也是本书的重点。岩画石刻包括星象图、苑囿图和船形岩画等，而每一幅岩画石刻中都包含十分庞杂的内容。高伟先生重视历史，但又不拘泥于历史，而是从当时的生活出发，从当地民间习俗出发，从民间信仰出发，对岩画石刻中所有的内容都进行了详细的考证，尤其是以民俗学来解释岩画石刻文物的内容，包括星象、建筑、造船、服饰、动物、器物等。

本书最大的特点是内容清新，文笔流畅，文字优美，更重要的是字里行间饱含着高伟先生的愤懑与喜悦，饱含着对刘志洲山的丰富情感。

关于《刘志洲山岩画谜踪》的内容，不赘述，相信诸君在阅读时自然会各有所获。但我想在此重复高伟先生书中令人心酸而又十分感动的一段话作为本文的结尾：

“回首刘志洲山，既使人兴奋不已，又使人不寒而栗，造成山体支离破碎，生态环境恶化的正是人类自己。

山是那样的简单，山石复山石，松树连松树，无论变化出什么形式，它终究还是山。

山又是那么的复杂，史前的遗址、古老的‘苑囿图’、宋代的防御城墙、战船的刻画和众多的石刻，像捉迷藏似的东躲西藏，布满了刘志洲山和地下的平地，很难探明究竟。

历史是‘定格’的过去，一切荣辱兴衰、功败垂成，都有历史承担负责。历史承担了太多的重负，被压得喘不过气来。而在这历史的喘息中，我们是不是要有所反思呢？历史文物的消失，山体的炸裂，植被的破坏，这一切要归功于人类对自然无度的索取。于是，在大自然历尽沧桑、数遭劫难后，刘志洲山展开一幅警世画面，这耐人寻味的现象，正是山体向我们发出最后的通牒。”

一个不热爱历史、不热爱家乡的人，能发出这样悲怆的发自肺腑的呼唤吗？

“山不在高，有仙则名”，愿刘志洲山能因高伟先生的《刘志洲山岩画谜踪》而出名，能引起当地领导的高度重视而得到有效的保护和利用，能让历史一代一代地传承下去而不致愧对子孙。

拉拉杂杂地写下这不文不白的一段文字，也不知是不是序。

原载高伟《刘志洲山岩画谜踪》，上海百家出版社，2007 年。

序《林云志书法篆刻作品选》

云志者，仪征人也。

仪征前有大江，后有青山，山清水秀，人杰地灵，文化渊源深厚，文人墨客辈出。清代以来，经学大师阮元、书法大师吴让之、国学大师刘师培、世界文化名人盛成等，足使仪征人深感骄傲和自豪。云志兄得仁山智水之养育，历史文化之熏陶，为当今仪征杰出之文化名人，亦能侪列其间矣！

云志兄少即嗜书，经年不辍。真草隶篆，莫不精通；周汉晋唐，手摩心追；今集其大成，毅力使然也。

纵观云志兄的书法篆刻，字里行间，翰墨书香洋溢，浩然正气回荡，大有“孔丞别我适临汝，风骨峭峻遗尘埃”之感。

云志兄为人谦和而真诚。念吾初晤云志兄，弹指已二十有四年矣。时人人收入微薄，家家经济拮据。当吾风尘仆仆从胥浦赶到朴席，云志兄居然为初识之友而倾其所有，盛情款待，娇妻案前忙碌，老母爨前持薪，上桌时老母妻女又退避三舍。此情此景，令人感动，又于心不忍。时过境迁，吃过的珍馐佳肴早已忘却，而在云志府上一餐，历历在目，至今不忘。古人云：书若其人，云志兄以赤诚之心待人，其书法篆刻中，亦显其赤诚之心。

数十年的临池洗砚，数十年的神游碑帖，于金石中汲取周籀秦隶的精华，于简帛中领悟楚汉书家的章法，孜孜不倦的探索和追求，云志兄的书法篆刻已达到泥古不古、无我有我的境界，出神入化，飘飘若仙。更难能可贵的是在当今的经济社会中，云志兄对接踵而来的名气、荣誉俱淡然处之，超凡脱俗，我行我素，一如既往地痴迷于金石简帛之中，一如既往地以温良恭俭让之心待人。

云志，吾友也。云志长吾，吾亦以兄友之。云志兄尝为吾治“八公山下人”印一方，铁线篆，功力非凡，吾爱不释手，常钤之，见印如见故人。今云志兄倾其呕心沥血之作，出版《书法篆刻作品选》，嘱我为序。吾于书法篆刻可谓门外之人，岂敢班门弄斧，令人汗颜。然吾意书道书法，道法一理，道在法中。愿在今后的探索之路上，云志兄出法入道，古为今用，在古老的书法篆刻艺术之根上绽开出耀眼的奇葩。

是为序。

原载《林云志书法篆刻作品选》，《书法报》2008年第20期。

新思维·新方法·新课题

——“吴越考古”专栏开栏语

吴和越是两周时期长江下游的两个国家，在春秋战国之际先后称霸中原，吴越考古是长江下游最重要的考古学课题之一。

一　吴越考古的时间范畴

吴的历史可以追溯到商末“太伯奔吴”，《史记·吴世家》：“吴太伯，太伯弟仲雍，皆周太王之子，而王季历之兄也。……于是太伯、仲雍二人乃奔荆蛮，文身断发，示不可用，……太伯之奔荆蛮，自号句吴。荆蛮义之，从而归之千余家，立为吴太伯。”然“太伯奔吴说”由于缺乏考古学支撑而显得十分苍白。

《史记·吴世家》：“是时周武王克殷，求太伯、仲雍之后，得周章。周章已君吴，因而封之。”

吴的历史应始于周章而终于夫差，历西周和春秋。

越的历史可追述到夏初，《史记·越世家》云：“越王句践，其先禹之苗裔，而夏后帝少康之庶子也”；《吴越春秋·越王无余外传》：“越之前君无余者，夏禹之末封也。……禹以下六世而得帝少康，乃封其庶子于越，号曰无余。……号曰无壬。壬生无曎，……无曎卒，或为夫谭。夫谭生元常，常立，当吴王寿梦、诸樊、阖闾之时”；《越绝书·记地传》：“越王夫镡以上至无余，久远，世不可纪也。夫镡子允常。允常子句践，大霸，称王；”显然，早期越史十分渺茫。

《史记·越世家》：“句践卒，子王鼫与立。王鼫与卒，子王不寿立。王不寿卒，子王翁立。王翁卒，子王翳立。王翳卒，子王之侯立。王之侯卒，子王无彊立。……楚威王兴兵而伐之，大败越，杀王无彊，……而越以此散，诸族子争立，或为王，或为君，滨于江南海上，服朝于楚。”

越有世系可考的历史应从允常至无彊，历春秋晚期至战国中期。允常之前的历史虽语焉不详，然西周春秋时期的越文化遗存在考古工作中时常可见，因此越国历史不能完全囿于文献。

吴越的历史大致都始于西周，吴终于春秋，越终于战国，越的历史略长于吴。

二 吴越考古简史

吴越考古与吴越文化研究大致可分为三个阶段：

第一阶段（1936～1938 年）

1936 年由吴稚晖、卫聚贤等人发起在上海成立“吴越史地研究会”。“吴越史地研究会”的考古工作局限于调查，调查地点主要有南京栖霞山、上海戚家墩、常州淹城、杭州古荡、苏州虎丘和姑苏台等，考古发掘的遗址主要有湖州钱山漾和杭县第二区（即良渚）。

这一时期的研究异常活跃，不仅出版了《吴越文化论丛》，还创办了《说文月刊》，卫聚贤、陈志良、慎微之、施昕更先生和吕思勉、钱穆、陈梦家、罗香林、杨向奎、柳治徵先生等先后发表数十篇考古调查报告和历史地理方面的研究文章。

“吴越史地研究会”的成立可视为吴越考古的开端。

第二阶段（1951～1966 年）

1954 年镇江丹徒烟墩山出土的“宜侯夨簋”和 1959 年安徽屯溪弈棋村发掘的大型土墩墓，以及 1956 年公布的江苏仪征破山口在 1930 年出土的青铜器，为这一时期的主要研究对象。

其中最引人瞩目的首推“宜侯夨簋”，宜侯夨簋因有铭文 120 余字，郭沫若、陈邦福、岑仲勉、陈梦家、唐兰等先生进行了考证和考释，尤其是唐兰先生考“虞”即“吴”、“夨”即“周章”，对吴国史的研究产生了深远的影响。

湖熟文化的研究，也是这一时期的重点。1951 年在南京江宁老鼠墩发现了湖熟文化遗址，1954～1958 年大规模发掘了南京北阴阳营遗址，在此基础上曾昭燏、尹焕章先生于 1959 年发表了《试论湖熟文化》，揭开了宁镇地区青铜文化研究的序幕。

第三阶段（1972～2008 年）

第三阶段还可分为两个时期。

前期（1972～1990 年）

江苏、浙江和安徽先后发掘了土墩墓和石室土墩，土墩墓的研究主要集中在年代和分期，而石室土墩的研究主要集中文化性质，邹厚本先生、陈元甫先生分别对江南土墩墓和石室土墩进行过文化性质和文化分期的研究。

安徽屯溪弈棋村、繁昌汤家山，江苏镇江大港的荞麦山、磨盘墩、北山顶、青龙山和谏壁的粮山、王家山，浙江绍兴破塘等发掘了随葬青铜器的大型墓葬，江苏丹阳的司徒和访仙出土大量的青铜器，性质为墓葬或窖藏。这一时期研究的重心主要集中于吴国青铜器，由于青铜器多出土于镇江地区，对于传统的吴文化太湖说提出挑战，于是出现吴文化宁镇说和太湖说的分歧。

吴越遗址的发掘主要有江宁点将台、句容城头山、丹徒团山、上海马桥和亭林、绍兴瓶壶山和袍谷等。考古学文化的研究一是将宁镇地区和太湖地区的湖熟文化分别命名为湖熟文化和马桥文化，二是将宁镇地区的湖熟文化划分为点将台文化、湖熟文化和吴文化，三是将以绍兴为中心的西周春秋的文化遗存命名为越文化。

然这一时期的研究明显的有吴国地域和吴文化遗存扩大化的趋势。

后期（1990～2008年）

考古发掘与调查的吴越城址有江苏丹阳的葛城、无锡常州交界处的阖闾城、苏州的灵岩山古城和浙江安吉的九龙山古城，以上城址都有可能为吴越都城。

吴越都城的研究可确定不同时期的吴越疆域，根据吴越不同时期的疆域，可对大型墓葬的国属进行分析与研究。由于绍兴印山、无锡鸿山以及安吉龙山、长兴鼻子山等大型越国墓葬的发掘，使人们逐渐对越国贵族墓葬有一定的认识，并开始对以往发掘的所谓的大型吴国墓葬进行反思，如屯溪弈棋村、苏州大真山和丹徒粮山等大型墓葬。

越国窑址也是近年吴越考古的重要内容。浙江德清的火烧山、亭子桥先后发掘了商、西周、春秋、战国时期的窑址，从而为青瓷起源和发展的研究增添了新的资料。

这一时期研究的重心主要是区分吴和越，包括吴越城址和吴越墓葬。

三　吴越考古的展望

展望吴越考古，任重而道远。

吴越考古已走过了近80年的风雨历程，经过几代人的不懈努力，已逐步构建了吴越考古的时空框架，逐渐廓清了吴越考古的文化内涵，然吴越考古存有许多亟待解决的课题。

如何合理构建吴越考古的时空框架，科学区分吴越地区考古学文化遗存的国属，动态地研究考古学文化遗存，仍是吴越考古的首要课题。

结合历史文献并运用多学科研究的方法，深入探讨和研究吴越文化的来源、吴越民族的族属和族源、吴越社会形态的发展演进以及吴越在我国从王国到帝国的文明化进程中所发挥的作用等，都是吴越考古面临的新课题。

在积累了近80年考古资料的基础上，运用新思维、新方法，解决新课题，应为今后吴越考古的中心和重点。

原载《南方文物》2009年第2期

句　吴　赞

太伯避历，句吴肇始。周章初封，列为诸侯。寿梦称王，吴始益大。阖闾代僚，破楚威齐；春秋末霸，史册彪炳。夫差败越，争伯黄池。千秋功过，谁人评说？抚今追昔，岁月悠悠。

无锡阖闾城遗址博物馆历史文物陈列——“阖闾雄风”《前言》

大越雄风

公元前473年，越灭吴，徙都姑苏（《越绝书·记地传》“句践……而灭吴，徙治姑胥台”）。

越王句践卧薪尝胆，经过“十年生聚、十年教训”，一举灭了强大的吴国，横兵江淮，号令中国，称霸诸侯。

“2004年全国十大考古新发现”之一的鸿山越国贵族墓，为越都姑苏城外的贵族墓地，墓葬年代为最强盛的越王句践时期。

邱承墩为鸿山越国贵族墓之首。其覆斗状封土长约80米，高达5.4米，东西向的“中”字形墓坑长约70米。墓中随葬的陶、瓷、玉、琉璃、象牙器等多达1000余件，其器类之齐全，造型之奇巧，工艺之精良，气势之恢弘，为江浙一带越国贵族墓之最。

首次展出的鸿山越国贵族墓出土的珍贵文物，形象地再现了越人的图腾崇拜和礼乐制度，形象地再现了越国贵族“玉不去身”和“钟鸣鼎食”的奢华生活，第一次向世人展示了句践时期越国的强大与辉煌，第一次向世人展现了“伐强吴、霸诸侯”之后的大越之雄风。

原为南京博物院“无锡鸿山墓地考古成果展”的《前言》

安 吉 颂

浮玉沁申土兮委蛇浦江水，浩瀚太湖波兮苕溪被震泽。悠悠历史兮漫漫长河，八十万年兮源远流长：史前人类之发祥，太湖文明之根源。禹贡扬州之重镇，春秋于越之故都。拓荒通衢兮汇通南北，勤耕强弩兮自强不息。战国春申之封邑，秦郡卅六之故鄣。汉承秦制，初为鄣郡；君赐立县，更名安吉。雄峙东南兮浙郡之始，取义《诗经》兮“安且吉兮”！山明水秀兮物阜民丰，东吴将门兮遗韵流风。青峰滴翠兮人文荟萃，英才辈出兮还看今朝。

安吉生态博物馆历史文物陈列“浮玉沁申土·苕水被震泽”的《前言》

补记：作为吴越文化研究的补充，《句吴赞》为与吴相关的博物馆前言，而《大越雄风》和《安吉颂》则为与越相关的博物馆前言。

常州无锡之间的阖闾城遗址和安吉龙山古城遗址曾为吴越故都，“赞”与“颂”，古亦有之。《句吴赞》主要仿司马迁《史记·太史公自序》和司马贞《史记·索隐述赞》；《安吉颂》主要仿楚辞《橘颂》和越吟《乌鹊吟》。根据吴越文化的不同属性，采用了南北风格的不同文体。

岫岩玉评述

岫玉，一个古老的玉种。《尔雅》云："东方之美者，有医无闾之珣、玗、琪焉"[①]。郭璞注："医无闾，山名，今在辽东。珣、玗、琪，玉属。"

岫，山穴也。《尔雅》云："山有穴曰岫"[②]。岫玉当出自山穴之美玉。岫玉或晶莹幽辉，或色彩斑斓。最早的岫玉制品出土于辽宁的查海和内蒙古的兴隆洼，从此开创了我国用玉的历史，揭开了我国延绵数千年的文明篇章；而以"中华第一龙"为代表的红山文化玉器，更是将我国岫玉的治玉工艺、美学情趣和玉礼制度推向了极致。

采薇山阿，山上朝来云出岫；散发岩岫，随风一去未曾回[③]。《诗》云："有匪君子，充耳琇莹"[④]。毛传："琇莹，美石也。"故有以琇莹即岫岩之谓也。

岫岩，一个美丽的地名；岫岩，岫玉的故乡，一个令人遐想的地方……

注释

① 《尔雅·释地》。

② 《尔雅·释山》。

③ 晋·嵇康：《忧愤》："采薇山阿，散发岩岫。"宋·辛弃疾：《浣溪沙·赋清虚》："山上朝来云出岫，随风一去未曾回。"

④ 《诗经·卫风·淇奥》。

原载《玉根国脉（一）》，科学出版社，2011年。

《龙虬庄》后记

历时两年，《龙虬庄》一书终于杀青。凝视着这即将付梓的厚厚的书稿，惘然若失之情油然而生。自踏上龙虬庄的第一天至今，已整整八载，其间曾有过多少喜悦，多少忧伤，多少惆怅，多少遐想……然这一切的一切，都融入这厚厚的书稿之中，随着书稿的付梓，也许都将成为令人难以忘却的记忆。

我深深地爱着淮河，也深深地爱着江淮大地。淮河的南岸有座小城，城虽小，却因其有着深厚的文化底蕴而成为第一批国家级历史文化名城，这就是我的故乡。淮河的水和凝重而深沉的文化养育了我的祖辈和父辈。

龙虬庄的北面有条横泾河，沿河向东四十里的河南岸有个小小的村庄，这就是我的第二故乡。在这里，我曾怀着虔诚的心情，虚心地接受了十年贫下中农的再教育；在这片热土上，我度过了一生中最难忘的岁月，也献出了一生中最宝贵的年华。

我的考古生涯始于江淮东部，这也是我对江淮大地怀有特殊感情的又一缘故。1979年春，我参加了海安青墩遗址的发掘，第一次目睹了原始先民的墓地、房屋建筑、陶器、玉石器、骨角器、炭化稻……似乎每一次发现都令人惊讶和兴奋不已。从那时起，能够认真地系统地研究江淮东部的原始文化，遂成为我的一大夙愿。

《龙虬庄》一书的付梓，总算了却了我二十年前的心愿，尽管我为此付出得太多太多。尤其是先父病重期间而未尽孝道，直至弥留之际才从工地匆匆赶到病榻之侧。每念此，不禁泫然。

离开龙虬庄之后，发掘期间的酸甜苦辣，时时涌上心头，于是作小诗《忆龙虬庄考古》一首，以发愤懑之情，以抒无悔之志："临方甘与古为邻，羞随世俗逐肥尘；沐雨栉风尤堪忆，不辞长作龙虬人。"

在发掘龙虬庄遗址和编写报告的过程中，曾多次得到国家文物局、江苏省文化厅和南京博物院领导的关心和支持，在此深表谢意。

江苏省副省长金忠青为本书题写了书名并拨款资助出版，科学出版社考古编辑室的编辑们为本书的顺利出版付出了艰辛的劳动。这一切都令我十分感动。

在南京大学，考古专业的先生将我一步一步地领入了考古学殿堂；在兖州西吴寺，考古领队培训班的先生给了我从事考古工作的自信；在北京大学，考古系的先生使我懂得了如何对错综复杂的考古学文化现象作理性的思考。我由衷地感谢所有教过我的先生，如果没有诸多先生的教诲和鼓励，也许就不会有今天的《龙虬庄》。

《龙虬庄》即将出版了。虽尽了自己最大的努力，然仍不无遗憾，因此而倍感忐忑不安。真是战战兢兢，如履薄冰，诚惶诚恐之情难于言表。究竟是西施，还是无盐，也只好无奈地等待着师友们的评判了。

原载《龙虬庄——江淮东部新石器时代遗址发掘报告》，科学出版社，1999年。

《邱承墩》后记

《邱承墩——太湖西北部新石器时代遗址发掘报告》是我完成的第三部考古发掘报告，也是我的最后一部考古发掘报告。自1999年科学出版社出版了《龙虬庄——江淮东部新石器时代遗址发掘报告》以来，2007年文物出版社又出版了《鸿山越墓发掘报告》。十年之内出版了三部考古发掘报告，其中的酸甜苦辣也只能自己慢慢地回味了。

1979年春参加江苏海安青墩新石器时代遗址的发掘，可以说是我考古生涯的开端，至今已三十年矣。三十年的考古生涯，除完成三部考古发掘报告之外，由我主持的高邮龙虬庄新石器时代遗址、无锡鸿山越国贵族墓地和无锡阖闾城遗址还先后被评为1993年、2004年和2008年度的"全国十大考古新发现"。

出版三部考古发掘报告和三项考古工作被评为"十大考古新发现"，应是我从事考古工作三十年的一个总结。六十年一个甲子，也是人生的一个轮回。光阴荏苒，马齿徒增，不知东方之既白。《邱承墩——太湖西北部新石器时代遗址发掘报告》的出版，也意味着我的考古生涯终于画上了一个句号。子曰："君子食无求饱，居无求安，敏于事而慎于言，就有道而正焉，可谓好学也已。"这正是我一生做事的准则和做人的追求。

《邱承墩》是一部描述型报告，而不是研究型报告。本报告尽可能地客观地反映遗址的真实面貌，尽可能保持文化遗迹和遗物的完整性，并且每一个文化遗迹和每一件文化遗物都可以回归到原层位之中。本报告有意识地回避了考古类型学和根据考古类型学而进行的文化分期，因为考古类型学和根据考古类型学而进行的文化分期是考古学研究的一种方法，反映了研究者的主观因素而并非反映遗址中各文化遗迹和文化遗物的原貌。考古发掘报告应客观地反映遗址的全貌，为研究者提供科学而客观的考古资料，而并非将主观认识强加于读者。

回想20世纪80年代在山东兖州西吴寺参加考古领队培训班时，规范田野考古操作规程和强化考古地层学和考古类型学的学习，使之成为考古工作者必须掌握的研究方法，本无可厚非。然矫枉过正，其后在编撰考古发掘报告时为了表明已娴熟地掌握了考古地层学和考古类型学，每每必对文化遗物进行分型、分式和分期，甚至还有亚型、亚式和分期、分段。事实上这样的考古发掘报告不仅使考古学之外的研究者难于应用考古发掘资料，而且为了顺应考古类型学的需要而丢失了大量的考古资料和信息，因此在编撰考古发掘报告时尽可能地去主观化。这应是编写考古发掘报告的一种回归，但愿能成为今后编撰考古发掘报告的趋势。

我曾经历过这个时代和这个过程，当时的心情可谓“少年不识愁滋味，为赋新词强说愁”。三十年过去了，现在的心态则是“而今识尽愁滋味，却道天凉好个秋”。科学而客观地反映考古发掘工作的全貌，为研究者提供翔实的资料和广阔的空间，是本报告编撰的宗旨。

“却道天凉好个秋”，考古如此，人生又何尝不如此。

大江东去，逝者如斯。三十年，弹指一挥间。

1978年春，我有幸进入南京大学历史系考古专业，也有幸成为蒋赞初先生的弟子。在为《蒋赞初先生八秩华诞纪念文集》所撰写论文的后记中，我曾这样写道：“蒋赞初先生是我的老师，也是我最崇敬的先生。先生治学严谨，平易近人，对我们这些恢复高考后首批进入南京大学的学生，更是倾注了大量心血，无论是在学校的课堂上，还是在鄂城的工地上，先生授业、解惑、传道，身体力行，言传身教，不仅传授了专业知识，更重要的是传授了治学态度和治学方法，使我们终身受益匪浅。三十年来，每当我在考古工作中遇到困难和挫折时，眼前总浮现出先生的音容笑貌；每当我在考古工作中取得一些成绩时，耳边又仿佛响起先生的教诲和鼓励。在我的心目中，先生是我永远的老师。时值先生八秩华诞之际，将自己在编写考古报告时所做的资料汇集工作编撰成文，为先生祝寿，甚感欣慰，这也许是先生精神的一种传承吧。”

报告完成之后，不禁又想起初入南京大学历史系之时，考古专业的张之恒、洪家义、查瑞珍、秦浩、吴伯匋和北京大学的李伯谦等先生将我一步一步领入考古学殿堂的情景，往事历历在目，恍若昨日。为了更好地培养我们，蒋先生还延请了东南大学的刘叙杰、南京医科大学的姚传业、河南省文物考古研究所的安金槐、浙江省文物考古研究所的朱伯谦、南京市博物馆的李蔚然等先生讲授了大量的专题课，使我们不仅学到了不同的专业知识，也学到了不同的研究方法。如果说今天能够取得一点成绩，与在南京大学打下的良好基础不无关系。于是我想无论如何一定要请我的启蒙先生为本报告作序，这也许是考古心态的一种回归吧！

如今八旬高龄的蒋先生冒盛夏酷暑，数易其稿，为本报告作了洋洋洒洒的序，其情也真真，意也切切，感激之情无法言表，但愿本报告的出版能够作为对蒋先生和其他先生谆谆教诲的一个回报吧！

愿先生健康长寿。

原载《邱承墩——太湖西北部新石器时代遗址发掘报告》，科学出版社，2010年。

《功能分析法在考古类型学研究中的应用》补记

1989～1991年，我在北京大学参加国家文物局和北大考古系联合举办的“中国考古学理论研讨班”时，对考古学方法论产生了浓厚的兴趣。其间查阅了大量的当时所能见到的有关系统论、控制论、模糊数论和聚类分析法、模糊聚类分析法、层次分析法、价值工程、统计分析法等理论和方法论的论文或论著，并认真做了学习笔记，同时还将“新考古学”和“新地理学”的用于考古学和人文地理学的研究方法进行了归纳。1992～1996年发掘高邮龙虬庄遗址期间，我对考古学方法论几乎痴迷到走火入魔的境地，面对着大量的文化遗存和自然遗存，面对着庞杂的考古学文化现象，几乎不分昼夜地思索着如何将这些新理论和新方法改造成可为考古学所用的方法论以合理地解释考古发掘所获取的龙虬庄先民留下的无声的信息。夜深人静时我时常情不自禁地回想起在南京大学求学期间颂读过的马丁·路德·金的著名演讲——《我有一个梦想（I have a dream)》。

在1999年出版的《龙虬庄——江淮东部新石器时代遗址发掘报告》中，除应用考古地层学、考古类型学、文化因素分析法等传统考古学方法论和归纳法、演绎法等形式逻辑的基本原理进行考古学文化面貌、文化特征、文化性质、文化年代、文化分期、文化与文化之间的相互关系等研究外，在每一章的小结部分和报告的结语部分还分别采用了直接聚类法、最短距离聚类法、模糊聚类分析法、层次分析法、统计分析法以及采用新考古学和新人文地理学的研究方法进行了人地关系、原始人群的活动半径、野生稻分布带与稻作农业栽培带、农业社会原始人群的同纬度移动带、史前社会的贸易途径和贸易模式及等价关系、人的行为能力和行为过程、考古学文化的传播模式、生产技术的传播路线和传播过程、原始经济形态的模式与发展趋势等方面的综合研究，还利用了假说的理论对龙虬庄文化的突然出现和突然消亡进行了推测，特别是在文化遗物的研究中采用了价值工程的基础理论对考古类型学进行了补充研究和验证，即自我命名的“功能分析法”。

又一个十年过去了，当年的热情和激情早已悄然退去，“少时犹不忧生计，老后谁能惜酒钱?”我已逐渐地从酷爱读书到不思进取，逐渐地从斡运六合的狂妄到安分守己，同时也逐渐悟出了平淡是真的真谛和逐渐悟出了考古发掘报告与考古学研究存在的本质区别。

2010年出版的《邱承墩——太湖西北部新石器时代遗址发掘报告》，我的编写宗旨就是返璞归真。在《邱承墩》的“后记”中我还引用了南宋辛弃疾《丑奴儿》中的词句“少年不识愁滋味，为赋新词强说愁”和“而今识尽愁滋味，却道天凉好个秋”作为当年和如今不同心态的写照。

廉颇墓在故乡的八公山下，杂草丛中。我曾久久地伫立在墓前，默默地凝视着土冢石碑和四周的荒芜，思绪万千。长歌当哭，往事如烟！——“廉颇老矣，尚能饭否?”在考古学于我渐渐远去的时候，在考古学被我渐渐淡忘的时候，突然接到周广明先生的电话，谈到读《邱承墩》“后记”的感想，并邀我为《南方文物》写一篇有关考古类型学的文章。十多年过去了，当年为考古学方法论所作的努力和冲动居然还没有被遗忘，令人唏嘘不已。感慨之余，早已忘却的记忆如同虚幻的影像到真实的图像一样，又逐渐清晰地浮现在眼前，真真是“遥想公瑾当年!”——可怜当年的沉雄悲壮，可怜当年不知天高地厚地竟怀有与马丁·路德·金一样的梦想！然时过境迁，往事也只能慢慢地回味和苦涩地品味了。于是不揣浅陋，遵嘱写了这篇“命题作文”，写完之后竟意犹未尽，大有不吐不快之感，于是乎又拉拉杂杂地写了以上这段言不达意的文字，是为补记。

原载《南方文物》2011年第1期

编 后 记

本《文集》为《南京博物院学人丛书》之一，也是作者自编的文集。自编《文集》目的并无意展现昔日之风采，唯藉《文集》的编纂记载曾经的艰辛和曾经的勤奋而已。

“文章千古事，得失寸心知。”正因为是自编的《文集》，所以在编辑过程中，我遵循的编辑原则如下：

一、凡由本人编写或合作编写并正式出版的专著，不予收录。如《龙虬庄——江淮东部新石器时代遗址发掘报告》（科学出版社，1999 年）、《长江下游的徐舒与吴越》（湖北教育出版社，2005 年）、《鸿山越墓发掘报告》（文物出版社，2007 年）、《邱承墩——太湖西北部新石器时代遗址发掘报告》（科学出版社，2010 年）等。

二、凡由本人或与他人共同编撰并正式出版的图录以及由本人或与他人合作为图录撰写的“前言”、“概说”、“概述”等，除酌收与《鸿山越墓发掘报告》配套的《鸿山越墓出土礼器》、《鸿山越墓出土乐器》、《鸿山越墓出土玉器》（文物出版社，2007 年）等与考古关系密切者外，其他则不予收录。如《中国出土瓷器全集·江苏卷》（科学出版社，2008 年）、《大越遗珍——鸿山越墓文物菁华》（文物出版社，2009 年）等。

三、凡由本人编写并发表的考古发掘报告或考古发掘简报，除酌收与研究课题密切相关者，余均不予收录。如《南京马群六朝墓》（《考古》1985 年第 11 期）、《丹阳市贺家山遗址发掘报告》（《通古达今之路——沪宁高速公路考古报告集》，《东南文化》增刊，1994 年）等。

四、凡由本人撰写的词典词条或文物条目，不予收录。如《国宝大观》（上海文化出版社，1990 年）、《中华文物鉴赏》（江苏教育出版社，1990 年）、《国宝大典》（文汇出版社，1996 年）等。

五、凡由本人撰写然未正式出版或发表的论文、讲义、讲话、笔记等，不予收录。如《考古学的基础理论与基本方法》（南京大学历史系考古专业讲义，油印本，1992 年）、《长江下游六朝墓葬分期的探讨》（江苏省考古学会 1984 年年会论文，油印本)、《谈谈新石器时代的几个考古学课题》(江苏省考古学会1991年年会论文，油印本)、“江淮地区古代社会文明化进程学术研讨会”上的发言(打印稿，2006年)、“湖熟文化命名50周年暨尹焕章诞辰100周年座谈会”上的发言(打印稿，2009年)以及多年积累的读书笔记、学习笔记和手稿等。

六、凡由本人撰写的介绍性、鉴赏性文章，不予收录。如《淮河下游新石器时代的绚丽画卷——高邮龙虬庄遗址》(《中国十年百大考古新发现》，文物出版社，2002年)、《壮观的越国贵族墓·庞大的地下乐器库》(《中国年度十大考古新发现》，三联书店，2006年)、《鸿山越玉——无锡鸿山越国贵族墓的文化背景及玉器赏析墓》(台湾《国父纪念馆馆刊》第17期，2006年)、《鸿山越国贵族墓文物：二千五百年前的越国瑰宝》(《中国之韵》，2008年12月号～2009年1月号合刊)等。

七、凡本人未参与撰写而与他人共同署名的论文，不予收录。如《论湖熟文化分期》(《东南文化》1989年第1期)、《片状工具开料之初步实验——玉器雕琢工艺显微探索之三》(杨建芳：《玉文化论丛(1)》，文物出版社、众志美术出版社，2006年)等；或由本人撰写文章中的某一章节，因缺乏完整性，亦不予收录，如《近十年来江苏考古的新成果》中“夏商周”部分(《文物考古工作十年(1979～1989)》，文物出版社，1991年)等。

八、凡由本人撰写的陈列大纲或为出国文展撰写的陈列内容的说明等，不予收录。如《长江下游五千年文明史》(陈列大纲的青铜器部分，打印稿，1989年)等和《长江下流域出土の西周·东周时代の文物》(日本名古屋博物馆《南京博物院名宝展》，1990年)、《江苏の新石器时代と龙虬庄遗迹につぃて》(日本相模原市博物馆《江南の至宝》，1996年)等。

九、凡由本人撰写的工作总结性文章和新闻报道类文章，不予收录。如《20世纪江苏考古工作的回顾与21世纪的展望》(《东南文化》2005年第3期)、《改革开放以来江苏考古的新成果与新理念》(《东南文化》2009年第1期)和《高邮龙虬庄遗址获重大成果》(《中国文物报》2005年2月1日)、《无锡鸿山越国贵族墓考古硕果累累》(《中国文物报》2005年2月1日)、《江苏无锡邱承墩遗址首次发现良渚文化高台墓地的双祭台》(《中国文物报》2006年4月19日)、《阖闾城遗址考古复查获重要成果》(《中国文物报》2008年10月31日)等。

一〇、凡由本人撰写的或与他人合作撰写并用英文或日文发表的文章，不予收录。如《A BRIEF DISCUSSION OF THE BANQUETS OF THE QING COURT》，(《PROCEEDINGS OF THE DENVER MUSEUM of NATURAL HISTORY》1998. 3.)、《中国·龙虬庄遗迹における プラント·オパール分析》(日

本《考古学と自然科学》第36号，1998年）和《中国・江南の土墩墓（どとんぼ）について》（日本《地盘工学会志》第48卷，第8号，2000年）等。

光阴荏苒，马齿徒增，忙忙碌碌中已步入花甲之年矣！六十初度之际，曾作小诗一首赠儿时同庚的同学："少年同学老年伴，纹枰博弈胜负淡；六十初度夕阳好，杖乡始觉天地宽。"因此，在自编《文集》时我正是以"杖乡始觉天地宽"的平和心态，制订了以上的编纂标准。

除以上不予收录的论著、论文和报告外，可供编辑的正式发表的考古学论文和考古发掘报告、考古发掘简报等仍有数十篇。经过反复斟酌，从中遴选出不同时期、不同空间和不同文化内涵的且具有代表性的考古发掘报告和考古学论文51篇，分为五个单元，每一单元各选考古发掘报告和研究论文10篇左右，构成一个相对独立的研究专题；与考古学相关的不同题材、不同文体和不同风格的"杂文"36篇，统归第六单元；另附编后记一篇，总计88篇，合成本文集。

第一单元为江淮地区新石器时代的考古与研究，计选考古发掘报告和研究论文12篇。

江淮地区新石器时代的考古学研究主要建立在海安青墩和高邮龙虬庄等遗址考古发掘的基础上，对江淮东部新石器时代考古学文化进行的综合研究。

《高邮龙虬庄遗址的发掘及其意义》、《江淮东部地区古文化的初步认识》、《江淮东部原始文化初论》和《试论龙虬庄文化》是对江淮东部地区考古学文化进行的初步研究和文化命名；《江淮东部的原始稻作农业及相关问题的讨论》、《高邮龙虬庄遗址原始稻作遗存的再研究》、《高邮龙虬庄遗址史前人类生存环境与经济生活》和《龙虬庄遗址与环境考古学》是对江淮东部新石器时代的生态环境、稻作农业和经济生活进行的探讨；《江淮东部原始文化初论》属对江淮东部新石器时代考古学文化和经济生活的综合研究；《从青莲岗文化的命名谈淮河流域与长江流域原始文化的相互关系》和《青莲岗文化的回顾与反思》是对"青莲岗文化"所作的回顾与反思；《功能分析法在考古类型学研究中的应用》和《简论考古学的"区系类型"与"文化系统"》是在编写《龙虬庄——江淮东部新石器时代遗址发掘报告》时对考古学理论与方法论进行的思考。

第二单元为长江下游新石器时代的考古与研究，计选考古发掘报告和研究论文9篇。

长江下游大致包括宁镇地区和太湖地区，长江下游新石器时代的考古学研究主要建立在丹徒磨盘墩、句容城头山、阜宁陆庄和无锡邱承墩等新石器时代遗址考古发掘的基础上，是侧重对长江下游新石器时代的玉器工艺和文化内涵进行的研究。

《江苏阜宁陆庄遗址》是提出"陆庄遗存"的命名和揭示太湖地区良渚文化北

上的基础，遗址虽在江淮之间，却与太湖地区有着密切的关系；《江苏无锡鸿山邱承墩新石器时代遗址发掘简报》、《邱承墩遗址史前双祭台初识——兼论良渚文化的玉琮和玉璧》是通过良渚文化的双祭台进而对玉琮、玉璧进行研究的基础；《兽面纹与饕餮纹》是对良渚文化玉器纹饰的文化内涵进行的研究；《治玉说》和《线性工具开料之初步实验——玉器雕琢工艺显微探索之一》主要探讨了良渚文化的治玉工艺；《句容城头山遗址出土的史前玉器及相关问题的讨论》是通过宁镇地区与太湖地区史前玉器的比较进而探讨良渚文化时期的考古学文化现象；《红山与良渚——玉器形态与原始宗教形态相互关系的再思考》则是通过对玉琮、玉璧的原始含义和原始功能进而对良渚文化的社会形态进行的研究和探讨；《关于环太湖地区原始文化的思考》是对太湖地区马家浜文化、崧泽文化和良渚文化等原始文化进行的重新认识和再思考。

第三单元为长江下游青铜时代的考古与研究，计选考古发掘报告和研究论文11篇。

长江下游青铜时代的考古学研究主要建立在仪征甘草山、句容城头山、丹徒团山和兴化南荡、高邮周邶墩等遗址考古发掘的基础上，侧重研究宁镇地区青铜文化的谱系和文化源流，并进而对华夏文明的起源进行的研究。

由于宁镇地区青铜文化的起源与江淮东部有着密切的关系，因此江淮东部龙山文化晚期至殷商时期的考古学文化遗存也纳入长江下游青铜文化研究的范畴。《江苏兴化戴家舍南荡遗址》是提出“南荡文化遗存”的命名和揭示王油坊类型龙山文化南下的基础；《有虞与句吴》、《虞舜的南巡狩与句吴的发端》和《华夏文明起源的假说》等根据南荡遗存的发现着重探讨了有虞氏部族的迁徙在华夏国家文明起源中发挥的作用以及宁镇地区的早期青铜文化的文化性质和青铜文化的来源；《南荡遗存的发现及其意义》是对宁镇地区的早期青铜文化的发现与研究过程的回顾；《江苏高邮周邶墩遗址发掘报告》是提出“周邶墩文化遗存”的命名和揭示岳石文化尹家城类型南下的基础；《江苏丹徒赵家窑团山遗址》是建立宁镇地区青铜文化谱系和提出“点将台文化”命名的基础；《试论点将台文化》是对宁镇地区早期青铜文化的命名与文化内涵的探讨；《宁镇地区青铜文化谱系与族属的研究》、《宁镇地区青铜文化研究》和《殷商时期的长江下游》主要探讨了宁镇地区青铜文化的时空范畴与文化谱系。

第四单元为长江下游吴越文化的考古与研究，计选考古发掘报告和研究论文10篇。

长江下游吴越文化的考古学研究主要建立在丹徒北山顶春秋墓，无锡鸿山战国墓等大型墓葬和丹阳导墅、蒋墅、皇塘，丹徒南岗山，金坛连山土墩墓和无锡龙山石室土墩墓等吴越中小型墓葬以及丹阳葛城、无锡阖闾城等城址考古发掘的基础上。

《江苏丹徒北山顶春秋墓发掘报告》和《无锡鸿山越国贵族墓发掘简报》是吴越文化研究的基础；《关于吴文化的几个问题》是根据吴文化的时空框架和文化内涵提出了新的研究课题；《吴王余昧墓的发现及其意义》、《吴国都城初探》是对吴国墓葬、都城进行的探索和考证，属吴文化的研究范畴；《越史小考》和《鸿山越墓的发现与越文化的再认识》主要通过越国贵族墓葬的发现进而对越国史进行的初步研究；《越国玉器的等级研究》是对越国玉器进行的综合研究，以上属于越文化的研究范畴。《长江下游的徐舒与吴越》是对徐舒文化与吴越文化的基本认识；而《吴越贵族墓葬的甄别研究》则属吴越文化的比较研究。

第五单元是江苏汉唐时期的考古与研究，计选考古发掘报告和专题研究论文9篇。

江苏汉唐时期的考古与研究主要为江苏境内的汉、六朝和南唐时期的考古与研究。《仪征张集团山西汉墓》和《江苏江宁县张家山西晋墓》是西汉与六朝墓葬发掘报告的代表；《考古学与神话学的碰撞》是对汉画像研究方法进行的探讨；《梁代的井阑铭刻》、《梁代井阑刻铭书风之管见》和《仪征古井阑》属井阑刻铭的专题研究；《刘宋〈明昙憘墓志铭〉考略》和《〈泰州重展筑子城记〉浅识》主要是对墓志碑刻的考释；而《六朝怪现象之剖析》则是利用考古学材料进行的历史学研究。

第六单元为与考古学相关的杂文杂谈，计选与考古相关的各类杂文36篇。

凡不属考古发掘报告和考古学研究的文章，因内容和文体庞杂，故统称之为“杂文”。本单元大多与新石器时代和青铜时代的考古有关，因此亦可视为第一、二、三、四单元的补充。

《青墩陶器杂谈》和《在“淮河流域古代社会文明化进程学术研讨会”开幕式上的发言》可视为对江淮东部原始文化研究的补充；《薛城遗址的发现与古芜湖文化区》主要探讨的是新石器时代宁镇地区与古芜湖文化区的关系；《序〈常州新岗——新石器时代文化遗址发掘报告〉》、《读〈赵陵山：1990～1995年度发掘报告〉有感》和《在“骆驼墩文化遗存与太湖西部史前文化学术研讨会”上的发言》表明对太湖流域新石器时代考古学文化的基本认识；《岫岩玉赞述》是岫岩玉与红山文化玉器相互关系的追述；《在“苏鲁豫皖考古座谈会”上的发言》是对宁镇地区早期青铜文化重新认识的发端；《龙虬庄陶文的发现与殷商甲骨文之源》和《从史前陶文谈中国文字的起源与发展》是根据龙虬庄遗址发现的陶文探讨中国文字之源；《宜侯夨簋轶事》和《破山口青铜器三题》是考古调查时根据对逸闻轶事记录整理而成，也是江苏考古发现的重要背景资料；《阖闾城遗址的考古调查及其保护设想》

是考古调查工作的研究性总结；《丹徒考》是根据音韵学对古地名进行的考释；《北山四器铭考》、《南陵出土的攻敔王光剑再考》、《攻敔王光剑跋》等是对出土青铜器铭文的考释和研究；《镈钟与錞于》、《鸿山越玉赏析》则属吴越文化遗物的鉴赏和名物研究；《鸿山越墓出土礼器概说》、《鸿山越墓出土乐器概说》、《鸿山越墓出土玉器概说》可视为《鸿山越墓发掘报告》的补充；《在“镇江文物精华展览座谈会”上的发言》、《江苏出土的商周青铜器》、《读〈皖南商周青铜器〉有感》、《新思维·新方法·新课题——“吴越考古”专栏开栏语》等和《句吴赞》、《大越雄风》、《安吉颂》等涉及对吴、越、徐、舒青铜器和吴越文化的基本认识；为《淹城探谜》和《吴文化的起源与发展》所作的“序”表明了作者对“淹城”和“吴文化”的基本认识；而《刘志洲山岩画谜踪》、《林云志书法篆刻作品选》的“序”和《龙虬庄》、《邱承墩》、《功能分析法在考古类型学研究中的应用》的“后记”、“补记”抒发的是对人生的感悟和对考古工作的感慨。

本《文集》的第一～第四单元不是按发表时间的先后排序，而是按研究内容的早晚排序。凡属同一课题的研究，则本着先资料、后研究的原则，大致按写作或发表的时间为序，将同一课题的研究作前后编排，主要是为了反映随着研究逐渐深入对同一问题的认识或变化、或深化的全过程，同时也可作为类似研究的参考；第五单元主要为汉与六朝的专题研究；第六单元则是按不同的文体相对集中，再按内容的早晚排序。

《文集》中除改正了因作者的笔误或由于排字出现的错字、别字和用错的标点符号以及因编辑的误改误夺而出现不通的语句外，一仍其旧。由于描图、纸张、制图、排版、印刷等诸多原因，以往发表的论文和考古发掘报告所附的插图不仅风格不一，而且多不可再用，因此本《文集》中所有文章中的插图除保留插图的原版式外，全部由南京博物院考古研究所的费玲伢女士进行了重新制作，并订正了原插图中的错误；考虑到本《文集》的版面及制版等原因，故略去原报告和论文中所附所有的照片图版和部分插图，并以“题注”的形式加以注明，如有需要可根据原载的刊物或书籍查寻；部分需作特别说明的文章，则以“补记”的形式附于文末。

与他人共同署名的文章中，所有的考古发掘报告和考古发掘简报皆为本人独自编写；考古学论文绝大多数为本人独自撰写，少量与他人共同署名的也大多由本人撰写其中的一部分或大部分，因此在本《文集》中凡与他人合作者，恕不一一注明。

本《文集》所收录的报告和论文，既记录了三十年的考古生涯，也承载着三十年的研究历程。三十年间我主要进行了四项考古学课题的研究：

一、江淮东部新石器时代考古学文化的研究，研究结论可归纳为：

1. 以主持发掘的龙虬庄遗址为研究基础，在完成国家哲学社会科学研究规划基金资助项目《高邮龙虬庄新石器时代遗址发掘报告》的同时，提出了“龙虬庄文化”的命名。“龙虬庄文化”是分布于江淮东部的新石器时代考古学文化，其文化年代距今约6500～5000年。“龙虬庄文化”的发现不仅填补了海岱地区与太湖地区之间考古学文化区的空白，也为江淮东部新石器时代的自然环境、稻作农业、经济生活与江南淮北诸考古学文化相互关系的研究提供了广阔的空间。

2. 以主持发掘的江淮东部新石器时代晚期至青铜时代早期的陆庄遗址、南荡遗址、周邶墩遗址为基础，提出了“陆庄遗存”、“南荡遗存”和“周邶墩遗存”的命名，揭示了龙山文化晚期至殷商初期江淮东部成为考古学文化走廊的特殊文化现象。“陆庄遗存”的发现反映了良渚文化的北上；“南荡遗存”的发现反映了王油坊类型龙山文化的东迁和南下；“周邶墩遗存”的发现反映了尹家城类型岳石文化的南下。其中“南荡遗存”的发现证实了王油坊类型龙山文化的迁徙路线和“点将台文化”中出现王油坊类型龙山文化因素的文化来源。

3. 通过对江淮地区“青莲岗文化”的回顾与反思，着重探讨了“考古学文化区”与“民族文化区”、考古学“区系类型”与“文化系统”的相互关系等考古学理论。

二、长江下游新石器时代的考古与研究，研究结论可归纳为：

1. 在我国最早提出新石器时代的解玉工艺为“线切割”和“片切割”，而非传统认识的“砣切割”，并首次完整地、全面地探讨了我国新石器时代治玉工艺；之后又利用实验考古学的方法对“线切割”和“片切割”的工艺进行了实证。

2. 以考古学与古史传说相互印证，通过对良渚文化玉器图像的研究，首次提出良渚文化的族属为蚩尤部族；通过对良渚文化及周边诸考古学文化的综合研究，探讨了太湖地区在文明化进程中出现的特殊现象和导致出现特殊现象的原因。

3. 在新石器时代玉器研究中引进宗教学的理论和方法，通过玉器形态与原始宗教形态和原始宗教形态与社会形态的相互关系的研究，并建立了原始宗教形态与社会形态发展的对应关系，进而对我国新石器时代的红山文化、良渚文化为代表的诸考古学文化的社会形态进行了综合研究。

三、宁镇地区青铜文化的研究，研究结论可归纳为：

1. 以主持发掘的团山遗址为基础，提出了“点将台文化”的命名，填补了宁镇地区新石器时代考古学文化与湖熟文化之间的空白。“点将台文化”为宁镇地区夏时期的考古学文化，在研究过程中，通过对文化因素的分析，发现“点将台文化”有三类不同的文化来源，其中最重要的是包含王油坊类型龙山文化的因素，因此寻求点将台文化的文化来源亦成为江淮东部的考古学课题之一。

2. 将宁镇地区青铜文化划分为夏时期的“点将台文化”、殷商时期的“湖熟文化”和西周春秋时期的“吴文化”，并对不同时期的考古学文化进行了文化谱系的研究。

3. 根据历史文献与古史传说，探讨了在华夏国家文明化进程中有虞氏部族的去向和句吴文明的发端。

四、吴越文化的考古学研究，研究结论可归纳为：

1. 以主持发掘的北山顶春秋墓和阖闾城遗址为基础，对吴国都城、吴国贵族墓葬、吴国青铜器等与吴文化相关的课题进行综合研究。

2. 以主持发掘的鸿山越国贵族墓、龙山石室土墩墓为基础，对越国史、越国礼乐制度、越国的等级制度等与越文化相关的课题进行综合研究。

3. 在完成国家哲学社会科学研究规划基金资助项目《吴越文化比较研究》的同时，对吴越文化进行了甄别研究和比较研究。

以上四个课题皆与我主持发掘的遗址或墓葬有关，皆为我在考古发掘之余或编写报告的同时进行的思考和探索而已。

在思考和探索时，我常常有“纵一苇之所如，凌万顷之茫然”之感，也常常陷入无奈的困惑和无助的迷茫之中，然在独立思考的过程中，我从未有过“当年万里觅封侯，匹马戍梁州”的豪迈，也从未有过“胡未灭、鬓先秋”的悲怆，我始终以平和的心态进行冷静的分析和思考，尽管有些问题思考了十余年之久，尽管在思考时有过许多孤独，也有过许多迷茫。

本《文集》中的第一至第四单元除反映了以上四个课题的研究历程外，还涉及一些专题研究，兹不一一列举。“树老根多，人老话多”，喋喋不休地再三重复《文集》的编辑要旨，实乃敝帚自珍也。

“两句三年得，一吟双泪流。”报告、论文的整理和《文集》的编纂，使我不由自主地回顾了三十年的考古历程，不由自主地回想起三十年的艰辛、困惑和喜悦，不由自主地回想起当年因投稿或出版而际遇的人世间的冷漠和热情，也不由自主地回想起每一篇报告或论文撰写时的不同情景和不同心情。重读自己的文章，当年的感受犹如窗外绵绵的春雨，正无声地沁润在这平静的文字与不平静的回忆中。

张　敏

2013年4月6日